경북대학교학술총서 23

조선의 화폐와 화폐량

이정수 · 김희호

경북대학교출판부

이정수

부산대학교 사학과 졸업

부산대학교 대학원 문학박사(역사학전공)

(현) 동서대학교 외국어학부 교수

저서관련 논문

이정수, 「16세기 중반~18세기 초의 貨幣流通 실태」, 『朝鮮時代史學報』 32, 2005.

이정수, 「16세기 綿布流通의 이중화와 貨幣流通 논의」, 『朝鮮時代史學報』 25, 2003.

이정수, 「中世 日本에서의 高麗銅錢 流通」, 『한국중세사연구』 12, 2002. 외 다수

김희호

경북대학교 무역학과 졸업

미국 노스캐롤라이나 주립대학교 대학원 경제학 박사

(현) 경북대학교 경제통상학부 교수

저서관련 논문

이정수 · 김희호, 「1689~1821년 지가와 물가변화의 비대칭성」, 『釜山史學』 37, 1999.

김희호 · 이정수, 「물가의 주기적 변동과 화폐의 초과수요」, 『금융학회지』 3권 2호, 1998. 외 다수

경북대학교학술총서 23

조선의 화폐와 화폐량

초판 1 쇄 2006년 10월 30일
초판 2 쇄 2008년 1월 25일

지 은 이 이정수 · 김희호
펴 낸 이 노동일
펴 낸 곳 경북대학교출판부

등 록 일 1973년 10월 10일㉱ 97호
주 소 대구광역시 북구 산격동 1370번지
전 화 053-950-6741~3
팩 스 053-953-4692
이 메 일 press@knu.ac.kr
홈페이지 http://knupress.com

정가 20,000원

ISBN 89-7180-197-2 93910

※ 파본은 바꾸어 드립니다.

머 리 말

조선의 화폐사로 들어가며

이 책은 조선이 들어서는 14세기 말부터 19세기까지 약 500년간 조선의 화폐사를 살펴보고 있다. 조선의 화폐사를 자세히 들여다보면 화폐로 인한 국가의 어려움과 경제현상, 民의 생활과 저항이 그대로 투영되고 있다는 것을 알 수 있다. 화폐는 民이 생활에서 필요한 물건을 사고파는 교환수단인 동시에, 상인과 양반층에게는 부의 저장수단과 민의 착취수단이었고, 국가에게는 조세 징수와 물가를 조절하는 정책수단이기도 했다. 시기별로 화폐의 종류와 화폐량에 따라 민과 상인과 양반층의 계층분화가 심화되고, 자본은 본원적으로 축적되기 시작하였던 것이다.

조선 초기부터 명목화폐를 만들려는 여러 차례의 시도가 있었으나 모두 실패하였고, 1678년 숙종 때 들어서 금속화폐인 상평통보가 주조되어 유통되기 시작했다. 조선이 들어서는 14세기 말부터 종이로 만든 화폐인 저화를 시작으로 쌀, 마포, 면포, 은, 동전 등이 거래에서 교환수단으로 사용되었다. 조선 정부는 개국 초부터 막대한 재정적 지출의 보존과 화폐 주도권을 장악하기 위해 기존의 현물화폐인 마포나 쌀 대신에 저화나 동전 같은 명목화폐의 유통을 강제로 시도하였다. 하지만 저화나 동전은 화폐가치가 보장되지 못할 뿐 아니라 국내화폐로서의 기능만 가졌을 뿐 대외 상품의 기능은 전혀 없음으로 인해 화폐유통에 있어 강력한 영향력을 가졌던 상인층 특히 대외무역을 주도하던 富商이나 이들과 연결된 권력층에 의해 강력히 거부되었다. 특히 16세기에 들어와 조선-중국-일본의 삼국무역이 본격화되면서 면포는 국내외의 대용화폐의 기능을 갖춘 동시에 대일무역의 주요한 상품이었기에, 정부 내에서 여러 차례 진행된 화폐개혁 논의에도 불구하고 법정화폐로서의 역할을 확고히 지키게 된다. 조선에서는 동전 · 저화 등의 명목화폐가 동시기의 중국이나 일본과 달리 국가의 강력한 유통 정책에도 불구하고 유통되지 못하고 실물화폐인 면포가 유통될 수밖에 없었던 것은 이와 같은 당시의 국내외의 특수한 사정과 관련이 깊었던 것이다. 16세기 후반부터 삼국무역 체제가 급격히 해체되면서 면포의 대외 수출상품으로서의 기능이 약화되고, 이와 함께 상평통보가 보편적으로 유통되는 18세기 초반까지는 면포, 쌀, 은화 등이 교환수단으로 다양하게 사용된다.

이처럼 15세기~17세기 동안 이 시기 대표 상품인 쌀, 마포, 면포, 은 등이 교환수단으로 사용되었으나, 가치저장, 同價 · 同質, 운반의 편리성 등 화폐의 본래 기능을 제대로 수행했다고 보기는 어렵다. 17세기 후반 상평통보의 도입은 조선 경제가 상품화폐를 기반으로 한 현물경제에서 본격적인 화폐경제로 이행하는 것을 의미한다.

조선 후기 화폐제도는 다른 나라와 차별되는 특징적인 구조를 가지고 있었다. 화폐는 銅을 주원료로 주조되었는데, 동은 한국에서는 거의 생산되지 못하고 일본에서의 수입으로 충당되었다. 동의 수입에 대한 결제는 銀으로 이루어졌으나 은도 한국의 주산물인 인삼이나 중국에서 수입한 白絲 등을 일본으로 수출하여 한국으로 유입되었다. 따라서 조선 후기 화폐제도의 특징은 첫째, 동 본위제이긴 하지만 엄격한 의미에서 동과 은을 동시에 본원통화로 하는 복수화폐 본위제의 형태를 가지며, 둘째, 다른 나라와 달리 자체 주전 원료의 생산 없이 화폐가 유통되기 시작했다는 점이다. 이러한 화폐경제체제 아래에서 유통시장이 발달하고 거래량은 급속히 증가하는 데 반해 화폐공급은 그 원료를 외국수입에 의존함으로써 상당히 제약적이었다. 이 경우 화폐공급이 충분하지 못하여 화폐가 부족해지면서 錢荒 현상이 나타났던 것이다. 이러한 전황은 17세기 후반부터 19세기 초반까지 조선 후기의 경제를 지배하던 대표적인 화폐적 현상이었다.

17세기 이후의 경제에 화폐가 도입되면서 그것은 民의 생활에 여러 가지 심각한 영향을 미쳤다. 화폐로 인한 민의 생활 변화를 살펴보면, 사상적으로 시장자본주의가 도입되었고, 사회구조적으로 민의 계층이 분화되고 신분제가 와해되기 시작했으며, 경제적으로는 자본이 본원적으로 축적되기 시작하였다. 첫째, 화폐가 도입되면서 유통경제가 발달하고 시장과 자본의 개념이 본격적으로 확산되었다. 이전에 농업생산양식에서 고정요소로 생각되었던 토지와 노비가 적극 매매할 수 있는 대상으로 바뀌면서 토지와 노비의 보유로 인한 편익과 비용을 비교하기 시작했다. 토지매매를 통해 양반 지주층은 토지를 잃고 소작인이 되거나 평민이 토지를 집중하여 대지주가 되는 경우도 빈번히 발생했다. 또한 노비층의 자기성장 노력이 급격히 증가하였고, 노비 소유주는 노비를 보유하기보다는 노비를 팔고 임노동자를 고용하기 시작한다. 이러한 토지소유의 변동과 노비의 신분변화는 서로 유기적으로 연관되어, 조선 후기로 오면서 노비제의 해체, 토지의 집중과 본원적 자본축적이라는 독특한 생산방식으로 나타났다.

둘째, 화폐경제 발전으로 나타나는 사회구조적 변화는 다음과 같다. 18세기에 들어서 나타나는 전황현상으로, 화폐 가치는 증가하는데 물건의 가치가 떨어지게 되는 디플레이션이 나타나게 된다. 화폐가 귀해지면서 상인과 양반 지주층은 화폐를 퇴장시켜서 농민에게 고리대업으로 이익을 취하기 시작했다. 디플레이션 시기에 농민은 고리대에다 물가의 하락률까지 부담해야만 했다. 이러한 농민의 부담은 생계를 영위하지 못하는 수준으로까지 커지게 되면서 농민은 토지로부터 반발되어 빈농으로 전락하거나 유민화되는 현상이 늘어났다. 이런 농민들은 도시 주변부로 몰려들어 임노동을 팔거나 사회 지배이념에 대항하는 민란에 참가하기도 했다.

셋째, 경제적 측면에서 화폐도입으로 유통경제가 발달하기 시작하면서 이전과는 비교될 수 없을 정도의 외부 유동성이 팽창하고 상인층의 유통이익이 대규모로 나타나기 시작한다. 유통이익은 무역과 유통과정을 매점함으로써 나타나는 독점이익이지만 이 자본이 18세기~19세기에 이르러 토지 매매를 통해 토지를 집중화하면서 생산 자본화되기 시작한다. 이는 일부에서 주장하는 것과 같이 자본의 본원적 축적이 19세기 말~20세기 초 식민시기 이후에 본격화되었다는 주장과 상당히 상반된 사실이다.

화폐는 한 나라의 경제와 물가史뿐 아니라, 역사, 사회, 정치, 민의 동향을 모두 반영하는 얼굴이다. 그래서 마르크 블로크는 "역사가에게 심원한 운동들을 드러내 줄 수 있는 모든 기록계 중에서 화폐 현상이 틀림없이 가장 예민한 기록계일 것이다.", 그리고 "화폐 현상은 땅의 요동을 기록하는 데에 만족하지 않고 종종 그러한 요동을 초래하는 지진계와 같다."고 비유한 바 있다. 이처럼 화폐 현상은 복잡하고 심원한 인간의 삶을 은밀히 나타내는 징표나 혹은 정보 제공자의 역할을 하고 있다고 생각된다. 이러한 측면을 염두에 두고 당시 유통되었던 화폐의 실체를 구체적으로 추적함으로써 조선의 복잡하고 다양한 역사의 큰 줄기를 조금이나마 이해해 보려고 했다. 조선의 화폐사를 고찰하면서 역사발전이 자기 개혁과 혁신에서 출발한다는 사실을 다시 확인하는 기회가 되었다.

이 책은 조선의 화폐와 화폐량에 관련되어 모두 6장으로 이루어져 있다. 전반부 네 개의 장에서는 고려시대부터 조선 전기, 중기, 후기에 유통되었던 화폐를 살펴보았다. 조선을 전기, 중기, 후기로 구분하여 시기별로 어떤 화폐가 사용되었으며, 실제 매매거래에 어떤 상품이 화폐를 대신해서 사용되었는가를 살펴보았다. 매매거래에 사용된 화폐를 살펴보기 위해 여러 문헌 사료를 관찰하여 화폐의 장기시계열 자료를 수집하였다. 이 책에 소개된 화폐의 장기시계열 자료는 매우 의미가 있는 작업이라고 자평해 본다. 이 책의 후반부 두 개의 장에서는 조선 후기에 상평통보가 도입된 이후의 화폐 주조량과 본원통화량을 측정하였으며, 이 시기 대표적인 화폐적 현상이었던 전황의 원인, 발달, 경제적 영향 등에 대해 살펴보았다. 또한 화폐량 변화와 전황이 이 시기 민의 동향과 물가를 어떻게 변화시키고 있는지를 알아보았다.

이 책은 지금까지 밝혀지지 않았던 사실들에 있어서 중요한 사료적 가치를 가지고 있다. 첫째는 전근대 한・일 교류의 구체적 산물인 일본의 備蓄錢에 포함된 고려와 조선 동전의 종류와 그 유통에 대한 자세한 문헌 사료이며, 둘째는 15세기~19세기 조선시대에 유통되었던 화폐와 화폐량의 장기시계열에 대한 사료 가치이다. 이 책은 부족하지만 조선시대 유통과 화폐에 대한 연구 자료로서 학부와 대학원에서 이용되는 학술연구서인 동시에 조선시대 화폐에 관심이 많은 일반 독자들도 쉽게 접근하여 읽을 수 있는 역사 교양도서가 되었으면 하는 바람이다. 유럽,

일본에서는 이미 중세에 국가별, 지역별로 나타나는 상품화폐와 화폐량에 대한 연구가 많이 진행되었으나 우리나라에서 아직 그러한 연구와 노력이 부족했었다. 이 책은 부족한 역사의 한 부분을 새로운 시각으로 접근하여 밝혀내고자 시도했다. 이 한 권으로 조선시대의 화폐를 모두 살펴보기에는 많은 무리가 있었다. 화폐가 民의 동향과 사회경제에 미치는 효과에 대해서는 역사를 바라보는 학자에 따라 서로 다를 수 있다. 먼저 조선의 화폐를 일찍이 연구하신 先學들께 저자들의 무지함으로 부끄러움과 송구함을 감출 수 없었다. 조선의 화폐사를 저술하면서 많은 오류가 있으리라 생각되며, 그 오류에 대한 책임은 전적으로 저자들에게 있다.

끝으로 이 책의 출판을 도와주신 경북대학교 출판부 관계자 여러분에게 감사드린다. 저서 집필에 학문적·정신적으로 용기와 도움을 주신 채상식, 윤용출, 김동철, 지두환, 박장환, 손병해 교수님께도 깊이 감사드린다. 많은 수고를 말없이 함께 해준 가족들에게 감사드린다.

2006년

이정수·김희호

경북대학교학술총서 23

조선의 화폐와 화폐량 · 차례

머리말

제1장 中世 韓國과 日本의 銅錢 유통 • 1

1. 중세 한국의 동전 유통 • 1
   1) 고려시대의 동전 유통 • 1
   2) 조선초기의 동전 유통 • 8
2. 중세 일본의 동전 유통 • 13

제2장 中世 日本에서의 韓國 銅錢 유통 • 17

1. 문제 시각 • 17
2. 고려 · 조선 동전의 일본 유출 • 20
   1) 고려동전의 유출 • 20
   2) 조선동전의 유출 • 26
3. 일본의 備蓄錢 출토 현황 • 33
4. 비축전으로 본 고려 · 조선 동전의 유통 • 38
   1) 일본의 고려동전 유통 • 38
   2) 일본의 조선동전 유통 • 44
5. 맺음말 • 52

제3장 朝鮮前期 綿布流通의 이중화와 貨幣流通 논의 • 59

1. 문제 시각 • 59
2. 면포의 유통기반과 화폐기능 • 61
   1) 대외무역의 발전과 면포의 수요증대 • 61

2) 布貨流通의 이중구조화 • 72
3. 短布 · 惡布의 유통 금지와 저화 · 동전의 유통 논의 • 76
1) 15세기 후반의 단포 금지 • 76
2) 16세기 전반의 악포 금지와 저화 · 동전의 유통 논의 • 80
3) 16세기 중반의 저화 · 동전의 유통 논의 • 94
4. 맺음말 • 99

제4장 朝鮮中期 生活日記와 田畓賣買明文을 통해 본 貨幣流通 실태 • 103
1. 문제 시각 • 103
2. 분석 자료의 성격 • 106
3. 생활일기를 통해 본 화폐사용 • 110
1) 『묵재일기』의 경우 • 110
2) 『미암일기』의 경우 • 113
3) 『쇄미록』의 경우 • 115
4) 『송간일기』와 『병자일기』의 경우 • 119
4. 전답매매 명문을 통해 본 화폐사용 • 120
1) 경북지방의 경우 • 121
2) 전남지방의 경우 • 123
3) 영 · 호남 지방의 화폐사용 비교 • 126
5. 맺음말 • 128

제5장 朝鮮後期 貨幣量과 錢荒 • 151
1. 문제 시각 • 151
2. 조선후기 화폐원료인 銅과 銀의 수입량 • 153
3. 조선후기 화폐량 추정 • 158
1) 화폐량의 측정 • 158
2) 실질거래량(화폐수요) 측정 • 163
4. 조선후기 전황현상 • 164
1) 전황의 원인과 문제점 • 164
2) 화폐시장 측면에서의 전황 • 168
5. 맺음말 • 172

제6장 朝鮮後期 貨幣量과 物價變動 • 175

1. 문제 시각 • 175
2. 화폐와 물가에 대한 실증분석 • 177
 1) 물가와 화폐수요에 대한 자료 • 177
 2) 물가와 화폐의 초과수요에 대한 실증분석 • 180
3. 연구의 한계와 이자율 • 192

참고문헌

찾아보기

표 차례

1장 <표 1> 고려시대 화폐 변천 • 7
<표 2> 15세기의 楮貨・銅錢價 변동(出典: 『朝鮮王朝實錄』) • 12
2장 <표 1> 日本 全國 出土備蓄錢 一覽(1,000枚 이상) • 35
<표 2> 日本 出土備蓄錢의 錢種順位(상위 40種까지) • 36
<표 3> 日本 出土備蓄錢의 錢種構成比 • 37
<표 4> 高麗銅錢이 出土된 備蓄錢 유적의 錢量과 高麗銅錢의 枚數(1,000枚 이상) • 38
<표 5> 文獻에 나타난 高麗銅錢의 종류 • 39
<표 6> 備蓄錢內 高麗銅錢 出土地域 분포와 매수 • 40
<표 7> 日本 出土備蓄錢 出土例 一覽(1,000枚 이상) • 41
<표 8> 大乘院尋尊의 錢貨一覽表에 묘사된 錢貨 • 43
<표 9> 九州地域 備蓄錢 유적의 錢量과 朝鮮通寶의 비율(1,000枚 이상) • 45
<표 10> 九州地域 備蓄錢 유적 중의 朝鮮錢 상위 20위내의 錢種 및 枚數 • 47
<표 11> 太祖~燕山君期의 朝日通交 건수(出典: 『朝鮮王朝實錄』) • 48
<표 12> 九州 이외 지역 備蓄錢 유적의 錢量과 朝鮮通寶의 비율(1,000枚 이상) • 50
3장 <표 1> 15・16세기 金銀 對日貿易價의 추이(出典: 『朝鮮王朝實錄』) • 67
<표 2> 1515년(중종 10) 6월의 銅錢・楮貨의 行用 논의 • 84
<표 3> 16세기 전반의 惡布 禁斷 논의 추이와 그 내용 • 93

<표 4> 16세기 중반 銅錢·楮貨의 行用 논의 • 98

4장 <표 1> 물품 구매 시 지불수단의 사용 내역(『묵재일기』) • 110

<표 2> 노역·서비스에 있어 지불수단의 사용 내역(『묵재일기』) • 112

<표 3> 물품 구매 시 지불수단의 사용 내역(『미암일기』) • 113

<표 4> 노역·서비스에 있어 지불수단의 사용 내역(『미암일기』) • 115

<표 5> 지방에서의 물품 구매 시 지불수단의 사용 내역(『쇄미록』) • 116

<표 6> 서울에서의 물품 거래 시 지불수단의 사용 내역(『쇄미록』) • 117

<표 7> 田畓 거래 시 지불수단의 사용 내역(경북지방) • 122

<표 8> 田畓 거래 시 지불수단의 사용 내역(해남 윤씨가) • 124

<부록 표 1> 물품구매 내역(『묵재일기』) • 131

<부록 표 2> 물품구매 내역(『미암일기』) • 133

<부록 표 3> 노역·서비스 내역(『미암일기』) • 135

<부록 표 4> 지방에서의 물품구매 내역(『쇄미록』) • 137

<부록 표 5> 서울에서의 물품구매 내역(『쇄미록』) • 141

<부록 표 6> 서울에서의 물품판매 내역(『쇄미록』) • 142

<부록 표 7> 물품구매 내역(『송간일기』) • 143

<부록 표 8> 노역·서비스 내역(『송간일기』) • 144

<부록 표 9> 물품구매 내역(『병자일기』) • 144

<부록 표 10> 田畓 거래 시 지불수단의 사용 내역(경북지방) • 145

<부록 표 11> 田畓 거래 시 지불수단의 사용 내역(해남 윤씨가) • 147

5장 <표 1> 조선후기 日本 銀의 수입량(貫)과 銅의 수입 추정량(斤) -사무역의 경우 • 155

<표 2> 정부의 화폐 주조량과 화폐량 • 159

<표 3> 조선후기 화폐의 주전비율: 동전 1냥당 동과 은의 무게 변화율 • 160

<표 4> 화폐 주조량/본원통화 비율 • 161

<표 5> 조선후기 화폐량과 실질거래량 • 162

<표 6> 호조의 재정 수입과 지출액(냥) • 165

6장 <표 1> 조선후기 화폐량, 물가, 실질생산, 실질소비 • 181

<표 2> 물가, 화폐의 공급과 수요변화 • 184

<표 3> 물가와 화폐의 초과수요 • 189

<표 4> 물가, 화폐공급과 화폐수요의 변동성 • 192

<표 5> 조선후기 이자율 • 193

<부록 표 1> 1689~1821년의 米價 변동(단위: 米 1石) • 195

그림 차례

2장 <그림 1> 九州地域 出土備蓄錢 유적의 분포도 • 46
<그림 2> 九州 이외 지역의 朝鮮通寶를 포함한 出土備蓄錢 유적의 분포도 • 51
5장 <그림 1a> 동의 수입량(단위: 근) • 156
<그림 1b> 은의 수입량(단위: 관) • 156
<그림 2> 화폐 주조량(M1)과 동 수입량(M2) • 168
<그림 3> 물가지수, 화폐량(M2)과 실질생산 • 169
6장 <그림 1> 화폐 주조량(M1)과 동 수입량(M2) • 185
<그림 2> 물가지수, 화폐 주조량(M1)과 동 수입량(M2) • 186
<그림 3> 실질소득 변수의 비교 • 187
<그림 4> 물가지수, 화폐공급량(M2)과 화폐수요(실질생산) • 188
<그림 5> 물가지수와 화폐의 초과수요(M2-실질 총생산) • 190
<그림 6> 물가지수, 화폐초과수요(M2압)와 화폐공급량(M2)의 표준오차 비교 • 190

제1장 中世 韓國과 日本의 銅錢 유통

1. 중세 한국의 동전 유통

1) 고려시대의 동전 유통

고려 건국(918년) 이후 성종대까지, 고려왕조의 기틀이 확립되는 과정에서 생산력의 증대와 함께 상업이 발달하였다. 고려가 개국되자 수도인 개경에 관부의 물품을 조달하는 시장으로서 市廛을 설치하였다.[1] 그리고 서울인 개성 외에도 평양, 경주, 한성 등 대도시를 중심으로 활발한 교역이 이루어졌다. 또 市廛 이외의 場市가 설치되어 있던 곳에 錢貨 유통을 활성화시키기 위해 尊卑를 막론하고 점포를 설치하게 하였다.

이처럼 국내 유통경제의 성장과 더불어 금속화폐 유통의 필요성이 적극적으로 제기되었다. 고려전기의 금속화폐 유통정책은 대체로 성종 15년(996) 鐵錢 주조 이후 목종 5년(1002)까지와, 그 후 약 90여 년이 지나서 숙종 2년(1097) 鑄錢官 설치 이후 숙종 초년 무렵까지, 두 번에 걸쳐 실시되었다.[2]

고려시대 최초의 官錢인 乾元重寶는 성종 15년(996) 4월에 주조된 것으로 보인다.[3] 이 건원중보는 唐의 건원중보를 모방한 것으로, 이후 중국의 그것과 구별이

---

1) 『高麗史』 世家 권1, 太祖 1, 『高麗史節要』 권1, 太祖 2年 春正月.
2) 蔡雄錫, 「高麗前期 貨幣流通의 基盤」, 『韓國文化』 9, 1988.

어려워지자 목종대에는 東國重寶, 東國通寶를 만들어 유통하였다. 성종 15년에 실현된 화폐유통정책을 전해 주는 자료는 '始用鐵錢' 또는 '鑄鐵錢'[4] 정도만 보여 화폐의 유통이 상당히 제한적이었음을 짐작할 수 있다. 이때 화폐유통과 관련하여 주목되는 것은 성종 2년(983) 개경에 6개의 酒店을 설치하였다는 점이다. 이곳은 화폐가 상시적으로 가장 활발히 유통되는 곳 중의 하나였다. 국가가 주조한 화폐의 원활한 유통과 신용을 보증하기 위한 하나의 중요한 장치였다고 볼 수 있다.[5]

하지만 성종대에 실시된 화폐유통책은 곧 후퇴하여 목종 5년(1002)에 侍中 韓彦恭이 화폐사용에 따른 폐단을 지적하는 상소를 올림에 따라 일부 유통부문을 제외하고는 종전의 관행인 소위 '土宜'에 따르도록 수정되어 기존의 布貨와 錢貨를 병행하는 錢布兼用策을 실시하게 되었다.

> 우리 선조께서 전대의 전례에 따라 丹詔를 반포하여 青趺를 주조케 하시니 수년 안에 돈꿰미가 창고에 가득 차서 方圓을 적용할 수 있게 되었다. 이에 重臣들에게 명하여 잔치를 열고 길일을 가려 錢幣를 사용하게 하였으니 이로부터 행하여 끊이지 않았다. 과인이 외람되게 국가의 대업을 이어 다만 貽謀를 받들었으니 특히 貨買의 기반을 일으키고 준행할 제도를 엄격히 세웠다. 근래에 侍中 韓彦恭이 상소하여 말하기를 "사람들을 편안하게 하고 물자를 이롭게 하고자 하면 반드시 옛 법에 따라 항상됨이 있게 하여야 할 것입니다. 지금 선조를 이어 전폐를 사용하고 麤布의 사용을 금지하여 습속을 놀라게 한 것은 국가의 이익이 되지 못하고 다만 백성들의 원망을 일으키는 것입니다."라고 하였다. 짐이 정성스럽게 인도하는 말을 알고 어찌 버려서 받아들이지 않겠는가? 근본에 힘쓰는 마음을 가지고 전폐를 사용하는 길을 중단하니, 茶酒食味 등의 여러 점포들이 교역에

3) 『高麗史』 권79 志33 食貨2 貨幣, 成宗 15年 4月.

4) 『高麗史』 권79 志33 食貨2 貨幣, 成宗 15年 4月: "始用鐵錢."
『高麗史』 世家 권3, 成宗 15年 4月: "夏四月辛未 鑄鐵錢."

5) 井上正夫는 酒店의 설치를 국가가 발행한 통화에 신용을 부여하기 위한 지불준비로 파악하고, 그것을 일종의 '酒本位制度'라고까지 해석하기도 했다(「高麗の貨幣 −中世東アヅア通貨圈を背景にして−」, 『青丘學術論叢』 2, 1992, 207쪽).

전처럼 전폐를 사용하는 외에 백성들이 사사로이 교역하는 것은 土宜에 따르도록 하라.[6)]

위의 내용에서 주목되는 점은, 우선 성종대의 화폐유통이 순간적인 결정에 의해 실시된 것이 아니라 사전에 상당한 정도의 준비가 있었음을 알 수 있다. 그것은 先朝께서 수년 동안 주전하여 돈꿰미가 창고에 가득 차서 方圓을 적용할 수 있게 된 후 重臣들을 모아 잔치를 열고 錢幣를 사용하게 했다는 것에서 잘 알 수 있다. 둘째는 '이로부터 행하여 끊이지 않았다'라는 언급에서 보듯이 성종대에 실시된 화폐유통이 국가의 강력한 의지에 따라 목종 5년 당시까지는 어느 정도 지속되고 있었음을 알 수 있다. 셋째는 국가에서 주조한 화폐를 유통시키기 위해서 기존 민간에서 통용되고 있던 물품화폐인 추포의 사용을 강제로 금지시킴으로써 그에 대한 반발이 만만치 않았음을 짐작할 수 있다. 넷째는 錢幣 유통에 대한 백성들의 저항을 수용하여 민간유통부문에서는 이전처럼 土宜에 따라 추포 등 물품화폐를 통용케 하고 국가적 유통영역에 속하는 茶와 酒 및 飮食物을 파는 점포에서의 交易은 錢幣를 사용하게 한다는 案이었다.

이와 같이 비록 제한적이지만 국가가 茶나 酒, 食味 등의 특정 상품을 장악하고 거기에 화폐의 유통을 강제하고 있었던 것은 국가가 화폐유통을 전면적으로 포기한 것은 아니라 한정된 후퇴였다고 생각된다.[7)]

이처럼 錢幣는 목종 5년 이후 한정된 영역에서만 유통되다가 숙종대에 와서 재차 본격적인 유통책이 시도되었다. 숙종 2년(1097)에 鑄錢官을 두고,[8)] 숙종 6년(1101)에는 鑄錢都監을 설치하여 銀甁을 주조하였으며[9)] 또한 숙종 7년에는 西京에

6) 『高麗史』 권79 食貨2 貨幣, 穆宗 5年 7月.

7) 成宗代의 정치권을 華風과 土風 두 세력으로 나누고, 처음에 화풍주도의 정치운영이 이루어졌지만 결국 토풍세력에 밀려 좌절된 것으로 파악하는 견해가 있는데, 이는 당시 銅錢 유통을 둘러싼 정치세력 간의 갈등과 관련시켜 볼 때 주목된다(具山祐, 「高麗 成宗代 對外關係의 展開와 그 政治的 性格」, 『韓國史研究』 78, 1992).

8) 『高麗史』 권79 志33 食貨2, 肅宗 2年 12月: "敎曰 … 將欲興民間大利 其立鑄錢官 使百姓通用."

9) 『高麗史』 권79 志33 食貨2 貨幣: "是年(肅宗六年) 亦用銀甁爲貨 其制 以銀一斤爲之 像本國地形 俗名闊口 …."

貨泉別監 2員을 파견하여 交易을 촉진시키는[10] 등 강력한 화폐유통책이 실시되었다. 이어서 鼓鑄法을[11] 제정하여 海東通寶를 주조하고 開京에 주점과 점포를 설치하는 등 유통의 활성화를 위해 노력하였다.

> (숙종) 7년 12월에 왕이 명령하기를, "백성들을 부유하게 하고 나라에 이익이 되도록 하는 데 있어서 錢貨보다 중요한 것은 없다. 서북 두 나라(宋, 堯)에서는 이를 실시한 지가 이미 오랜데 우리나라에서만 아직 실행하지 않고 있다. 이제 비로소 금속을 녹여서 돈을 만드는 데[鼓鑄] 대한 법령을 제정하게 되었다. 그 주조한 돈 1만 5천 꾸러미를 宰樞와 문무의 양반과 군인들에게 나누어 주어 돈 통용의 시초로 되게 하고 돈에 새기는 글은 海東通寶라고 한다. 또 처음으로 錢貨를 통용한다는 것을 太廟에 고하며 즉시 京城(개경)의 左右에 酒務를 설치하고 또 거리의 양쪽에는 신분의 높고 낮음을 물론하고 각각 점포를 두어서 錢貨 사용의 이익을 크게 일으키도록 할 것이다."라고 하였다.[12]

위와 같이 錢貨 1만 5천관을 주조하여 田柴科 분급의 상, 하선에 속하는 宰樞에서 軍人까지 나누어 주고 수도인 개경에 주점과 점포를 두어 화폐유통의 시초로 삼도록 한다는 것이다. 이는 신분적으로는 지배층, 지역적으로는 수도부터 화폐의 사용을 솔선케 하여 국가의 동전 유통 의지를 만방에 과시함으로써 화폐유통을 하층민과 지방에까지 확산시키려는 의도였다고 여겨진다.

당시 금속화폐를 주조하여 유통시킬 것을 적극 제안한 대표적인 인물로 大覺國師 義天(1055~1101)을 들 수 있다. 그는 일찍이 국왕에게 제기한 글에서 화폐를 개조

---

10) 『高麗史』 권79 志33 食貨2 貨幣, 肅宗 7年 9月: "制曰 四民各專其業 實爲邦本 今聞西京習俗不事商業 民失其利 留守官其奏差貨泉別監二員 日監市肆 使商賈咸得懋遷之利."

11) 鼓鑄法은 풀무질로 금속을 녹여 거푸집[鑄型]에 넣어서 기물을 만드는 방법으로, 주로 화폐나 활자를 만드는 데 사용되었다. 宋應星의 『天工開物』에는 鑄錢을 할 때 풀무질하여 금속을 녹인 뒤 母錢에 넣는다고 고주의 방법을 설명하고 있다. 우리나라에 전래된 것은 고려 숙종 때로 생각되며, 1101년 주전도감을 설치하고 고주법에 의하여 해동통보를 만들었으며, 그 뒤 해동중보와 삼한통보도 고주법에 의하여 주조되었다.

12) 『高麗史』 권79 志33 食貨2 貨幣, 肅宗 7年 12月.

한 실례를 역사적으로 들면서 고려에서도 화폐제도를 개선할 것을 적극 주장하였다. 그리고 그는 민간에 널려있는 銅을 모두 회수하여 유통화폐로서 銅錢을 주조할 것을 주장하였는데, 그것은 金銀과 같은 귀금속으로 화폐를 주조한다면 그것이 축재수단으로 퇴장됨으로써 화폐 본연의 가치척도와 유통수단의 기능을 상실할 것으로 보았기 때문이다. 나아가 그는 아래와 같이 동전을 유통시킬 때의 몇 가지 유익함을 들면서 화폐 주조를 통한 유통을 강력히 제안하였다.

> 이때에 곡식으로 교환하는 물물교환의 폐단을 고치지 않으면 이 뒤에 누구를 기다려 바르게 하겠습니까. 무릇 돈이란 그 몸은 하나이면서도 그 뜻은 네 가지를 포함하고 있습니다. … 간절히 설명하옵건대 지금 과거의 원법의 공을 본받으면 실익이 그 배가 될 것이고 혹 결단코 행하면 나라에 다섯 가지 이로움이 있게 될 것이니, … 돈을 써서 사람이 지거나 말에 싣는 고통을 면해 주는 것이 그 첫째 이점이며, … 곤궁한 사람들이 오직 의존하는 것은 쌀뿐인데, 지금 그것을 화폐로 삼으면 마음씨 좋지 못한 교활한 무리나 이익을 탐하는 간교한 무리들이 모래흙과 먹을 수 없는 쌀을 섞게 될 것이며, 또한 작은 되나 큰 되에서 속이고 가벼운 것과 무거운 것에 무게를 속임이 있다면 … 돈을 사용하여 간교한 무리들을 막고 곤궁한 이들을 돌볼 수 있게 하는 것이 그 둘째 이점이며, … 과감히 원법을 시행하되 봉급의 반을 표준하여 돈으로 지불하면 독촉을 줄일 뿐더러 흉년을 대비하여 권력과 재벌의 날뜀을 억누르고 청렴하고 결백한 이를 우대하게 하는 것이 그 셋째 이점이며, … 특별히 저장하는 데도 견고하여 걱정이 없을 뿐 아니라 백성들에게 나누어 주기에도 매우 편리하므로 이것이 그 넷째 이점입니다.[13)]

의천은 현물화폐인 米・布가 화폐로서 지닌 여러 가지 결점을 열거하고는 동전 통용의 이점으로, 첫째, 米・布 등 현물화폐보다 훨씬 뛰어난 운반의 편리성, 둘째,

13) 『大覺國師文集』 권12, 鑄錢論. 의천의 이 상소는 宣宗에게 올린 것인지 肅宗에게 올린 것인지 명확하지는 않지만 그 내용으로 보아 숙종 2년에 鑄錢의 움직임이 있기 직전에 올렸을 가능성이 크다.

토호나 상인 등의 간교한 행위나 도량형의 속임을 통한 자의적인 수탈 방지, 셋째, 직역자에 대한 현물 수조지급으로 인한 폐단 방지 및 흉년의 대비책, 넷째, 재산 보관의 안전성과 유통의 편리성 등을 들고 있다. 이처럼 동전 유통은 土豪나 商人 등이 농민층을 자의적으로 수탈하는 것을 방지하고 당시 고려의 상품유통경제를 국가 주도로 촉진하고자 하는 면모를 살펴볼 수 있다.

이러한 의천의 동전 유통론은 당시 윤관을 비롯한 진보적 관리들의 적극적인 지지를 받았지만 그에 대한 반대도 만만치 않았던 것으로 보인다.[14] 또한 국가의 의도와는 달리 화폐유통이 민간부문까지 확산되는 데에 많은 제약이 있었던 것으로 보여 진다.

> 州縣에 명하여 米穀을 내어 酒食店을 열고 백성들이 무역을 할 수 있게 하여 錢幣의 이점을 알도록 하였다. 당시 화폐를 사용한 지 이미 3년이 지났으나 백성들이 가난하여 활발하게 사용할 수 없었기 때문에 이 명령이 있었던 것이다.[15]

숙종 7년 수도인 개성에 주점과 점포를 설치하여 화폐유통의 촉진을 꾀했지만 3년 정도가 지나도 명목화폐인 동전을 수용할 사회 경제적 여건이 미비하였고 화폐가치에 대한 인식 부족 등으로 인해 국가의 의도대로 그것이 원활하지 못하였다는 것이다. 그래서 지방의 州縣에도 酒食店을 열고 백성들이 무역을 할 수 있도록 하여 동전 유통을 꾀했다. 하지만 민간에서는 여전히 米나 布가 화폐로서의 기능을 하고 있었기에, 동전의 유통은 한계를 지닐 수밖에 없었다. 동전은 주로 茶, 酒, 食味, 藥 등 국가적 유통부문인 市廛店鋪의 거래에서 사용되고,[16] 민간 유통부문에서는 그다지 사용되지 않았던 것 같다.[17] 그 결과 예종대에 이르면 동전 유통은 사실상

---

14) 당시 平章事였던 尹瓘은 의천의 동전 유통론을 적극 지지하면서 "동전은 우리나라 풍습에 맞지 않다."고 한 첨지정사 郭尙 등의 반대론을 논박하였다(『高麗史』 卷97 列傳, 郭尙傳).

15) 『高麗史』 권79 志33 食貨2 貨幣, 肅宗 9年 7月.

16) 『高麗史』 권79 志33 食貨2 貨幣, 『宣和奉使高麗圖經』 권16 官府 藥局.

17) 『宣和奉使高麗圖經』 권3 城邑 貿易.

중단되고 만다.

그 후 銅錢 유통에 대한 논의는 거의 보이지 않고 計量貨幣의 성격을 가진 銀貨나 명목화폐인 紙幣가 米·布와 함께 유통 화폐의 주류를 형성하였다. 충렬왕 13년(1287)에는 은병의 위조와 은·구리의 合鑄를 막기 위하여 碎銀을 화폐로 사용하였으며,[18] 충혜왕 원년(1331)에는 소은병,[19] 공민왕 5년(1356)에는 標銀을 만들었다.[20] 공양왕 3년(1391)에는 궁핍한 재정난을 극복하기 위해 宋의 會子와 元의 至元寶鈔를 본따 지폐의 일종인 楮貨를 만들기로 결정했으나[21] 실제로 발행되지는 못하였다.

이처럼 고려시대에는 은·철·동·종이를 소재로 화폐를 제작하여 물품화폐의 기능을 대신하고자 노력하였지만 국가의 담보가 미약하여 신용화폐보다는 실질가치를 가진 현물화폐에 의지하는 바가 컸던 것이다.

〈표 1〉 고려시대 화폐 변천

貨幣名	製作年代	備 考
乾元重寶	성종 15년(996)	고려 최초의 官錢
無文錢	성종 15년(996)	
東國重寶	목종 원년(998)	錢布兼用 공인
東國通寶	목종 원년(998)	
海東元寶	숙종 2년(1097)	鑄錢官 설치
銀瓶	숙종 6년(1101)	布貨 병용
海東通寶	숙종 7년(1102)	鼓鑄法 제정 해동통보 15,000貫 주조, 유통
三韓通寶	숙종 7년(1102)	
海東重寶	숙종 8년(1103)	
三韓重寶	숙종 8년(1103)	
碎銀	충렬왕13년(1287)	元의 寶鈔 유통
小銀瓶	충혜왕 원년(1331)	銀瓶 사용 금지
標銀	공민왕 5년(1356)	五升布 병용
楮貨	충양왕 3년(1391)	資贍楮貨庫 설치

18)『高麗史』 권79 志33 食貨2 貨幣, 忠烈王 13年 4月.
19)『高麗史』 권79 志33 食貨2 貨幣, 忠惠王 元年 4月.
20)『高麗史』 권79 志33 食貨2 貨幣, 恭愍王 5年 9月.
21)『高麗史』 권79 志33 食貨2 貨幣, 恭讓王 3年 3月.

2) 조선초기의 동전 유통

고려시대부터 銅錢・金銀錢・銀甁・楮貨 등 다양한 종류의 화폐 발행과 유통을 위한 국가적 차원의 노력이 있었으나 일반적으로 민간의 소액거래에 이용된 주요한 유통수단은 米・布를 중심으로 하는 실물화폐였다.[22] 조선 건국 후에도 이전과 같이 通貨 발행의 노력은 계속되었지만 錢貨의 유통은 원활하지 못하였다.

조선 국초부터 실물화폐인 布幣 외에 명목화폐인 銅錢과 楮貨의 사용에 대한 논의가 정부 차원에서 활발하게 전개되었다. 우선 太宗代에 와서 중앙집권사회의 정치・경제적 토대를 구축하기 위한 성리학적 체제정비가 본격화되고, 그것을 뒷받침하는 제도가 계속 강구되면서 중국의 경제제도 가운데 명목화폐의 활발한 유통에 대해 많은 관심을 갖게 된다. 이와 같은 상황 속에서 1401년(태종 1)에 당시 정계를 주도하던 河崙이 기존의 五升布 대신에 楮貨를 사용할 것을 건의하였다. 그 결과 司贍署를 설치하여 楮貨의 제작과 유통을 관장하게 하고,[23] 1402년부터 저화가 민간에 유통되기 시작하였다.

하지만 당시의 정치 분위기에서 강행된 저화 유통책은 거의 사용가치가 없는 한낱 종이에 불과한 楮貨에 국가가 막대한 명목가치를 부여하여 이를 유통시킴으로써 민들의 잉여가치를 수탈하려는[24] 의도가 강했다. 그러한 사실은 당시 楮貨를 유통하려는 이유에 대한 설명에서 '저화는 화폐의 관리권이 국가의 수중에 있기 때문에 경영하기가 쉽고 운반하는 데 편리한 매우 좋은 법'[25]이라고 하는 말에서도 알 수 있다. 결국 이것은 국가가 막대한 명목가치를 부여한 楮貨 유통을 통해 민간의 상품경제권을 흡수하려는 측면이 강했다. 그 과정에서 기존 상품경제권의 위축에 대한 아래로부터의

---

22) 須川英德, 「高麗から李朝初期における諸貨幣」, 『歷史評論』 516, 1993.

23) 『太宗實錄』 권1, 太宗 1년 4월 甲子(6).

24) 『磻溪隨錄』 권8, 「田制後錄攷說」 下 附楮幣: "自宋人爲交會 而金元承之以爲鈔 所謂鈔者 所費之直 不過三五錢 而以售人千錢之物 … 乃以方尺之楮 直三五錢者而售之 可不可乎."
위와 같이 유형원은 交子・會子나 寶鈔가 제조하는 비용은 3~5전에 불과한데 그것에 막대한 명목가치를 부여하여 유통시키는 것은 문제가 있다고 하며, 저화 유통의 본질에 대해서 상당히 비판적이었다.

25) 『太宗實錄』 권21, 太宗 11년 6월 庚寅(1).

심각한 저항과 반발이 일어났고, 정치권에서도 이를 둘러싼 열띤 논의가 벌어졌다.

1410년(태종 10) 6월에 楮貨의 유통을 결정하고 그것에 대한 저항과 반발을 강제적으로 억누르는 여러 방법들을 강구하였다.[26] 그것은 법률적인 통제책과 鄕村의 조직을 이용한 것, 그리고 收取體系의 이용 및 민간유통경제에 대한 직접 개입 등의 강제책이었다. 첫째, 법률적인 강제책으로는 당시 통용화폐인 常五升布를 민간에서 직조하여 사용하는 것을 금하였는데[27] 이것을 위반하였을 때는 刑杖을 때리고 벌금을 징수하였다.[28] 또 官에서 향촌의 各戶를 수색하여 布貨를 가진 자는 몰수하고 중형을 가하여 死刑에까지 처하였다.[29] 둘째, 鄕村의 조직을 이용하여 京中의 五部에 5家를 1比로 하여 米・布를 사용하는 자는 상호 감시・고발하는 것을 연대책임제로 하기도 하였다.[30] 셋째, 租稅收取 체계를 이용하여 稅布・雜貢과[31] 민간에서 미납한 의창곡을 楮貨로 대신 납부하게 하고,[32] 贖罪할 때 楮貨를 사용하게 하였다.[33] 그리고 工匠稅와 坐賈稅, 行商稅를 楮貨로 납부하게 하는 방법도[34] 사용하였다. 넷째로는 국가가 민간의 유통시장에 직접 개입하여 米穀을 방출하여 楮貨를 직접 相換하는 방법이었다. 米穀과 楮貨의 무역을 주관할 상설 기구로 京城과 開城에 각각 和賣所를 설치하고, 李原・辛有定 등을 각각 담당 提調로 삼았다.[35] 이 외에도 官庫의 布를 市街에 내어다 그것을 여러 조각으로 절단하여 보임으로써 다시는 布를 유통시키지 않겠다는 국가의 의지를 민간에 천명하는[36] 등 다양한 방법을 동원하였다.

하지만 국가가 강제적으로 楮貨의 유통을 활성화하려는 각종 노력에도 불구하고 시중에서는 여전히 실물화폐인 米・布가 유통되었고, 명목화폐인 楮貨의 가치는

---

26) 『太宗實錄』 권20, 太宗 10년 7월 丙寅(1).
27) 『太宗實錄』 권20, 太宗 10년 8월 丙辰(22), 『太宗實錄』 권20, 太宗 10년 9월 戊寅(14).
28) 『太宗實錄』 권20, 太宗 10년 10월 甲午(1).
29) 『太宗實錄』 권21, 太宗 11년 2월 壬辰(1), 『太宗實錄』 권21, 太宗 11년 2월 戊戌(7).
30) 『太宗實錄』 권23, 太宗 12년 6월 戊申(15).
31) 『太宗實錄』 권20, 太宗 10년 9월 戊子(24), 『太宗實錄』 권20, 太宗 10년 10월 庚申(27).
32) 『太宗實錄』 권20, 太宗 10년 10월 壬戌(29).
33) 『太宗實錄』 권21, 太宗 11년 1월 甲戌(13).
34) 『太宗實錄』 권21, 太宗 11년 1월 甲子(3), 『太宗實錄』 권21, 太宗 11년 1월 癸酉(12).
35) 『太宗實錄』 권20, 太宗 10년 10월 辛酉(28).
36) 『太宗實錄』 권21, 太宗 11년 1월 甲子(3).

상대적으로 급격히 하락하였다. 그 결과 시중에서는 楮貨로 米穀을 바꾸려는 자가 없어서 백성들이 곤란을 겪을 지경이었다.[37]

이처럼 楮貨가 민간경제에서 유통되지 않는 상황에서 정부 일각에서는 銅錢의 유통 문제를 새로이 제기하였다. 1415년(태종 15) 5월에 柳思訥이 楮貨는 상대적으로 고액이었기에 값이 匹數에 미치지 못하는 소액 물건을 매매하는 데에는 불편하여 잘 유통되지 않는다고 문제를 제기하면서, 그 해결책으로 小額貨幣로서의 銅錢 사용을 건의했다.[38] 이에 따라 大臣들 사이에 銅錢 사용법이 논의되고, 호조에서는 구체적인 銅錢 行用法을 마련해 올렸다.[39]

하지만 銅錢은 위조가 쉽고 동전이 유통되면 楮貨 行用이 중단될 것이라는 반대 의견이 심해 곧 그 鑄造는 중지되었다.[40] 銅錢의 유통은 시작과 동시에 중단되고 楮貨를 유통시키는 데 전력하지만, 市中에서 楮貨의 가치는 계속 하락하여 1422년(세종 4)에는 楮貨 3장이 米 1升에 불과할 정도였다. 이것은 처음 楮貨가 유통될 때인 1402년(태종 2)의 楮貨 1장=米 2斗에 비하면 그 가치가 1/60에 불과한 것이었다. 이와 같이 楮貨의 가치가 폭락하는 상황에서, 1422년에 銅錢의 行用 문제가 다시 논의되었다.[41] 그 결과 1423년(세종 5) 9월에 銅錢의 사용이 결정되고, 이전의 1415년(태종 15) 때와 같이 錢文은 朝鮮通寶라 하고 銅 1근을 바친 자에게는 錢 160文을 주기로 하며, 그것을 司贍署에서 주관하게 하였다.[42]

그러나 銅錢은 유통된 지 얼마 후 楮貨와 마찬가지로 그 가치가 급격히 하락하였다. 1423년(세종 5) 동전을 유통시킬 당시에는 銅錢 1文=米 1升이었으나, 그 후

37) 『太宗實錄』 권23, 太宗 12년 6월 戊午(5).
38) 『太宗實錄』 권29, 太宗 15년 5월 壬戌(26): "柳思訥啓曰 價盈匹數之物則其稅固以楮貨取之 不盈一匹之物則以紙張取之 甚爲不便 請鑄銅錢頒行."
39) 『太宗實錄』 권29, 太宗 15년 6월 辛巳(16).
40) 『太宗實錄』 권29, 太宗 15년 6월 丙戌(21).
41) 『世宗實錄』 권18, 世宗 4년 12월 丁亥(4).
42) 『世宗實錄』 권21, 世宗 5년 9월 甲午(16): "議鑄銅錢初造 楮貨一張直米一斗 三十張直木綿一匹 至是楮貨甚賤 一張一升 百餘張一匹 乃會政府六曹 議鑄錢與楮貨通行 於是戶曹啓 銅錢乃中國歷代所用 請以唐開元錢爲準 積十錢重一兩文曰 朝鮮通寶 民納金一斤者 例給錢一百六十文 令司贍暑掌之私鑄者依律科罪 從之."

2년도 지나지 않아 銅錢 3~4文=米 1升이 될 정도였다.[43] 이에 동전의 가치 하락을 막기 위해 1426년(세종 8)에는 銅錢을 米豆・布貨 등과 교환하게 하고,[44] 1427년(세종 9) 10월에는 銅錢과 米穀을 일시적으로 무역하는 것이 아니라 그것을 상설화하였다.[45] 이러한 국가의 대책에도 불구하고 銅錢의 가치는 계속 하락하였다. 1429년(세종 11) 9월에는 米 1升이 錢 12~13文에 달할 정도로 동전의 가치는 더욱 하락하여,[46] 1423년의 銅錢 1文=米 1升과 비교하면 그 가치가 1/12~1/13에 불과하였다.

이후로는 銅錢의 가치 하락을 막고자 하는 국가의 정책적 노력도 점차 사라져서, 1434년(세종 16) 이후에는 銅錢을 이용한 穀食 상환에 관한 기록을 찾아볼 수 없다. 결국 국가도 민간에서 銅錢이 거부되고 布貨만이 유통되는 현실을 인정하고 더 이상 銅錢의 활발한 유통을 위한 대책을 강구하지 않았던 것이다. 이러한 사정은 아래의 사례에서도 확인된다.

> 刑曹에 傳旨하기를, "민간에 있는 돈은 많지 않다. 지금 서울과 지방에 죄를 贖바치는 것은 죄다 돈으로 받으니, 백성이 쉽게 마련하지 못하여 원망이 없지 않다. 금후에는 서울과 지방에 죄를 속바치는 자는 1/4을 베로 바치는 것을 허가하라" 하였다. 이리하여, 刑曹에서 아뢰기를, "銅錢 300文으로 正布 1필에 준하게 하고, 綿布와 綿紬는 모두 正布에 준해서 값을 정하도록 하소서." 하니, 그대로 따르다.[47]

당시 민간에는 銅錢이 거의 유통되지 않아 그것이 희귀한 실정인데 죄를 贖바치는 자에게 銅錢을 거둠으로써 백성들이 크게 불편을 느끼게 되었다. 이에 贖錢의 1/4을 기존에 사용 금지시켰던 布로 대신 바치는 것을 허가하고, 正布를[48] 기준으로

43) 『世宗實錄』 권28, 世宗 7년 5월 丁丑(8), 『世宗實錄』 권29, 世宗 7년 8월 丙戌(20).

44) 『世宗實錄』 권34, 世宗 8년 11월 庚寅(1).

45) 『世宗實錄』 권38, 世宗 9년 10월 丙寅(12).

46) 『世宗實錄』 권45, 世宗 11년 9월 丙寅(23): "前此貿鹽一石之直 納正布一匹 楮貨一張 銅錢二文 至是以其直輕 乃加銅錢之數 時民間 不喜用錢 米一升 直錢十二三文."

47) 『世宗實錄』 권79, 世宗 19년 12월 甲子(9).

48) 이때의 正布는 5승 綿布가 아닌 5승 麻布를 의미하는 것으로 생각된다.

銅錢과 綿布, 綿紬의 교환가격을 정하였다. 이것은 국가가 더 이상 銅錢의 사용을 강요하지 않고 기존에 國法으로 금지해 왔던 민간의 실질화폐였던 布貨를 기준화폐로 인정한다는 공식적인 표현이었다.

결국 국가 차원에서 銅錢·楮貨의 발행과 유통을 위해 적극적으로 노력을 하였지만 그것은 민간의 유통과정에서 信用을 상실하여 화폐 본연의 기능을 전혀 구현하지 못하였던 것이다.

<표 2> 15세기의 楮貨·銅錢價 변동(出典: 『朝鮮王朝實錄』)

年 度	楮貨·銅錢	價 格	備 考	典 據
1402	楮貨 1張	米 2斗	公示價	太宗 02-01-壬辰(09)
		常5升布 1필		
1402	楮貨 1장	5升布 1필	公示價	02-06-壬戌(10)
1406	楮貨 10장	5升布 1필	公示價	06-03-丁酉(07)
		銅錢 1貫		
1415	楮貨 1장	米 1斗	市價	15-06-丙子(11)
1415	楮貨 1장	銅錢 100錢	公示價	15-06-辛巳(16)
1415	楮貨 1장	米 2升	市價	15-06-丙戌(21)
1415	楮貨 10장	白銀 1냥	公示價	15-08-丁丑(13)
1416	楮貨 5장	正5升布 1필	市價	16-08-辛巳(22)
1419	楮貨 1장	米 3升	市價	世宗 01-08-甲戌(02)
1421	楮貨 1장	米 2升	市價	03-04-戊戌(06)
1422	楮貨 1장	米 1升	市價	04-07-癸亥(08)
1422	楮貨 30장	銅錢 1貫	公示價	04-10-丙午(22)
1422	楮貨 3장	米 1升	市價	04-12-丁亥(04)
1422	楮貨 1장	米 2升	公示價	05-02-辛未(20)
1422	楮貨 1장	米 1升	市價	05-09-甲午(16)
	楮貨 100餘張	綿布 1필	市價	
1424	楮貨 1장	銅錢 1文	公示價	07-04-癸丑(14)
1424	銅錢 3文	米 1升	市價	07-05-丁丑(08)
1424	銅錢 1文	米 1升	公示價	07-05-戊寅(09)
1424	銅錢 300~400文	綿布 1필	市價	07-06-甲寅(16)
1424	銅錢 600~700文	綿布 1필	市價	07-07-乙酉(18)
1424	銅錢 4文	米 1升	公示價	07-08-丙戌(20)
1426	銅錢 7~8錢	米 1升	市價	09-01-丙申(07)
1428	銅錢 12~13文	米 1升	市價	11-09-丙寅(23)
1428	銅 1斤	米 3.5斗	公示價	11-09-丙寅(23)
1436	銅錢 300文	正布 1필	公示價	19-12-甲子(09)
1473	楮貨 20~30장	米 1升	市價	成宗 04-10-庚申(02)

2. 중세 일본의 동전 유통

일본에서는 선사시대인 야요이[彌生]의 유적과 古墳으로부터 중국의 半兩錢과 漢代에 대량으로 公鑄된 五銖錢 등의 貨幣가 출토된다. 그러나 이들 화폐는 하나의 상품 그 자체였기에 이후의 유통화폐와는 달리 물건의 거래에 이용되지는 않았다.

일본에 유통화폐로서 금속화폐가 처음 등장하는 것은 나라시대[奈良時代]에 들어와서였다. 당시 정부는 중국의 선진 제도를 도입함과 동시에 唐의 開元通寶를 모방하여 和同開珎을 발행했다. 즉 708년에 武藏國 秩父郡에서 산출된 和銅이 조정에 헌상되자 이것을 기념하여 年號를 慶雲에서 和銅으로 고치고, 당시 遣唐使가 가져왔던 개원통보를 모델로 하여 화동개진이 주조되었던 것이다. 그 후 奈良・平安朝를 거치면서 萬年通寶(760년), 神功開寶(765년), 隆平永寶(796년), 富壽神寶(818년), 承和昌寶(835년), 長年大寶(848년), 饒益神寶(859년), 貞觀永寶(870년), 寬平大寶(890년), 延喜通寶(907년), 乾元大寶(958년)의 각 동전이 주조되었다. 화동개진을 포함해 율령정부에 의해 발행된 이들 동전을 총칭하여 '皇朝十二錢'이라 부른다. 이 외에도 銀貨 2種(和同開珎, 大平元寶)과 金貨 1種(開基勝寶)도 발행되었다.[49]

당시 정부는 이들 錢貨를 보급시키기 위해 다양한 방법을 동원하였는데, 租稅의 납부에 錢을 사용하게 한다든지 혹은 錢貨를 蓄財한 자에게 位階를 주는 蓄錢敍位法 등과 같은 것들이 대표적이다. 이러한 노력에도 불구하고 실제 화폐가 유통되었던 지역은 아마도 현재의 奈良縣을 중심으로 한 近畿地方 주변에 한정되었을 것으로 여겨진다. 당시 화폐가 이처럼 전국적으로 유통되지 못했던 것은 상품유통경제의 미성숙에 기인한 것이지만 정부의 화폐정책에도 문제가 있었다. 이들 和同開珎을 위시한 皇朝十二錢은 시대가 지나면서 재정 사정, 銅의 고갈과 같은 요인으로 점차 輕小・粗惡化하여[50] 화폐의 가치는 급락하였다. 그 결과 정부가 발행하는 화폐는

49) 瀧澤武雄, 『日本の貨幣の歷史』, 吉川弘文館, 1996.

50) 일본에서 山銅이 부족하기 시작한 것은 延曆(782~805년) 연간경부터이며, 이 영향을 받아서 隆平永寶(799년 初鑄)가 소형화되고 그 이후 더욱 輕小・粗惡化하였다. 또한 이들 皇朝錢이 衰乏된 한 요인은 弘仁(810~823년) 연간부터 唐錢을 수입하였기 때문이다(原三正, 「古代の渡來

信用을 상실하여 10세기 말에는 米・布 등의 물품화폐가 전화 대신 통용되기에 이르렀다.

한편 일본 중세가 시작되는 平安末期(12세기경)부터 국내 경제의 발전과 함께 교환경제가 활성화되면서 錢貨의 필요성이 높아졌다. 점차 일반 민중에게도 화폐경제가 광범위하게 침투하기 시작했다. 그것은 11세기의 토지거래에는 거의 米・布가 사용되다가 12세기 이후부터 이들 물품화폐보다는 점차 錢貨를 사용하는 거래가 급증함을 통해서도 짐작할 수 있다.[51] 그러나 당시 정부는 화폐를 발행하지 않았기 때문에 화폐가 부족하여 砂金, 水銀, 硫黃 등을 수출하고 대량의 中國錢을 수입하기 시작했다. 平安時代(794 ~ 1184년) 末期부터 鎌倉時代(1185 ~ 1333년)에는 唐錢과 宋錢을, 室町時代(1336 ~ 1573년)에는 이것에 더하여 洪武通寶・永樂通寶 등의 明錢을 대표적으로 수입하였다.

12세기 후반에 渡來錢(주로 宋錢)의 일본 유입이 시작된다. 渡來錢을 對價로 하는 土地賣券이 처음 보이는 것은 1150년이었지만,[52] 그 당시는 유입량이 많지 않았을 것으로 여겨진다. 도래전의 유입이 본격화되는 것은 平淸盛이 兵庫 福原에 항구를 열고 日中交易을 개시한 1170년 이후였을 것으로 생각된다. 하지만 12세기 말까지 도래전의 유통은 여전히 교토[京都] 주변의 국지적 현상이었으며 동전의 유통이 전국적으로 확대되는 것은 1215 ~ 1224년경으로 비정된다.[53] 各地에서 出土되는 자료에 의하면 중세에 있어서 渡來錢은 唐 5種, 5代10國 14種, 北宋 36種, 南宋 20種, 遼 9種, 西夏 7種, 元 4種, 金 3種, 明 8種, 朝鮮 7種, 安南 31種, 琉球 3種 등 140餘種이 보이지만,[54] 이 가운데 대량으로 유입된 것은 唐의 開元通寶, 北宋의 元豊通寶・皇宋

錢」, 『月刊 考古學ジャーナル』 249號, 1985).

51) 松延隆康, 「錢と貨幣の觀念 -鎌倉期における貨幣機能の變化について」, 『列島の文化史』 6, 1989; 中島圭一, 「中世後期における土倉債權の安定性」, 『中世人の生活世界』(勝俣鎭夫編), 山川出版社, 1996.

52) 1150년(久安 6) 8월 25일의 土地賣券이다.(『平安遺文』(6) 27-7號) 이것은 橘行長이라는 인물이 大和國 添上郡에 있던 私領을 賣拂한 證文인데 여기에는 土地의 代價가 27貫文으로 되어 있다(松延隆康, 앞의 논문, 1989).

53) 瀧澤武雄, 『續莊園制と武家社會』 吉川弘文館, 1978.

54) 三上隆三, 『渡來錢の社會史』(中公新書 862), 中央公論社, 1987, 231~232쪽의 <渡來錢一覽表>를

通寶・熙寧元寶・元祐通寶・天聖元寶・聖宋元寶・祥符元寶・紹聖元寶, 明의 永樂通寶・洪武通寶 등으로 제한된다.

이와 같이 일본 중세는 화폐경제상으로 보면 일본 자국통화가 없던 '渡來錢의 時代'였지만, 그것도 후기가 되어서는 수요도가 높던 도래전은 그 절대량 부족으로 中國私鑄錢과 일본 내 模鑄錢도 출현하여 緡錢 속에 섞여 유통, 소비되었다. 이처럼 각종의 惡錢이 유통되었기 때문에 良錢과 惡錢을 구별하거나, 惡錢의 가치를 내려서 거래하거나 혹은 惡錢의 수취를 거부하는 '撰錢行爲'가 횡행하여 경제에 악영향을 줌에 따라 당시의 화폐경제는 큰 혼란을 겪었다.[55] 이에 室町幕府와 각지의 戰國大名들은 그 대책으로 여러 차례 '撰錢令'을 발포하여 화폐를 원활하게 유통시키려 하였지만 撰錢行爲는 근절되지 않았다.[56]

이후 江戶時代(1603～1866년)에 들어와 德川幕府는 고대 율령제하의 乾元大寶(958년)를 마지막으로 포기했던 주전사업을 1636년 寬永通寶의 주조를 시작으로 재차 錢貨 유통에 대해 본격적으로 개입하였다. 이 해에 幕府는 新鑄인 寬永通寶와 舊貨인 渡來錢을 等價通用할 것을 시달하고 이로 인해 新・舊의 錢이 혼용되게 되었다. 하지만 이로부터 34년 후인 1670년(寬文 10)에 幕府는 渡來錢의 사용을 일체 금지시키고 自國錢만을 통용하도록 하는 조처를 내렸다. 이로 인해 일본은 近世에 들어와 中世期의 '渡來錢 流通時代'는 막을 내리고 '自國錢 流通時代'를 맞게 되었던 것이다.

결국 일본의 錢貨는 최후의 皇朝十二錢이었던 乾元大宝(958년)로부터 1636년의

참조. 현재에는 계속적인 出土 錢貨의 발굴조사로 인해 渡來錢의 錢種數는 160餘種에 이를 정도로 계속 증가하고 있다.

55) 일본 中世에 유통되었던 錢貨는 精錢(淸錢, 上錢, 善錢)과 惡錢(並錢, 地惡錢), 極惡錢이라는 3부류가 존재했다. 이 중 備蓄錢은 錢種構成과 錢種組成을 중심으로 분석한 결과 대체로 精錢에 해당하는 것으로 생각된다(鈴木公雄, 「出土備蓄錢と中世後期の錢貨流通」, 『史學』 61-3・4, 1992, 39쪽).

56) 小葉田淳, 『改訂增補日本貨幣流通史』, 刀江書院, 1941; 藤木久志, 「撰錢令と在地の動向」, 『戰國社會論』, 東京大學出版會, 1974; 足立啓二, 「東アジアにおける錢貨の流通」, 『アジアのなかの日本史』 3, 東京大出版會, 1992; 水藤眞, 「撰錢令について」, 『お金の玉手箱』, 國立歷史民俗博物館, 1997.

寬永通寶의 鑄造까지 유통되지 않았던 것이다. 일본은 고대 말부터 중세까지 약 700년간 자국 화폐 부재의 시대인 '輸入錢貨의 流通時代'였다.[57]

57) 瀧澤武雄, 앞의 책, 1996.

제2장 中世 日本에서의 韓國 銅錢 유통

1. 문제 시각

화폐가 교환, 지불, 가치기준, 저축수단 등의 경제적 성격을 지닌 것이라면, 동전은 전근대 사회에서 가장 보편적으로 사용된 화폐 중의 하나이다. 따라서 동전의 주조와 유통은 유통경제의 일정한 발달을 전제로 하는 것으로서 사회·경제·정치사적으로 중요한 의미를 가진다. 특히 동전은 전근대사회에서 가장 보편적으로 사용된 화폐이며 정치·경제 등 사정으로 인해 지역간 유통이 비교적 활발히 진행되었다. 이로 인해 各國에서는 국내적인 관점뿐만 아니라 시야를 넓혀 대외 교류사, 비교사적인 측면까지 다양한 시각에서 연구가 축적되고 있다.

이러한 銅錢의 특징으로 인해 각 국가에서 自國錢 이외의 外國錢이 출토되는 경우가 종종 있다. 日本에서는 中·近世에 이미 땅속에 埋藏된 다량의 외국 銅錢이 出土되기 시작하였다.[1] 이후 1970년대부터 공공개발 사업의 활성화와 함께 各地에서 다량의 出土錢이 본격적으로 발견되면서[2] 많은 연구자들의 주목을 끌게 되었다. 出土錢貨

---

1) 대표적인 예로서 1335년(建武 2) 若狹國 太良莊에서 발견된 25貫文의 錢貨와 근세에 와서는 1712년(正德 2)에 常陸國 那珂郡 正宗寺로부터 발견된 약 22萬枚의 錢貨가 유명하다.

2) 1970년대의 出土備蓄錢에 대한 것으로는 1973년에 보고서가 출판된 北海道의『函館志海苔古錢』과 1976년의 新潟縣『伝·泉福寺遺跡』이 대표적인 경우이다. 志海苔에 있어서는 3개의 甕 속에 374,436枚 94種 이상의 銅錢이 발견되었는데, 이는 室町時代 이전에 매장된 것으로 이해된다. 또한 伝·泉福寺 石白의 出土例는 271,784枚 83種 이상이 발견되었으며, 그 매장 시기는 15세기 후반에서 寬永通寶 初鑄(1636년) 이전으로 보고 있다.

에 대해서는 일찍이 고고학분야에서 中川近禮를 효시로[3] 1930년에 入田整三이 문제를 제기한 이후[4] 근래에 와서 鈴木公雄[5] 등 일련의 연구에 의해 상당히 진척되었다. 그 결과 일본에서는 1960년대 이후 '中世考古學' 나아가 '近世考古學'이 제창되기에 이르렀고,[6] 中・近世史에 대한 이해의 폭이 이전보다 훨씬 깊어졌다.[7] 일본에서는 出土錢貨를 통해 기존 古錢學의 관점 외에 流通史, 宗教・思想史 등 다양한 시각에서 연구를 진행하여 단기간에 상당한 정도의 연구 성과를 집적하였다.

日本에서는 이들 大量出土 錢貨의 埋藏 이유와 성격 규정을 둘러싸고 크게 '備蓄錢論'과 '埋納錢論'의 두 입장으로 서로 대립되고 있다. 우선 '備蓄錢論'은 일찍부터 주장되었던 것으로, 地下로부터 발견된 대량의 出土錢을 備蓄錢 내지 備蓄古錢이라 칭하고, 이것은 만일의 경우에 대비하여 地中에 비축하여 필요할 때 반출하여 사용하는 經濟的 錢貨로 이해하였다. 곧 火災・放火・戰亂 때의 약탈, 영주의 檢斷, 强盜, 竊盜, 風水害 등 여러 가지의 災厄에 대처하기 위하여 귀중한 재산인 錢貨를 땅속에 埋藏하는 관행으로 보았다.[8] 반면 근년에 대규모적인 개발공사와 고고학적 발굴에 의해서 대량 出土錢貨가 급증하면서 그 가운데 이와 같지 않은 사례도 증대되었다. 또한 사회사 연구의 성행과 함께 '비축전론'과는 입장을 달리하는 '埋納錢論'이 활발히 제기되었다. 이 설은 대량 출토전을 사람들이 개발을 행할 때 土地의 神佛에

---

3) 中川近禮, 「足利時代に流通せし錢貨の種類」, 『考古學會雜誌』 (1), (2), 1-1, 1-3, 1897.
4) 入田整三, 「發掘錢に關する考察」, 『考古學雜誌』 20-12, 1930.
5) 鈴木公雄의 일련의 연구는 최근 출판한 저서에 집대성되어 있다(『出土錢貨の硏究』, 東京大學出版會, 1999).
6) ニユ-サ インス, 「中・近世考古學の動向」, 『月刊 考古學ジャーナル』 182號, 1980.
7) 出土備蓄錢과 관련된 연구 성과는 많지만 그 중의 몇 가지만 소개하면 다음과 같다.
ニユ-サ インス, 「特輯・出土渡來錢の再檢討」, 『月刊 考古學ジャーナル』 187號, 1981; ニユ-サ インス, 「特輯・出土渡來錢 硏究の現況」, 『月刊 考古學ジャーナル』 249號, 1985; 櫻木晋一, 「九州地域における中・近世の錢貨流通-出土備蓄錢・六道錢からの考察-」, 『九州文化史硏究所紀要』 第36號, 1991; 小畑弘己, 「九州・沖繩における出土錢貨硏究の現狀と課題 -九州・沖繩錢貨出土遺跡地名表-」, 『先史學・考古學論究Ⅱ, 熊本大學文學部考古學硏究室創設25周年記念論文集』, 1997; 永井久美男編, 『中世の出土錢 -出土錢の調査と分類-』, 兵庫縣埋藏錢調査會, 1994; 東野治之, 『貨幣の日本史 -朝日選書 574』, 朝日新聞社, 1997; 國立歷史民俗博物館編, 『お金の玉手箱 -錢貨の列島2000年史-』, 1997; 國立歷史民俗博物館編, 『お金の不思議 -貨幣の歷史學-』, 山川出版社, 199 ; 歷史學硏究會編, 『越境する貨幣』, 青木書店, 1999.
8) 藤木久志, 「村の隱物・預物」, 『ことばの文化史 -中世 1-』, 平凡社, 1988; 鈴木公雄, 앞의 책, 1999.

봉헌하는 呪術的인 錢貨로 보고, 神佛로부터 土地의 用益權을 매입하거나 혹은 허가를 취득하는 관념을 전제로 한 것으로 이해했다. 곧 대량 매납전은 呪術・儀禮的인 봉납물 내지 매납물로 보았다.[9] 물론 대량 出土錢 가운데는 명확히 祭禮 목적을 가진 경우도 있지만 지금까지 발견된 다수는 재사용을 위해 비축한 經濟的 錢貨로 생각되는 경우가 훨씬 많다.

한편 이러한 대량 출토전 이외에 墓坑에서 출토되는 3枚 내지 6枚를 기준으로 하는 六道錢, 신생아의 胞衣(胎盤)와 함께 壺에 매납된 胞衣壺錢, 經塚에 副葬된 錢貨, 寺社・殿舍 등의 地鎭具에 수반되는 地鎭錢 등과 같이 呪術的인 埋納錢도 많이 존재하고 있다. 이렇게 본다면 日本 各地에서 出土되는 錢貨는 대체로 隱匿・再利用을 목적으로 壺・甕・木箱 등의 容器에 담겨 매장된 備蓄錢과, 呪術・祭祀의 목적으로 墳墓 등에 부장된 六道錢으로 대별할 수 있겠다.[10]

하지만 지금까지 일본 연구자들의 관심은 備蓄錢 중에서도 中國 諸錢이나 寬永通寶 등 自國錢에만 집중되었고, 고려동전이나 朝鮮通寶 등 우리나라 錢貨에 대한 연구는 거의 전무한 실정이다. 뿐만 아니라 우리나라에서도 日本 내 출토 조선동전이나 국내의 出土錢 등에 대한 연구는 거의 관심 밖에 있다고 해도 과언이 아니다.[11]

일찍부터 貨幣는 인간생활의 중요한 수단으로 다양한 경제행위 속에 발생한 것이므로 經濟史뿐 아니라 流通史, 交流史, 思想・宗教史, 葬制史 등 다방면의 연구에 기여할 수 있다. 또한 개개 비축전의 출토 지점(寺院, 都市, 農村 등)의 상황과 역사적 배경을 파악하여 그 錢貨가 갖는 의미를 고찰하는 것도 중요한 과제이다. 앞으로 이 방면에 대한 자료의 집적과 연구 시각의 정립 등 다양한 노력이 요구된다 하겠다.

---

9) 網野善彦, 『日本の歷史を讀みなおす』, 筑摩書房, 1991; 橋口定志, 「"埋納錢"の呪力」, 『新視點 日本の歷史』 4(中世編), 新人物往來社, 1993; 橋口定志, 「錢を埋めること –埋納錢をめぐる諸問題–」, 『歷史學硏究』, 711號, 1998.

10) 고고학적으로 땅속에서 出土된 錢貨로는 大量埋藏錢과 六道錢, 經塚埋納錢, 賽錢, 胞衣桶埋納錢 등 여러 가지 종류가 있다. 여기서 大量埋藏錢은 보통 備蓄錢이라 부르며, 經塚埋納錢, 賽錢 등은 六道錢과 유사한 성격을 가진 것으로 볼 수 있다.

11) 이런 점에서 국내의 出土 中國錢을 통해 高麗 성종・숙종 연간의 화폐유통을 살펴본 정용범의 글은 주목된다(「高麗時代 中國錢 流通과 鑄錢策 –성종・숙종 연간을 중심으로–」, 『지역과 역사』 4, 부경역사연구소, 1997).

2. 고려 · 조선 동전의 일본 유출

1) 고려동전의 유출

고려는 建國 직후부터 국내의 정치적 안정화를 꾀하고 국외의 先進文化를 수입하여 건국사업의 완성에 도움을 받기 위해 적극적으로 대외교섭을 행하였다. 또한 국내상업의 발전은 대외무역의 활성화를 가져왔고, 송 · 거란 · 여진 · 일본 등 주변 국가와의 무역이 활발히 전개되었다.

고려시기의 對外貿易은 내외 정세의 변화에 따라 시기적으로 일정한 변화와 특징을 나타내었다. 고려의 대외무역을 특징에 따라 그 시기를 구분하면 고려 전반기(10~12세기)의 무역과 그 후반기(13세기 이후)의 무역으로 구분할 수 있다. 고려 전반기의 대외무역이 公貿易을 중심으로 하면서 私貿易이 부수적으로 진행되던 시기라 한다면, 그 후반기는 사무역을 중심으로 하여 공무역이 그에 부수되어 진행되던 시기였다고 볼 수 있다.[12)]

특히 고려 전반기는 전근대 어느 시기보다 주변 諸國들과의 대외무역이 활발히 진행되던 대외무역의 황금기였다. 개경에 설치된 각국의 객관에는 외국인의 출입이 빈번하였으며, 이 중 송과의 무역이 가장 활발히 진행되었다.[13)] 고려인의 대외무역은 서북으로는 遼 · 金과의 互市, 서남해로로는 宋, 동남해로로는 일본과 교역을 하였다.

당시 고려와 송나라와의 해상무역은 크게 두 개의 해상로를 통하여 진행되었다. 그 하나는 송나라 사신들이 산동반도의 登州에서 출발하여 서해를 건너 풍주에 기항하였다가 옹진반도를 거쳐 다시 南進하여 예성강구의 벽란도나 정주를 거쳐

12) 홍희유, 『조선상업사 -고대 · 중세편-』, 과학백과사전종합출판사, 1989.

13) 고려의 光宗 · 仁宗 · 毅宗 시대에 걸쳐 고려의 使臣이 宋나라에 건너간 것이 약 57回요, 宋나라 使臣이 고려에 건너온 것이 약 30回였다. 이에 대해 宋商이 건너온 회수는 顯宗 3년(1012)부터 忠烈王 4년(1278)까지 260여 년에 걸쳐 약 120회에 달하였으며, 내항한 宋商의 총인원도 최소한 5,000명 이상이었을 것으로 추측된다. 이처럼 양국 사이에는 외교적 형식을 통한 공적무역보다도 사적인 민간무역이 매우 활발히 진행되었다(金庠基, 『高麗時代史』 東國文化史, 1961, 189~193쪽).

개경에 이르는 길이었다. 이 길은 통일신라후기 때부터 신라상인들이 등주에 신라방이라는 상업거류지를 형성하고 활동하면서 개척한 길이었다.[14] 그러나 12세기 초반에 남송이 수도를 南京으로 옮긴 후에는 宋의 사신들과 상인들이 남중국의 명주, 소주 등지에서 출발하여 바다를 건너 전라도의 흑산도, 군산도로부터 해안을 따라 올라와 홍주를 거쳐 예성강에 이르렀다. 남쪽 항로는 순풍을 만나면 보름 정도면 예성강 벽란도에 도착할 수 있었다.[15] 이처럼 고려의 대외무역항은 예성강이 중심이며, 당시의 상황은 李奎報의 '禮成江 樓上에서 조수[潮]를 본다'는 시에서도 잘 나타나고 있다.[16]

宋商이 주로 내항한 시기는 7・8월과 10・11월이 많은데 이는 범선을 사용하던 당시에 있어서는 7・8월경의 西南 계절풍을 이용한 것, 고려의 팔관회가 10・11월경에 거행된 것과 밀접한 관련을 가진다.[17] 고려에 내항한 宋商의 출신지는 泉州(福建) 13명, 明州(浙江) 5명, 福州(福建) 2명, 廣南(廣州) 2명, 台州(浙江) 3명 등으로 泉州 출신자가 가장 많았다.[18]

고려는 건국 초부터 중국의 諸國家뿐만 아니라 일본과의 交流도 추진하였다. 일본과의 무역은 宋이나 女眞 및 金나라에 비해서는 저조한 편이었지만 그래도 양국의 사정에 따라 公・私 貿易이 적극적으로 추진되었다. 11~12세기 당시 일본은 중앙집권체제가 급격히 쇠퇴하면서 지방의 장원을 토대로 성장한 原氏와 平氏 등 두 지방의 무사세력들이 무사단을 통솔하여 중앙정치에 등장하여 정권을 다투던 시기였다. 이러한 형편에서 일본의 중앙정권은 고려와의 정치, 경제적 접촉 문제에 관심을 돌릴 수 있는 형편이 아니었다. 다만 고려에 인접한 對馬島나 九州 등지의

14) 송나라에서는 1015년, 등주 바닷가에 사신들을 접대하는 客館을 설치하기까지 하였다(『宋史』 권497, 列傳, 外國3, 高麗).

15) 홍희유, 앞의 책, 109쪽.

16) 『東國李相國集』 권16, <又樓上觀潮贈同僚金君詩>: "潮來復潮去 來船去舶 首尾銜相連 朝發此樓底 未午棹入南蠻天 人言舟是水上驛 我道追風駿足較此猶遷延 … 何況區區蠻觸界 假此木道何處不洄沿."

17) 金庠基, 앞의 책, 194쪽.

18) 일본에 내항한 宋商人도 福建 출신자가 가장 많고, 다음이 明州 출신자라 한다(森克己, 「日本高麗來降の宋商人」, 『朝鮮學報』 9輯, 1956).

일부 지방세력과 상인들이 고려와의 무역을 위하여 왕래하는 경우가 잦았다.

특히 1019년 4월에 있었던 女眞賊 소위 刀伊賊의 來寇로 인해 麗·日 관계가 본격화되었다. 刀伊賊은 우선 고려를 습격하여 살인 약탈을 행하고 나아가 일본의 對馬, 壹岐, 筑前, 博多灣 등을 침략하였다. 고려에서는 5월 중에, 兵船 천여 척을 거느리고 고려 연안의 섬에 숨어 있던 刀伊賊을 추격 공격하여 격멸시키고 賊이 5개소에 나누어 구치하였던 일본인 포로 가운데 3개소의 300여 인을 탈취하여 먼저 송환하고 나머지 2개소의 포로를 곧 이어 송환하였다. 6월 고려에서 虜人送使 鄭子良을 일본에 보내어 일본포로 259인을 송환하였다.[19] 이에 일본정부에서는 정자량을 후히 대접하고 그가 귀국할 때에는 일본정부의 返牒을 보내고 祿物을 지급하였다.[20]

이처럼 刀伊賊 襲來事件을 계기로 麗日 관계는 차제에 완화 호전의 시기를 맞았다. 그것은 우선 양국간의 漂流民 送還으로 나타났다. 현종 20년(1029) 7월 耽羅 漂流民 貞一이 일본의 大宰府로부터 귀환했다.[21] 또한 靖宗 2년(1036) 7월 일본의 표류민 謙俊이 일본으로 송환되었다.[22] 나아가 文宗 3년(1049) 11월 일본의 對馬島官이 수령 明任을 고려에 보내어 고려 표류민 20인을 金州에 송환했다.[23] 문종 10년(1056) 10월, 日本國使 正上位權隷 藤原賴忠 등 30인이 고려에 건너와 金州에 來館했다.[24]

특히 文宗 34년(1080) 王이 風疾을 앓아 일본에 醫師의 파견을 요청한 사건이 있었다. 일본정부가 이를 거절하였지만 이 사건을 통하여 麗·日 간의 친근감을 읽을 수 있다.[25] 이 같은 우호적 분위기 가운데 11세기 후반부터 日本商船의 고려 진출이 개시되었다. 마침 이 文宗代는 日本이 白河天皇의 治世下에 있으며 藤原氏의 攝關政治로부터 院政으로 옮겨 가는 과도기였다. 莊園을 경제적 기반으로 한 貴族들

---

19) 『高麗史』 世家 권4, 顯宗 10年 4月 丙辰(29): "鎭溟船兵都部署張渭男等獲海賊八艘 賊所掠日本生口男女二百五十九人 遣供驛令鄭子良押送其國."
20) 森克己, 「日麗交涉と刀伊賊の來寇」, 『續日宋貿易の硏究』 第2卷, 1975.
21) 『高麗史』 世家 권5, 顯宗 20年 7月 乙酉(28).
22) 『高麗史』 世家 권6, 靖宗 2年 7月 壬辰(16).
23) 『高麗史』 世家 권7, 文宗 3年 11月 戊午(29).
24) 『高麗史』 世家 권7, 文宗 10年 10月 己酉(1).
25) 森克己, 「日・宋と高麗との私獻貿易」, 『朝鮮學報』 14輯, 1959; 奧村周司, 「醫師要請事件にみる高麗文宗朝の對日姿勢」, 『朝鮮學報』 117輯, 1985.

은 장원으로부터의 年貢에 의해 호사스러운 생활을 영위하면서 海外의 珍貨에 대한 욕구가 강하게 나타났다. 그 결과 장원영주들과 博多의 豪商들은 宋 商船의 來航을 기다리는 수동적 무역에만 만족하지 않고 스스로 貿易船을 건조하여 이것을 해외에 파견해 적극적으로 해외무역을 행하는 의욕을 나타냈다. 여기에 11세기 중엽부터 지리적·자연적 조건에 의해 비교적 近隣 관계에 있는 고려 방면에 來航하였던 것이다.[26)]

日本人이 高麗史上에 그 모습을 보이는 것은 穆宗 2년(999) 道要弥刀 등 20戶가 고려에 귀화를 청구한 것이[27)] 최초이다. 그 후에도 여러 차례 귀화를 바라는 기사가 보이지만[28)] 명확히 日本商船이 고려로 온 것이 보이는 기록은 『高麗史』를 비롯한 麗·日 양국의 文獻記錄上에서이다. 그 구체적인 예로 文宗 27년(1073) 7월, 王則貞·松永年 등 42인이 고려 東南海都部署를 통하여 국왕에게 螺鈿鞍橋·刀·鏡匣·硯箱·櫛·書案·屛風·香爐·弓箭·水銀·螺甲 등의 進獻을 청하였으며, 壹岐島 勾當官도 또한 藤井安國 등 33인을 보내어 方物을 東宮과 여러 大臣府에 바칠 것을 청하여 고려 조정에서는 海路로 入京을 허락했던 것이 처음이다.[29)]

이후에 계속 日本商人의 고려 渡航이 이어지는데 文宗代(1046~1083년) 14회, 宣宗代(1084~1094년) 6회, 睿宗代(1106~1122년) 2회, 毅宗代(1146~1170년) 2회로, 모두 24회에 이른다. 그리고 이 외에도 역사의 표면에 나타나지는 않았지만 많은 일본상인이 고려로 渡航했던 것을 알 수 있다. 이는 拒醫事件 때 參議 藤原師成이 진술했던 것으로도 능히 짐작할 수 있다. 이러한 민간교역에 활약했던 日本商人은 大宰府[博多]商人·壹岐·對馬·薩摩 등의 莊園 關係人들이었다. 특히 大宰府商人의 활동이 다른 곳에 비해 월등하였다.[30)]

당시 고려와 일본의 교역 품목에 대해서 『고려사』와 『고려도경』 등을 통해 살펴

26) 森克己, 앞의 논문, 1959.
27) 『高麗史』 世家 권3, 穆宗 2年 10月: "日本國人 道要彌刀等二十戶來投 處之利川郡 爲編戶."
28) 『高麗史』 世家 권4, 顯宗 3年 8月 戊戌(3): "日本國潘多等 三十五人來投."
『高麗史』 世家 권6, 靖宗 5年 5月 庚子(10): "日本民男女 二十六人來投."
29) 『高麗史』 世家 권9, 文宗 27年 7月.
30) 森克己, 『新訂 日宋貿易の研究』 第3編 第3章, 國書刊行會, 1975.

보자.

우선 고려가 일본에서 수입했던 품목은 水銀, 硫黃, 眞珠, 法螺, 螺甲, 衫材 등의 원료품 외에 螺鈿鞍, 鏡匣, 硯箱, 書案, 香, 扇子 등이 있다. 또한 刀劍, 弓箭, 甲胄 등의 무기도 수입되었으며 때로는 對馬의 牛馬 등도 들어왔다. 다음으로 일본에서 중국으로 수출되었던 품목으로는 金子, 砂金, 眞珠, 水銀, 鹿茸, 茯笭, 硫黃, 螺頭, 合簟, 松柏, 羅板 등이 있고, 이 외에 미술공예품으로는 金銀蒔繪箱, 金銀蒔繪硯箱, 螺鈿梳函, 螺鈿書案, 螺鈿書几, 螺鈿鞍轡, 鹿皮籠, 染皮, 銅鐵鎧, 倭畫屛風扇子, 鏤金, 銅器 등이 있다.

당시 일본에서 고려와 중국에 수출했던 물품들을 살펴보면 水銀, 硫黃, 眞珠, 法螺, 螺甲, 金銀蒔繪, 螺鈿, 刀, 扇子, 木材 등 그 주된 것은 공통이다. 그러나 鹿茸, 茯苓 등의 類와 미술공예품 가운데 銅器, 合簟 등은 대륙으로의 수출품에는 있는데 고려에는 보이지 않는다. 그 이유는 고려에서 이들이 생산되고 게다가 이것을 宋으로 수출하고 있었기 때문이다.

다음으로 12세기경 중국에서 고려와 일본에 수출되었던 공통 물품을 보면 대체로 香料類, 藥品, 蘇芳, 犀角, 鸚鵡, 孔雀, 綾錦, 書籍, 珍翫 등으로 중국 수출품의 주된 것이 고려·일본 양방면으로 수출되었던 것이다. 또한 고려에서 宋으로 수출되었던 물화 가운데에는 螺頭, 螺鈿이 보인다. 고려에서 일본으로 수출된 물품에 대해서는 사료가 매우 부족하여 자세히 알 수는 없지만 고려에서 宋으로 수출되었던 고려 특산물과 대체로 공통적이었을 것으로 생각된다. 즉 人蔘, 麝香, 紅花 등이었다고 추측된다. 이와 동시에 宋에서 고려로 수출된 대륙의 물화가 고려에서 다시 일본에 轉賣輸出되었으리라 생각된다. 그러한 사실은 文宗 27년(1073) 大宰府商人 王則貞이 고려에서 名醫 초빙의 건을 위탁하였을 때 고려 측의 進物로서 일본정부에 바쳐졌던 것은 고려산의 麝臍와 송에서 고려로 수출된 華錦·大綾·中綾이었다는 것과, 釋論疏鈔가 宋에서 고려로 왔는데 다시 그것이 고려에서 일본으로 수출된 예 등에서 추측할 수 있다.[31)]

결국 고려를 중계지로 宋·日 간에 상품의 교류가 행해졌던 것이다. 이러한 麗·

宋・日 간의 연쇄관계는 삼국의 국내정세와 국제관계의 내외 제조건의 일치라는 기반 위에 입각해 성립되었던 것이다. 北宋의 神宗 이후부터 고려・일본으로 향했던 貿易船의 發着港은 明州 1港으로 한정되고 고려・일본의 상선 또한 明州로 입항하였으므로 고려・일본의 수출품은 明州에 폭주하여, 고려・일본으로 향한 수출품이 明州에서 積出된 실정은 충분히 추측 가능하다.

일본은 중세가 시작되는 12세기부터 국내경제의 발전과 함께 교환경제가 활성화되면서 점차 米・布 등 물품화폐보다는 錢貨의 사용이 늘어나기 시작하였다. 하지만 당시 중세 일본은 自國의 화폐를 발행하지 않고 해외로부터 수입한 동전을 전적으로 사용하는 '輸入錢 流通의 시대'였다. 이러한 상황에서 中國錢 외에 高麗銅錢도 다른 물품과 함께 적극적으로 일본으로 유입되었을 것이다. 그러한 사정은 木浦 해안 新安 해저에서 인양된 14세기 중국의 沈沒船을 통해서도 짐작할 수 있다. 당시 元에서 高麗를 거쳐 日本으로 향했던 무역선으로 보이는 그 船底에서 총 重量 28톤의 銅錢이 발견되었다. 그 동전은 66種 800만매 정도에 이르며 대다수는 北宋錢이었다.[32] 현재까지 일본 전역에서 조사된 備蓄錢 약 350만매의 2배 이상에 달하는 양이 1척의 무역선에 실려 운반되었던 것을 통해 볼 때, 당시 중국으로부터의 銅錢 流出이 막대하였음을 짐작할 수 있다.

특히 南宋에서는 1199년(慶元 5), 고려와 일본으로 銅錢을 가지고 나가는 것을 國法으로 금지하였다.[33] 이것은 일찍부터 고려와 일본으로 宋의 銅錢이 많이 유출되고 있었음을 의미한다. 실제로 최근에 고려시대의 분묘 등지에서 宋錢이 다수 출토되고 있으며[34] 日本에서는 엄청난 양의 宋錢의 출토가 이루어지고 있다. 그런데

---

31) 森克己, 「日宋麗連鎖關係の展開」, 『史淵』 41輯, 1949.

32) 韓國文化公報部文化財管理局, 『新安海底遺物(綜合編)』, 1988; 尾上實, 「新安海底引き揚げ錢」, 『出土錢貨』 第14號, 2000.

33) 『宋史』 권37, 本紀 37 慶元 5年 秋7月 甲寅: "禁高麗日本商人博易銅錢."
『宋史』 권497, 列傳, 外國3, 高麗: "慶元間 詔禁商人持銅錢入高麗 蓋絶之也."

34) 당시 중국화폐의 한반도 내에서의 유통관계는 명확히 알 수 없지만 당시에 유통되었던 乾元重寶, 開元通寶 등 唐錢과 淳化元寶, 至和通寶, 治平通寶 등 宋錢들이 각지에서 출토됨으로써 당시 中國錢의 유입상황을 알 수 있다. 대표적인 中國錢 出土地는 신안 해저 인양선, 충주 단월동 고려묘, 천안 남산리 고려묘, 안동 서삼동 벽화고분 등으로, 많은 고려분묘에서 中國錢이 출토되

일본은 국내 사정상 宋錢을 적극적으로 수입할 상황이었음이 명확하지만 고려에서 왜 宋錢을 적극적으로 수입하였는가는 명확하지 않다. 아마도 고려에 수입된 宋錢의 일부는 대외무역의 결제수단으로 벽란도, 개성 등 무역항을 중심으로 유통된 것도 있었을 것으로 생각되지만 나머지는 일본으로의 재수출을 위한 용도로 사용되었을 것으로 생각된다.[35)]

이상과 같이 우선 고려 국내의 동전 유통 정책이 동전의 신용력 미비 등 여러 요인으로 인해 원활하게 이루어지지 못하면서 동전은 관청이나 민간의 창고에 쌓이게 되고[36)] 그것은 다른 상품과 같이 하나의 상품으로 商人 등의 손에 의해 일본으로 유출되었을 것으로 보인다. 또한 신안 해저 유물선에서와 같이 결국 高麗・日本・中國의 연안을 回航하는 무역선들의 중계무역 과정에서 중국동전뿐 아니라 고려동전도 중국 제품에 섞여서 日本으로 건너갔을 가능성이 클 것으로 생각된다.[37)]

2) 조선동전의 유출

15세기의 朝・日貿易 관계를 중심으로 조선동전의 일본 유출 현상에 대하여 검토해 보자.

고 있다(崔孟植, 「高麗銅錢의 效用性에 대하여 -遺蹟 출토유물을 中心으로-」, 『中齋張忠植博士華甲紀念論叢』, 1992; 정용범, 앞의 논문, 1997).

35) 앞으로 고려 내의 中國錢 流通에 관한 구체적인 실상과 그것이 갖는 의미에 관해서 보다 적극적인 검토가 이루어져야 할 것이다. 이를 통해 고려시대 화폐유통뿐 아니라 교류사 등이 보다 구체적으로 밝혀질 수 있을 것으로 생각된다.

36) 『宣和奉使高麗圖經』 권3, 城邑 貿易: "交易에 있어서 泉貨之法이 없고, 오직 楮布와 銀瓶을 가치 기준으로 삼는다. 布疋로써 가격을 환산할 수 없는 미미한 일용품은 쌀로써 계산한다. 중간에 조정에서 사여한 錢寶는 지금 모두 府庫에 쌓여 있고, 가끔 官屬의 노리갯감으로 모습을 나타낼 뿐이다."

37) 물론 조선초기에 朝鮮通寶와 함께 고려동전이 일본으로 유출되었을 가능성도 상정할 수 있으나 그 경우는 거의 없었을 것으로 생각된다. 그것은 뒤에서 자세히 언급하겠지만 몇 가지 이유를 들 수 있다. 우선 조선통보가 九州 등 남부지역에서 집중 출토되는 반면 고려동전은 近畿 以東의 東北쪽에서 집중적으로 발견되고 있는 점, 그리고 단일 유적으로는 가장 많은 고려동전(6種 31枚)이 출토되고 있는 北海島 志海台에서 조선통보는 1매도 발견되지 않는 점, 마지막으로 尋尊이 기록한 '錢貨一覽表'에는 고려동전인 海東通寶와 東國通寶만 보이고 朝鮮通寶는 없는 점 등을 들 수 있다. 따라서 고려동전과 조선통보는 대체로 시기와 성격을 달리하여 다른 루트를 통해 일본으로 유출되었을 것으로 생각된다.

14세기 말경 동아시아 삼국은 급격한 정치적 변화를 겪으면서 새로운 국제질서가 형성되었다. 한국에는 麗·鮮의 교체가 있었고 중국 대륙에서는 元·明이 교체되었으며 또한 일본에서는 南北朝動亂이 진정되고 室町幕府가 성립되었다.

이러한 새로운 국제질서의 형성과 함께 조선은 국초부터 여말 이래 큰 과제였던 倭寇 문제에 적극적으로 대처하였다. 朝鮮初에는 왜구의 침탈에 대해서 무력으로 응징하는 한편, 회유책으로서 그들과 公·私 貿易을 개시하거나 向化와 投降을 받아들이는 등 그들의 경제적 욕망을 충족시켜 주는 강온 양면적 정책을 사용했다. 그 결과 조선 초의 朝·日 관계는 사적 교류관계에서 평화로운 공적 교류관계로 점차 전환되었다. 따라서 일본으로부터 幕府·大名의 조직화된 商人團이 빈번하게 왕래하는 가운데 朝日貿易이 활발히 진행되었다.[38)]

이런 가운데 일본 국내의 상품유통경제의 발전 등으로 인해 일본 내 동전 수요가 급증하면서 밀무역이나 공무역의 대가로서 조선동전이 유출되기 시작하고 또한 사찰의 조영이나 수리 등을 명목으로 동전을 여러 차례 요구하는 등 다양한 경로를 통해 조선동전은 일본으로 유출되었다. 당시 조선동전의 일본 유출은 조선 정부의 錢貨政策의 추이에 따라 양상을 달리하였는데, 곧 조선 정부에 의해 동전 유통책이 진행되었던 시기와 그것이 포기된 시기로 크게 나누어 볼 수 있겠다.

(1) 銅錢 유통 시행기

조선 정부에 의해 동전 유통정책이 시행되었던 기간에는 일본의 幕府·大名 혹은 商人團의 공식적인 동전 요구로 인해 동전이 유출되는 경우보다는 주로 朝·日 상인들 간의 무역 특히 밀무역을 통해서 다수의 동전이 유출되었을 것으로 생각된다.

당시 朝·日 상인 간의 무역을 통해 동전이 유출되고 있었음은 아래의 기록을 통해 짐작할 수 있다.

---

38) 李正守, 「15·16세기의 對日貿易과 經濟變動」, 『釜大史學』 22, 1998.

> 예조에서 일본 통신사(通信使)의 보고에 의거하여 계하기를, "對馬島의 倭商들이 本國의 돈을 歷代의 돈과 섞어서 판매하고 있으니, 지금부터는 倭人이 왕래하는 각 고을과 각 浦口에서 돈으로 매매하는 것을 금지하소서. …" 하니, 그대로 따랐다.[39)]

위와 같이 통신사가 일본을 방문하여 보니 對馬島의 상인들이 조선동전을 중국 역대의 동전과 섞어서 매매하고 있었다. 당시는 조선 정부에 의해 동전의 발행과 유통이 적극적으로 추진되고 있던 시기였기에 이러한 일본으로의 조선동전 유출은 적지 않은 문제였다. 이에 정부에서는 왜인이 왕래하는 각 고을과 각 浦口에서 동전으로 매매하는 것을 금지하고, 곧이어 동전을 비롯한 禁物의 매매를 禁防하는 규칙을 제정하였다.[40)] 또한 동전을 金銀 등과 함께, 일본통신사의 使行들이 소지하여 국외로 반출할 수 없는 禁物의 하나로 규정하였다.[41)] 이처럼 조선동전은 매매 금령 이전부터 공식·비공식적으로 상인들의 거래 등을 통해 일찍부터 다량의 수가 일본으로 흘러들어 갔던 것이다.

하지만 銅錢의 매매 금령 제정 이후에도 조일 상인들간의 밀매는 줄어들지 않았다. 1431년(세종 13)에는 왜인 金亡乃가 동전 11貫을 일본으로 유출하려다가 발각된 사건이 있었고,[42)] 이듬해에도 왜관에서 상인들이 金銀 등의 禁物을 밀매하다 적발되었다.[43)] 특히 왜관의 사건에서, 밀매를 단속하지 못하였다는 이유로 貿易色, 禁亂色, 判官 등 많은 관리들이 처벌되기도 하였다. 이처럼 동전의 일본 유출현상이 심각해지자 정부는 훨씬 重律을 적용하도록 법을 개정하기에 이르렀다.

> 예조에서 아뢰기를, "지금부터 본국의 銅錢을 倭商에게 파는 자는 盤詰奸細律에 의하여 참형에 처하고 그 사정을 알면서 신고하지 않는 자도 더불어 같은 罪로

---

39) 『世宗實錄』 권44, 世宗 11年 4月 戊子(13).
40) 『世宗實錄』 권44, 世宗 11年 6月 己丑(14).
41) 『世宗實錄』 권43, 世宗 11年 1月 辛未(24).
42) 『世宗實錄』 권52, 世宗 13年 4月 癸卯(9).
43) 『世宗實錄』 권58, 世宗 14年 12月 辛亥(26).

하소서. 당해 관리로 능히 헤아려 규찰하지 못한 자는 盤詰律에 어긋남이 있으니 杖 100을 치며 능히 捕告한 자는 官에서 면포 50필을 지급하소서." 하니, 그대로 따랐다.[44)]

기존에 동전을 밀매할 경우의 처벌은 보통 杖 1백대와 그 錢을 몰수하는 정도였는데 개정된 형률에는 매매 당사자를 盤詰奸細律에 의해 참형에 처하고 그외 실정을 신고하지 않은 자와 담당 관리조차도 중형에 처하도록 하였다. 또한 그 밀매를 신고한 자에 대해서는 綿布 50필을 賞給한다는 포상 규정도 마련하였다. 하지만 이러한 重律의 적용과 포상 규정에도 불구하고 동전의 일본 유출은 계속되었을 것으로 생각된다.

특히 정부가 의욕적으로 추진하던 동전의 유통정책을 사실상 포기한 1437년(세종 19)경 이후에는 아무런 제한 없이 무역을 통해 이전보다 훨씬 많은 수의 동전이 유출되었을 것으로 생각된다. 이제 정부의 동전 유통정책의 포기로 인해 기존의 동전 밀매 금령은 死文化되고, 민간에 비축된 동전은 다른 상품과 마찬가지로 하나의 상품으로서 자연스럽게 매매되어 일본으로 다량 유출되었을 것이다. 그러한 사정은 1437년(세종 19) 이래 동전의 밀매 금령이나 동전 밀매로 인하여 야기된 사건이 전혀 보이지 않는 것을 통해서도 알 수 있다. 물론 그러한 사실은 당시의 상황에서는 오히려 자연스러운 것이었다.

(2) 銅錢 유통 단절기

조선 정부의 銅錢 유통정책이 실패하여 米・布가 공식적인 교환수단의 역할을 하게 되자 國庫나 民間에는 다량의 유통되지 않은 동전들이 비축되었다. 이미 주조된 동전의 경우는 화폐로서의 기능을 완전히 상실하고 단지 상품이나 기타 용도로

---

44) 『世宗實錄』 권59, 世宗 15年 1月 己巳(15): "禮曹啓 自今將本國銅錢賣與商倭者 依失於盤詰奸細律處斬 知情不告者與同罪 不能料察當該官吏 依失於盤詰律杖一百 有能捕告者 官給綿布五十匹 從之."

사용할 수밖에 없게 되었다. 이로 인해 國庫 비축전의 유출이나 錢蓄藏者에 의한 해외교역 商船으로의 매각 혹은 爐冶家에 의한 鎖毁라는 사태가 발생했다.[45)]

이와 관련해 주목되는 것은 倭使・倭商들에 의한 동전의 요구가 세조대부터 본격화되었다는 사실이다. 이것은 이 시기에 동전의 유통이 민간에서 거부되면서 조선 내의 동전 수요가 감소된 것과 밀접한 관련이 있다. 우선 實錄에서 倭商에 의한 銅錢의 求請과 관련된 기사로써 처음 보이는 것은 1418년(세종 즉위)의 대마도 좌위문대랑의 사신에 의한 것이다.

> 對馬島의 좌위문대랑(左衛門大郎)이 사람을 보내어 수정(水晶)과 갓끈[纓子]을 바치고 아뢰기를, "금년 6월에 중원(中原)에서 사자를 보내어 銅錢 8萬 貫을 주었으나, 우리 국왕이 이를 물리치고 받지 않았습니다."고 하였다.[46)]

여기서 주목되는 것은 倭使의 '우리 국왕(倭王)이 중국에 사신을 보냈을 때 중국에서 동전 8만 관을 내려 주었으나 받지 않았다'는 언급이다. 이것을 조선에 대한 일본의 직접적인 동전 요청으로 보기는 어렵지만 그 전후 사정상 내면적으로는 그들이 동전을 요청하고 있음을 짐작할 수 있다. 마침 조선에서는 태종대 추진되었던 동전 유통책이 실패하여 동전이 유통되지 않고 있었던 시기였기에 이와 같은 대마도의 요청이 가능하였던 것은 아닌가 한다. 그것은 세종대 동전 유통책이 본격적으로 추진되고 있는 기간 동안은 일본 측의 동전 요청이 없다가 이후 동전 유통이 포기된 세조대부터 동전의 요청이 본격화되고 있음을 통해서도 짐작할 수 있다.[47)]

---

45) 실제 조선 정부가 동전 유통정책을 추진하고 있었던 시기임에도 불구하고 동전의 가치가 급락하자 민간에서는 동전을 녹여서 그릇 등으로 만드는 경우가 많았다. 이에 정부에서는 그러한 행위를 하는 자는 重刑으로 다스리겠다는 법령을 포고하기도 하였다(『世宗實錄』 권34, 世宗 8年 12月 乙丑(6), 『世宗實錄』 권57, 世宗 14年 7月 己巳(13)).

46) 『世宗實錄』 권2, 世宗 즉위年 11月 辛酉(15).

47) 세조 10년(1464)경에 잠시 동안 화폐정책 및 군사정책적 배려에서 소재가 鐵인 箭幣(八方通貨 혹은 柳葉錢)를 주조하여 그 유통책을 강구하기도 하였지만, 그것은 곧 실패하였다. 또한 일본이 조선에서 가져가고자 했던 것은 朝鮮通寶였을 것이라 생각되는데, 그것은 현재 일본에서 발견되

일본 측의 공식적인 동전 요청이 처음 보이는 것은 1457년(세조 3)의 일본국왕사라고 칭한 승려 全密과 永嵩 등이 가져온 書信에서였다.

> 日本國王의 書信에 말하기를, "源義政은 단정하고 엄숙히 조선국왕전하(朝鮮國王殿下)에게 절하면서 회답하옵니다. … 이에 고(告)하건대, 우리나라(필자주: 일본)에 건인사(乾仁寺)라는 절이 있었는데 대개 건국 초기의 선찰(禪刹)로서 복을 비는 영장(靈場)으로 삼은 것입니다. 전밀(全密)·영숭(永嵩) 두 서당(西堂)이 절에 이름을 소속시킨 지가 오래되었으므로 이에 폐사(廢寺)를 새로 일으킬 뜻이 있었습니다. 이번 걸음에 인편(人便)을 얻게 되었으므로 대방(大邦)에 고(告)하니, 특별히 5만 민(緡)의 자금(資金)을 하사하여 불쌍하고 가엾이 여겨 주시고, 또 대왕의 자비로운 교화가 먼 곳에까지 미치게 되기를 바라옵니다. …" 하였다.[48]

일본국왕은 禪刹 乾仁寺를 수축한다는 명목으로 銅錢 5萬 貫을 청하였던 것이다. 이에 대해 의정부에서는 2千 貫만을, 승정원에서는 3千 貫만을 내려 주자는 등의 논의가 있었으나[49] 결국 왜사가 돌아갈 때에는 훨씬 많은 동전 1萬 貫을 내려 주었다.[50]

이후에도 일본의 동전 요청이 계속되었는데 1462년(세조 8)에도 일본국왕의 使僧 順惠 등이 와서 천태종계 教寺의 수축을 명목으로 銅錢과 대장경을 요청하여,[51] 그들이 귀국할 때 동전 1천5백 관을 주었다.[52] 이듬해에도 일본국왕의 사신인 俊超 등이 禪刹 天龍寺를 重建한다는 명목으로 동전을 요청하였다.[53] 이처럼 일본의 동전 요청이 계속되자 정부에서는 倭使에게 "우리나라가 동전을 사용하지 않은 지 이미

는 조선동전의 거의 대부분이 朝鮮通寶이며 箭幣의 예는 없음을 통해서도 알 수 있다.

48) 『世祖實錄』 권7, 世祖 3年 3月 戊寅(15).
49) 『世祖實錄』 권7, 世祖 3年 4月 乙未(2).
50) 『世祖實錄』 권7, 世祖 3年 5月 戊子(26).
51) 『世祖實錄』 권29, 世祖 8年 10月 庚午(9).
52) 『世祖實錄』 권29, 世祖 8年 12月 甲戌(14).
53) 『世祖實錄』 권31, 世祖 9年 閏7月 辛巳(24).

오래여서 비축전이 없다"[54]라는 공식적인 통보를 하기에 이르렀다.[55]

하지만 성종대에 들어와서도 일본의 동전 요청은 끊이지 않고 계속되었으며 그 청구 수량도 이전보다 증가하였다.

1473년(성종 4)에는 防長攝泉四州太守 多多良政弘의 使行이 와서 淸水寺의 大殿造營을 명목으로 동전 4만 관을 요청하였으며,[56] 또한 1493년(성종 24)에도 군사비용을 명목으로 동전 5천 관을 구하였다.[57] 한편 1477년(성종 8)에는 琉球國王의 사행이라 칭하는 內原里主 등이 동전 1만 관 정도를 구하였으며,[58] 또한 1494년(성종 25)에도 유구국의 中山府主의 使僧이라 칭하는 天章 등이 와서 동전 1만 관을 요청하였다.[59]

한편 조선 정부에서는 일본과의 무역이 확대되면서 綿布의 대량 유출로 인한 물가 불안 등 사회적 문제가 야기되자,[60] 당시 주요한 교역품이었던 胡椒·丹木 등의 자급을 꾀하기 위해 對馬島主에게 후추씨[胡椒種]를 구하여 줄 것을 요청하였다. 이것을 빌미로 대마도에서는 그 대가로 동전 1만 관을 요구하기도 하였다.[61]

이처럼 일본 내의 동전 수요의 증가와 함께 일본 각지의 使行과 商人들을 통해 조선동전의 사여 요구와 무역이 활발히 진행되었다. 이로 인한 조선동전의 유출이 어느 정도였는지는 정확히 알 수 없지만, 다량의 동전이 여러 경로를 통해 유출되었음을 짐작할 수 있다. 현재 일본에서 발견되는 비축전 내에 朝鮮通寶가 다수 섞여 있다는 사실이 이를 입증한다.

---

54) 세조대 당시 國庫에는 여전히 많은 양의 동전이 비축되고 있었음은, 이후 1483년(성종 14)에 對馬島主가 동전 1만 관을 요청했을 때 그것에 대한 처리 문제를 의논하는 가운데 李克培가 "동전은 비록 우리나라에서 만들지는 않지만 비축된 바가 또한 많다."라고 언급한 데에서 그 사정을 짐작할 수 있다(『成宗實錄』 권152, 成宗 14年 3月 丙申(4)).

55) 『世祖實錄』 권31, 世祖 9年 8月 丁亥(1).

56) 『成宗實錄』 권33, 成宗 4年 8月 戊辰(9).

57) 『成宗實錄』 권281, 成宗 24年 8月 癸酉(11).

58) 『成宗實錄』 권61, 成宗 8年 6月 辛丑(6).

59) 『成宗實錄』 권290, 成宗 25年 5月 戊戌(11).

60) 이정수, 앞의 논문, 1998.

61) 『成宗實錄』 권151, 成宗 14年 2月 甲申(21), 『成宗實錄』 권152, 成宗 14年 3月 丙申(4).

3. 일본의 備蓄錢 출토 현황

錢貨 가운데, 다양한 목적을 가지고 의도적이든 혹은 우연의 결과이든지 간에, 땅속에 일괄하여 대량으로 매납된 錢貨를 備蓄錢이라고 한다. 經塚과 墳墓 등에 부차적으로 매납된 것은 대체로 비축전으로 취급하지 않는다.[62] 비축전은 매장시에 크게 2가지의 상황을 상정할 수 있는데, 매장 의도가 없는 상태에서 묻힌 錢貨와 의도적으로 매장시킨 錢貨로 나눌 수 있다. 곧 비축전은 落城 등의 때에 인위적으로 은폐한 것과 땅속에 저장했던 錢貨가 자연재해 등에 의해 잊혀졌거나 유기된 것 등 다양한 경우가 있다.[63]

비축전이 발견되는 곳을 보면, 北은 北海道로부터 南은 鹿兒島・沖繩에 이르기까지 거의 일본 전역에 걸쳐 비축전이 분포하고 있다. 비축전은 그 最新錢에 의해서 상한 연대가 확정되고 하한에 대해서도 많은 자료 수집의 결과 거의 추정이 가능하다. 이들 錢種의 構成을 통해서 비축전 매장 당시 유통 화폐의 복원이 가능하다.

寬永通寶(1636년 初鑄) 등 근세의 錢貨를 포함한 비축전의 보고 예도 있지만 현재까지 볼 때 비축전은 주로 중세에 매장된 것으로 생각된다. 비축전의 발견 장소는 주로 都市部보다는 農村部 쪽이 많은데, 이것은 비축전의 성격을 나타내주는 것이다. 13세기 중엽부터 장원 年貢의 代錢納 혹은 화폐에 의한 토지의 매매가 증가함을 볼 때 장원 관리자의 비축전이 많았을 것으로 생각된다. 농촌부에 이처럼

62) 經塚과 墳墓 등에 부차적으로 매납된 것은 재사용을 위한 것보다는 종교・의례적인 목적이 강하였다고 생각된다. 經塚에서 출토되는 錢貨는 보편적으로 매납된 것은 아니고 枚數도 1枚로부터 15枚 정도까지 매납되고 있다. 이들 錢貨는 奉賽的인 의미를 갖는다고 여겨진다(三宅毎之, 「經塚の遺物」, 『新版佛教考古學講座』 第6卷, 1977). 그리고 일본의 中・近世墓로부터 출토되는 錢貨로 六道錢이 있다. 六道錢은 死者를 매장할 때 棺內에 넣는 錢으로, 일반적으로는 三途川을 건너는 비용이라고 생각되고 있다. 그리고 현재에도 이 습속은 일본 각지에 남아 있다. 六道錢의 枚數에 대해서는 六道의 六이라는 숫자로부터 통상 6매라고 생각되고 있다. 확실히 6枚組의 것이 가장 많지만 鹿兒島縣과 같이 7枚組가 많이 발견되는 지역도 있어서 반드시 6枚인 것은 아님을 알 수 있다(櫻木晋一, 「九州地域における中・近世の錢貨流通 -出土備蓄錢・六道錢からの考察-」, 『九州文化史硏究所紀要』 第36號, 1991). 이 7이라는 수의 의미에는 六地藏에 각각 1매씩 바쳐지나고 마지막 1매는 故人의 念持仏 또는 아미타여래에게 바치는 것으로 생각된다(佐佐木四十臣, 「葬送儀禮と六道思想」, 『藤の尾垣添遺跡Ⅱ』, 瀨高町教育委員會, 1989).

63) 尾形禮正, 「歷史資料としての發掘錢」, 『歷史公論』 66號, 1981.

많은 錢貨가 존재하는 것을 보면 都市部에는 더욱 많은 錢貨가 유통되었을 것으로 짐작된다. 많은 양의 비축전이 존재했다는 것은 중세시기에 錢貨 유통량이 많았음을 반영하는 것이다. 단체로 발견되는 錢貨가 적지 않은 것을 볼 때, 어느 정도 특정 계층 간의 경제적 결제수단으로서 緡錢 상태의 錢貨가 사용되었던 것은 아닌가 생각된다.[64)]

비축전이 보관되었던 容器는 壺・甕 등과 木箱・木桶・曲物 등의 木質로 대별되는데,[65)] 그 용기 편년으로부터 비축전의 매납 시기를 추정할 수 있다. 비축전의 埋納 연대는 이른 것은 13세기부터 늦은 것은 16세기 말・17세기 초엽까지로 추정되며, 15・16세기가 비축전의 최전성기였다고 여겨진다. 비축전의 시기구분에 대해서 鈴木公雄은 비축전의 매납기를 8기로 나누었다.[66)] 비축전의 연대 결정에는 여러 가지의 비축전에 포함되어 있는 最新錢의 初鑄年代를 上限年代로 이용하였다. 1기는 최신전이 南宋의 咸淳元寶(1265년 初鑄)까지이며, 2기는 元의 至大通寶(1310년), 3기는 明의 洪武通寶(1368년), 4기는 明의 永樂通寶(1408년), 5기는 朝鮮의 朝鮮通寶(1423년), 6기는 明의 宣德通寶(1433년)까지이고, 7기는 琉球의 世高通寶(1446년경)와 大世通寶(1457년경) 내지는 15세기 중엽경까지 주조되었던 安南의 錢貨(大和通寶, 延寧通寶 등) 등을 포함하는 것이며, 마지막 8기는 明의 嘉靖通寶(1522년) 등과 15세기 후반에 주조되었던 安南의 諸錢과 琉球의 金圓世寶(1470년경) 등을 포함하는 것으로 구분하였다. 결국 1・2기는 14세기로 비정하고 3기부터 5기까지는 15세기를 중심으로 하는 시기, 6기부터 8기까지는 16세기를 중심으로 하는

---

64) 櫻木晋一, 「九州地域における中・近世の錢貨流通 -出土備蓄錢・六道錢からの考察-」, 『九州文化史硏究所紀要』 第36號, 1991, 91~98쪽.

65) 越後 지방의 중세 出土古錢의 出土容器에 대한 분석을 보면 출토 117건 중에 甕・壺가 52건, 曲物이 2건, 木箱이 5건, 기타 16건, 그 외 판정곤란 등으로 나타났다(池田亨, 「中世の渡來錢」, 『月刊 考古學ジャーナル』 249號, 1985, 17쪽).

66) 이보다 앞서 出土備蓄錢에 대한 시대구분은 是光吉基에 의해서도 시도되었다. 그는 1기를 南宋의 咸淳元寶(1265년 初鑄)까지, 2기는 元의 至大通寶(1310년) 혹은 至正通寶(1341년)까지, 3기는 2類로 나누어 고찰했는데 1類는 明의 宣德通寶(1433년)와 朝鮮의 朝鮮通寶(1423년)까지이며, 2類는 이들 錢貨에 安南의 洪順通寶(1509년)와 琉球錢을 포함한 경우로 보았다. 마지막 4기는 도래전에 일본의 寬永通寶(1626년) 혹은 淸錢이 포함된 비축전으로 보았다(「出土渡來錢の埋沒年代」, 『月刊 考古學ジャーナル』 249號, 1985).

시기로 나누었다.[67)]

〈표 1〉 日本 全國 出土備蓄錢 一覽(1,000枚 이상)[68)]

1998/03/07

地 域	錢貨枚數	1期	2期	3期	4期	5期	6期	7期	8期
北・東北	542,248	30,740	57,353	377,577	53,144		14,225	1,027	8,182
北關東	555,363	9,091	32,180	116,996	13,028	286,074	41,531	36,327	20,136
南關東	468,693	36,324	30,184	4,741	136,851	8,460	204,633	35,546	11,954
中部	931,331	22,301	73,629	132,520	71,219	280,326	200,751	34,434	116,151
近畿	461,411	25,335	99,930	13,861	211,964		69,559	14,672	26,090
中國	106,436	32,155	15,616		17,568	12,141	28,956		
四國	137,665	4,081	103,705				3,541	26,338	
北九州	261,996	18,050	13,688		14,589	128,418	54,240	8,881	24,130
南九州	29,928						4,085	18,123	7,720
枚數合計	349,5071	178,077	426,285	645,695	518,363	715,419	621,521	175,348	214,363

위의 <표 1>은 일본 각 지역에서 출토된 비축전의 수량과 각 시기별 출토 현황을 나타낸 것이다. 여기서 비축전의 양은 3기부터 6기 사이에 특히 집중되고 있으며 그 중에서도 5기가 가장 많은 것으로 나타났다. 1기, 2기, 7~8기는 많아도 10萬 枚 이하가 대부분인데, 3기부터 6기까지는 數 10萬 枚라는 대량의 錢貨를 가진 비축전이 집중된다. 출토 비축전의 각 시기별 특징에 따라 1~2期를 備蓄錢 展開期, 3~5期를 大規模 備蓄錢期, 6期를 備蓄錢 普及期, 7~8期를 備蓄錢 衰退期로 규정할 수 있다.[69)]

또한 비축전은 지역적으로 關東 지역이 가장 많고(약 29.3%), 다음으로 中部 지역(약 26.7%), 北海道・東北 지역(약 15.5%), 近畿 지역(약 13.2%), 九州 지역(약 8.4%), 四國 지역(약 3.9%), 마지막으로 中國 지역(약 3.0%)의 順이다. 비축전은 畿內보다 東北 쪽 지역에 집중되는 경향이 확인된다. 이것이 중세 일본에 있어서 錢貨 사용의 실태를 나타내는지 아닌지는 신중하게 검토할 필요가 있다. 특히 中國, 四國 등의 지역에 備蓄錢의 發見例가 적은 것은 당시의 상황을 그대로 반영하고

67) 鈴木公雄, 「出土備蓄錢と中世後期の錢貨流通」, 『史學』 61-3・4, 1992; 「出土錢貨からみた中世後期の錢貨流通」, 『帝京大學山梨文化財硏究所シンポジウム報告集』 名著出版, 1996.

68) 鈴木公雄, 『出土錢貨の硏究』, 東京大學出版會, 1999, 73쪽.

69) 鈴木公雄, 앞의 책, 1999, 78쪽.

있는 것인가는 확정할 수 없다.

다음으로 일본 출토 비축전의 현황에 대하여 좀 더 구체적으로 살펴보자.

<표 2> 日本 出土備蓄錢의 錢種順位(상위 40種까지)[70]

1998/03/07

순위	錢 銘	枚 數	비율(%)	初鑄年(王朝)	순위	錢 銘	枚 數	비율(%)	初鑄年(王朝)
1	皇宋通寶	395,737	11.21	1039년(北宋)	23	大觀通寶	36,772	1.04	1107년(北宋)
2	元豊通寶	379,386	10.85	1078년(北宋)	24	至和元寶	36,079	1.02	1054년(北宋)
3	熙寧元寶	301,385	8.54	1068년(北宋)	25	淳化元寶	27,859	0.79	990년(北宋)
4	元祐通寶	278,779	7.90	1086년(北宋)	26	太平通寶	27,342	0.77	976년(北宋)
5	開元通寶	256,178	7.26	621년(唐)	27	治平通寶	16,110	0.46	1064년(北宋)
6	永樂通寶	211,151	5.98	1408년(明)	28	淳熙元寶	16,036	0.45	1174년(南宋)
7	天聖元寶	157,101	4.45	1023년(北宋)	29	明道元寶	15,038	0.43	1023년(北宋)
8	紹聖元寶	130,663	3.70	1094년(北宋)	30	嘉定通寶	11,911	0.34	1208년(南宋)
9	政和通寶	124,189	3.52	1111년(北宋)	31	乾元重寶	11,687	0.33	759년(唐)
10	聖宋元寶	120,635	3.42	1101년(北宋)	32	至和通寶	11,264	0.32	1054년(北宋)
11	洪武通寶	87,683	2.48	1368년(明)	33	宋元通寶	11,075	0.31	960년(北宋)
12	祥符元寶	79,760	2.26	1008년(北宋)	34	宣和通寶	10,720	0.30	1119년(北宋)
13	景德元寶	71,676	2.03	1004년(北宋)	35	慶元通寶	6,460	0.18	1195년(南宋)
14	天禧通寶	70,320	1.99	1017년(北宋)	36	宣德通寶	6,242	0.18	1433년(明)
15	嘉祐通寶	65,031	1.84	1056년(北宋)	37	紹熙元寶	4,761	0.13	1190년(南宋)
16	咸平元寶	54,859	1.55	998년(北宋)	38	正隆元寶	4,747	0.13	1158년(金)
17	治平元寶	53,850	1.53	1064년(北宋)	39	紹定通寶	4,443	0.13	1228년(南宋)
18	祥符通寶	53,739	1.52	1009년(北宋)	40	淳祐元寶	4,084	0.12	1241년(南宋)
19	至道元寶	51,349	1.46	995년(北宋)		以下	40,640	1.15	
20	元符通寶	47,237	1.34	1098년(北宋)		其他	772	0.02	
21	景祐元寶	45,949	1.30	1034년(北宋)		錢銘不詳	148,243	4.20	
22	嘉祐元寶	40,078	1.14	1056년(北宋)		總合	3,529,020	100.00	

위의 <표 2>는 일본 출토 비축전의 상위 40위까지의 錢種 順位를 나타낸 것이다. 여기서 備蓄錢은 1998년 3월경까지 일본 전역에서 350萬 枚 정도가 출토되고 있으며, 비축전의 주체가 되는 錢貨는 전 시기를 통하여 北宋錢으로 전체의 약 77%를 점하고 있다. 이에 대해 고려동전을 위시한 나머지 錢들은 전체의 23% 정도에 지나지 않을 만큼, 전체 錢貨 가운데 양적으로 중요한 위치를 차지하는 것은 아니었

70) 鈴木公雄, 앞의 책, 1999, 80쪽.

다. 그것은 당시 중국에서 일반적으로 사용되었던 北宋錢이 대량으로 일본에 수입되어 유통, 비축되었기 때문이었다.[71)]

〈표 3〉 日本 出土備蓄錢의 錢種構成比[72)]

1998/03/07

錢 種	錢種數	%	枚 數	%
北宋錢	40	25.00	2,716,609	76.98
明 錢	7	4.38	306,272	8.68
唐 錢	3	1.88	267,867	7.59
南宋錢	23	14.38	67,948	1.93
金 錢	2	1.25	6,164	0.17
李朝錢	1	0.63	3,993	0.11
元 錢	2	1.25	1,170	0.03
安南錢	11	6.88	192	0.01
琉球錢	3	1.88	210	0.01
高麗錢*	6	3.75	109	0.00
皇朝十二錢	9	5.63	83	0.00
無文錢	1	0.63	3,880	0.11
기 타	52	32.5	6,280	0.18
不 明	0	0.00	148,243	4.20
合 計	160	100.00	352,9020	100.00

(단, 高麗錢은 필자가 포함시켜 재구성하였다.)

위의 <표 3>은 출토 비축전의 錢種 구성비를 나타낸 것이다. 비축전을 구성하는 錢種은 전체로 보면 160종 정도이지만 주요한 錢種은 40 ~ 50종의 범위 내에 있는데, 여기서도 宋錢 즉 北宋錢과 南宋錢이 압도적인 다수를 점하고 있다. 특히 고려동전과 조선통보는 전체 비축전에서 차지하는 수량적인 비중은 적지만 주요한 錢種에 포함되고 있다. 또한 고려동전과 조선통보는 일본의 渡來錢 가운데 中國錢들을 제외하고는 가장 많은 出土 枚數를 보이고 있을 뿐 아니라 일본의 皇朝十二錢보다 훨씬 많이 출토되고 있어 매우 주목된다.

---

71) 宋代에 있어서 鑄造量이 많았던 것은 北宋代이며, 특히 神宗의 熙寧 연간(1068~1077년)의 주조량은 600餘萬 貫이라고 할 정도이다(加藤繁, 『中國貨幣史硏究』 東洋文庫, 1991, 284~290쪽).

72) 鈴木公雄, 앞의 책, 1999, 32쪽 참조. 다만 鈴木公雄은 海東通寶 등 6종의 고려동전을 備蓄錢 내의 주요 錢種으로 취급하지 않고 <표 3>의 出土備蓄錢의 錢種構成比에서 기타로 처리하였으나, 필자는 고려동전 6종의 경우 그 錢種數나 枚數, 그리고 뒤에 설명할 尋尊이 작성한 錢貨一覽表에도 포함되어 있는 등의 이유로 주요 錢種에 포함시켰다.

4. 비축전으로 본 고려·조선 동전의 유통

1) 일본의 고려동전 유통

그럼 일본 각 지역 備蓄錢에서 발견되는 고려동전의 현황을 통해 일본 내 고려동전의 유통 실태에 대해서 검토해 보자. 아래의 <표 4>는 日本 내 高麗銅錢을 포함한 備蓄錢 유적의 錢量과 고려동전의 매수를 나타낸 것이다.

〈표 4〉 高麗銅錢이 出土된 備蓄錢 유적의 錢量과 高麗銅錢의 枚數(1,000枚 이상)[73]

1998/03/07

지역 / 내용	北海道	東北	關東							
	函館市	岩手縣	茨城縣			埼玉縣				
	志海苔	大原	阿見町	泉町	生子	屈巢舟塚	白子	騎西町	騎西城跡	大久保
備蓄錢	374436	37722	116996	10428	10847	29623	114368	1978	1930	8949
東國通寶	7	2	3	1		1				1
東國重寶	2		4	1	1			1		
海東通寶	18				1		3			
海東重寶	1	2								
三韓通寶	1								1	
三韓重寶	2	1								
最新錢(初鑄年)	洪武(1368)	至大(1310)	洪武(1368)	宣德(1433)	宣德(1433)	咸淳(1265)	宣德(1433)	宣德(1433)	寬永(1636)	宣德(1433)
시기	3기	2기	3기	6기	6기	1기	6기	6기	8기	6기

지역 / 내용	關東			中部					近畿	
	東京都			新潟縣			靜岡縣	長野	京都	和歌山縣
	多摩	能谷	武藏國	石白	小重	下道	大門	若宮	三坊跡	芳養
備蓄錢	27015	81831	3890	271784	28559	11212	70609	74740	31415	2800
東國通寶	1	1		2		1			1	
東國重寶									1	
海東通寶	3	2	1	4	2	1	2	2	2	
海東重寶								2		5
三韓通寶								2		
三韓重寶										
最新錢(初鑄年)	永樂(1408)	永樂(1408)	大世(1454)	朝鮮(1423)	弘治(1503)	至大(1310)	弘治(1503)	大中(1361)	至大(1310)	宣德(1433)
시기	4기	4기	7기	5기	8기	2기	8기	2기	2기	6기

73) 日本考古學協會編, 「日本出土錢貨一覽」, 『日本考古學辭典』과 永井久美男編, 『中世の出土錢 -出土錢の調査と分類-』, 兵庫埋藏錢調査會, 1994; 『中世の出土錢 補遺Ⅰ』, 兵庫埋藏錢調査會, 1996; 小烟弘己, 「九州・沖繩における出土錢貨硏究の現狀と課題 -九州・沖繩錢貨出土遺跡地名表-」, 『先史學・考古學論究Ⅱ, 熊本大學文學部考古學硏究室創設25周年記念論文集』, 1977; 松下彰, 「和歌山縣出土の埋錢」, 『攝河泉文化資料』 第42・43號, 1993 및 『出土錢貨』 第5~14號, 出土錢貨硏究會, 1996~2000의 자료를 참조하여 작성함.

지역 / 내용	近畿				九州				
	兵庫縣			德島縣	福岡縣		石川	熊本縣	鹿兒島縣
	石在町	堂坂	塩野	大里	久原	本城	武部	北坂梨	鹿屋
備蓄錢	19803	194825	51119	70088	94084	15745	11008	14559	18123
東國通寶		1		1		1	1		1
東國重寶			2						
海東通寶	1	2	2	2	2	1		1	
海東重寶	1								
三韓通寶					1				
三韓重寶									
最新錢(初鑄年)	宣德(1433)	永樂(1408)	至大(1310)	至大(1310)	朝鮮(1423)	咸淳(1265)	宣德(1433)	朝鮮(1423)	至大(1310)
시 기	6기	4기	2기	2기	5기	1기	6기	5기	2기

(단, 最新錢의 표기에서 洪武通寶는 洪武, 咸淳元寶는 咸淳 등과 같이 略함.)

위의 <표 4>를 통해 당시 일본 내의 고려동전 유통에 관한 몇 가지 사실을 확인할 수 있다.

우선 북쪽은 北海道에서 남쪽은 九州 지역까지 거의 일본 전역에서 고려동전이 발굴되고 있다. 여기서 보이는 고려동전은 동국통보, 동국중보, 해동통보, 해동중보, 삼한통보, 삼한중보의 6종류로서 고려의 목종과 숙종 연간에 주조된 화폐를 거의 망라하고 있다. 다만 고려 성종 15년(996)에 주조된 고려 최초의 官錢인 乾元重寶는 일본에서 발굴되지 않은 것으로 보이는데, 이는 건원중보가 일본에 유입되었지만 鐵錢이라 부식되었거나 혹은 鐵錢인 관계로 일본에서 화폐로 인정될 수 없었기에 애초부터 일본에 유입되지 않았을 가능성 등을 상정해 볼 수 있다.

〈표 5〉 文獻에 나타난 高麗銅錢의 종류

文 獻	收 錄 古 錢
『高麗史』 食貨志	東國重寶, 東國通寶, 海東通寶, 海東重寶, 三韓重寶
『宋史』 高麗錢	海東通寶, 海東重寶, 三韓通寶
『東國史略』	東國重寶, 東國通寶, 三韓通寶, 三韓重寶
『增補文獻備考』	東國重寶, 東國通寶, 海東通寶, 海東重寶, 三韓通寶
『海東繹史』	東國重寶, 東國通寶, 海東通寶, 海東重寶, 三韓重寶, 三韓通寶

그리고 비축전 내의 고려동전은 해동통보가 가장 많은 수를 점하고(52매), 이어서 동국통보(26매), 동국중보(12매), 해동중보(11매), 삼한통보(5매), 삼한중보(3매)의 順이다. 이러한 일본 내 비축전에서의 고려동전 발굴수량의 순서는 당시 고려 국내의 주조량의 다과와 유통의 정도, 일본 내 유통의 양과도 밀접한 관련이 있을 것으로 생각된다.[74)]

〈표 6〉 備蓄錢內 高麗銅錢 出土地域 분포와 매수

1998/03/07

지역 내용	北・東北	關東	中部	近畿	中國	四國	九州	합
枚數	36	26	18	21	0	0	8	109
比率(%)	33.0	23.9	16.5	19.3	0	0	7.3	100.0

위의 <표 6>은 <표 4>의 내용을 간단히 정리한 것이다. 이를 통해 일본 내 고려동전의 발굴 상황을 좀 더 세부적으로 검토하여 보자.

우선 북해도의 志海台 한 유적에서 비축전 가운데 가장 많은 수(31매)의 고려동전이 출토되고 있다. 특히 志海台 유적에서는 일본 내 비축전에서 보이는 고려동전 6종류가 모두 다 출토되고 있다. 그런데 특이한 점은 어떻게 고려동전이 일본의 가장 북쪽 섬인 북해도에 흘러들어 왔으며 또한 가장 많은 수가 그곳에서 발굴되는 것인가이다. 志海台 出土錢에 대해서는 출토 지점에 근접하는 志苔館을 거점으로 활동을 전개했던 和人商人[75)]과 관련된 것으로 생각되고 있다.[76)] 아마도 북해도의 아이누인과의 교역을 위해서 온 本州商人에 의해 다른 도래전과 함께 고려동전도

74) 필자가 현재 확인한 일본 출토 비축전 가운데 고려동전은 6種 109枚인데, 이것은 皇朝十二錢(83매)보다 많으며 결코 적은 수는 아니다. 아마도 필자가 확인하지 못한 자료도 일부 있을 것으로 생각되기에 출토 고려동전의 수는 이보다 많을 것으로 생각된다.

75) 和人은 本州에서 무역 등의 이유로 北海島로 건너 온 일본인을 말한다.

76) 이 유적은 1968년 北海島 館市 志海苔町에서 발견된 것으로 매수는 374,436매로 현재까지 한 유적에서 발견된 것으로는 최고이다. 그 후의 중세 출토전 연구의 단서를 연 중요한 사례이다. 志苔館主인 小林氏 활동과의 관계를 보이는 자료로서 越前燒・珠洲燒 등의 北陸地方製의 大甕에 들어 있는 상태로 발견되었다. 東北・北海島를 둘러싼 교역의 광범위한 활동을 보여 주는 자료로서 주목된다(森田知忠, 「志苔館の四○万枚の古錢」, 『よみがえる中世4』(菊池徹夫・福田豊彦編), 平凡社, 1989).

이곳으로 왔을 것으로 여겨진다.

다음으로 고려동전이 일본의 관동과 중부 지역에서 각각 26매, 18매가 발굴되고 있다. 이처럼 고려동전은 일본 내에서 關西나 九州 지역 등 남부지역보다는 近畿를 중심으로 한 동북쪽 지역에서 훨씬 더 많은 수가 발굴된다. 이러한 사실은 15세기에 주조된 朝鮮通寶가 九州 등 남부지역에서 가장 많이 발굴된 것과는[77] 대조적이다. 이는 고려전기의 麗日交易에 있어 주로 활약했던 日本商人들이 大宰府(博多)商人, 壹岐・對馬島・薩摩 등의 장원 관계인들이 다수를 점했으며 특히 大宰府商人의 활동이 다른 곳에 비해 월등하였다는 기존 연구와[78] 대비해 볼 때, 일본 남부지역에서 북부지역보다 고려동전의 출토 수가 적다는 사실은 배치된다. 그러면 그 이유는 무엇일까.

우선 일본 출토 비축전의 지역별 출토량과 건수를 참고해 볼 수 있겠다.

〈표 7〉 日本 出土備蓄錢 出土例 一覽(1,000枚 이상)[79]

1998/03/07

地 域	出土例數	1期	2期	3期	4期	5期	6期	7期	8期
北・東北	30	6	8	3	7				
北關東	24	2	4	1	1	2	6	6	2
南關東	40	3	2	1	6	1	18	6	3
中部	53	3	13	5	5	3	16	5	3
近畿	30	5	5	2	3		11	1	3
中國	12	3	3		2	1	3		
四國	9	1	6				1	1	
北九州	16	2	1		4	4	4	2	2
南九州	3						1	1	1
合 計	217	25	42	12	25	11	64	23	15

위의 <표 7>은 1,000枚 이상의 규모를 가진 備蓄錢 217例에 대해서 지역, 시기별로 그 出土例數를 집계한 것이다. 여기서 보면 비축전은 近畿 以東의 東日本에 많이

77) 1996년경까지 일본에서 출토된 備蓄錢 중 조선통보는 3,788枚 정도였는데, 그 가운데 九州 지역에서만 1,803매(약 48%)가 발견되었다(이 책의 다음 절 참조).

78) 森克己, 『新訂 日宋貿易の硏究』 第3編 第3章, 國書刊行會, 1975.

79) 鈴木公雄, 앞의 책, 1999, 73쪽.

분포하고 있다. 이것은 西日本의 비축전 출토가 東日本에 비하여 활발하지 못한 것에 따른 것인지는 명확하지 않지만, 어쨌든 현재까지는 東日本이 西日本에 비하여 비축전 出土例나 出土錢이 많은 것이 특징점이다. 이러한 특징은 우선 일본 내에서 고려동전이 關西나 九州 지역 등 남부지역보다는 關東이나 북쪽 지역에서 훨씬 더 많은 수가 발굴되고 있는 이유의 하나일 것으로 추정할 수 있다.

다음으로는 일본에서의 동전 유통이 전국적으로 확대되는 것은 대체로 1215~1224년경으로 추정되고 있기에 12세기 말까지는 여전히 도래전의 유통은 京都 주변의 국지적 현상이었을 것으로 생각된다. 대체로 고려동전은 12세기 전후에 일본으로 많이 유출되었을 것으로 생각되기에 당시 경제적 선진지역이었던 近畿로 옮겨진 고려동전이 이곳에서 商人 등의 손에 의해 關東이나 東北 지역으로 재차 옮겨가 유통되었을 가능성도 유추해 볼 수 있다.

한편 고려동전이 일본 중세에 中國錢 등과 함께 민간에서 많이 유통되었음을 짐작할 수 있게 하는 문헌자료가 있어 주목된다. 그것은 室町後期의 정치・경제・사회를 고찰하는데 필수적인 문헌사료의 하나인 『大乘院寺社雜事記』의 1458년(長祿 2) 正月~三月帖의 末尾에 尋尊이 기록한 「料足名」이라는 錢貨一覽表이다. 尋尊(1430~1508년)은 大和國 興福寺 大乘院의 제27대 門跡으로 그의 나이 29세 때 이 표를 작성하였다. 이 錢貨一覽表는 심존이 특정의 목적으로 작성했다기보다는 그의 博物學的 호기심에서 작성된 것으로 보인다. 여기에는 40枚, 39種의 錢貨가 보이는데, 이것은 심존이 살았던 시기인 15세기 중엽에 그 자신과 그 생활권에서 현실적으로 見聞하고 流通되었던 錢貨를 기록한 것으로 생각되기에 사료적 가치가 매우 높다.[80)]

80) 淸水克行, 「大乘院尋尊の錢貨一覽表について」, 『出土錢貨』 第8號, 1997.
尋尊 작성의 錢貨一覽表에 列記된 錢貨名에는 일부 誤記도 보이는데, 그것은 「至道元寶」를 「五道元寶」, 「天聖元寶」를 「天豊元寶」, 「建炎通寶」를 「建從通寶」, 「祥符通寶」를 「祥得通寶」, 「元祐通寶」를 「元杖通寶」, 「東國通寶」를 「海國通寶」로 기록한 것 등이다. <표 8>에서는 ( )속에 誤記를 수정하여 표시하였다.

〈표 8〉 大乘院尋尊의 錢貨一覽表에 묘사된 錢貨[81)]

錢貨名	王朝名	初鑄年	備 考	錢貨名	王朝名	初鑄年	備 考
五(至)道元寶	北 宋	995년	출토량 19위	嘉祐通寶	北 宋	1056년	출토량 15위
大觀通寶	北 宋	1107년	출토량 23위	淳化元寶	北 宋	990년	출토량 25위
咸平元寶	北 宋	998년	출토량 16위	治平元寶	北 宋	1064년	출토량 17위
天豊(聖)元寶	北 宋	1023년	출토량 7위	嘉祐元寶	北 宋	1056년	출토량 22위
天禧通寶	北 宋	1017년	출토량 14위	乾元通(重)寶	唐	759년	출토량 31위
治平通寶	北 宋	1064년	출토량 27위	紹熙元寶	南 宋	1190년	출토량 37위
政和通寶	北 宋	1111년	출토량 9위	嘉泰通寶	南 宋	1201년	
洪武通寶	明	1368년	출토량 11위	祥得(符)元寶	北 宋	1008년	출토량 12위
開元通寶	唐	621년	출토량 5위 傍注誤記	至和元寶	北 宋	1054년	출토량 24위 傍注誤記
建從(炎)通寶	南 宋	1127년	記載重複	和銅(同)開珎	皇朝錢	708년	字配誤記
太平通寶	北 宋	976년	출토량 26위 傍注誤記	富壽神寶	皇朝錢	765년	字配誤記
嘉定通寶	南 宋	1208년	출토량 30위	神功開寶	皇朝錢	818년	字配誤記
永樂通寶	明	1408년	출토량 6위	長年大寶	皇朝錢	848년	字配誤記
祥得(符)通寶	北 宋	1009년	출토량 18위	大康通寶	遼	1075년	
宣德通寶	明	1433년	출토량 36위	海東通寶	高 麗	1097년	
聖宋元寶	北 宋	1101년	출토량 10위	承(壽)昌通寶	北 宋	1095년	字配誤記
景(慶)元通寶	南 宋	1195년	출토량 35위 字配誤記	海(東)國通寶	高 麗	1097년	
熙寧元寶	北 宋	1068년	출토량 3위	唐國通寶	五 代	959년	
元杖(祐)通寶	北 宋	1086년	출토량 4위	建光(炎)通寶	南 宋	1127년	記載重複
皇宋通寶	北 宋	1039년	출토량 1위	開* (禧)通寶	南 宋	1205년	

여기서 주목되는 점은 列記된 39種의 錢貨 가운데 고려동전 2種 즉 海東通寶와 東國通寶가 보이는데,[82)] 이것은 尋尊이 살았던 15세기 중엽에, 좁게는 大和國 넓게는 日本 전역에 고려동전이 다른 渡來錢과 함께 일반적으로 유통되고 있었음을 방증하는 것이다. 특히 심존이 기록한 39종의 錢貨는 앞의 <표 2> 日本 出土備蓄錢의 錢種順位 40位 내에 고려동전 2종과 遼의 大康通寶, 일본동전 4종, 五代의

81) 淸水克行, 앞의 논문, 111쪽 <表 1> 참조. <표 8> 비고란의 출토량 순위 표시는 앞의 <표 2> 日本 出土備蓄錢의 錢種順位 참조.

82) 앞의 出土備蓄錢 내의 고려동전 6種 가운데 해동통보(52매), 동국통보(26매)가 다른 동전에 비해서 압도적 다수를 점하고 있는 것과 궤를 같이 한다.

唐國通寶 등을 제외하고는 거의 모두 포함되고 있다. 이를 통해서도 고려동전이 당시 일본에서 널리 유통된 주요 錢種이었음을 짐작할 수 있으며 또한 현재 출토된 비축전의 현황이 당시 流通 錢貨의 실상을 잘 반영하고 있음을 알 수 있다.

이처럼 고려동전의 일본 내 출토 비축전에서 차지하는 비중은 작지만 그것이 여러 경로를 통해 일본에 流入되어 다른 渡來錢과 함께 두루 유통되었음을 확인할 수 있다. 또한 출토 비축전의 수에서도 확인될 뿐 아니라 尋尊이 기록한 錢貨一覽表에서도 보이는 바와 같이, 고려동전 가운데서도 특히 海東通寶와 東國通寶가 가장 많이 유통되었을 것으로 생각된다. 그것은 이 두 동전이 다른 동전에 비해 많이 주조된 것과도 맥락을 같이 한다.

이상에서 일본 각 지역의 비축전 중에서 고려동전의 出土 상황을 간략히 개관해 보았다. 이를 통해 일본 각지의 고려동전의 출토 상황은 당시의 錢貨 유통 실태와 함께 麗日通交의 구체적 실상과 밀접한 관련이 있음을 확인할 수 있었다. 또한 11세기 이후 본격적으로 전개된 麗日交流의 부산물인 고려동전이 갖는 정치・경제적인 의미를 살펴보았다. 이처럼 일본 각지의 고려동전의 출토 상황은 당시의 錢貨 유통 실태와 함께 麗日交流의 구체적 실상과 밀접한 관련이 있음을 확인할 수 있다.

2) 일본의 조선동전 유통[83)]

(1) 九州 지역의 조선통보 유통

九州 지역에서 출토된 備蓄錢의 錢種別 組成比는 北宋錢이 단연 많고 그 중에서도 元豐通寶・皇宋通寶・熙寧元寶가 상위를 점하는데, 그것은 전국 공통의

83) 자료 통계의 정확한 확인 관계로 인해 고려동전은 1998년까지의 통계를 사용하였지만 조선통보는 1996년까지의 통계를 사용하여 작성하였다. 이로 인해 조선통보와 관련된 서술에서 앞의 고려동전 부분과 비교하면 일본 비축전의 전체 매수, 조선통보 매수 등의 통계에 약간의 차이를 보이고 있다. 하지만 전체적인 내용 파악이나 대세에는 크게 무리가 없다고 생각된다.

현상이다. 당시 유통되었던 錢貨의 조성비가 그대로 비축전에 반영되었다고 생각된다.

九州에서 1貫文(1,000枚) 이상의 비축전이 출토된 유적은 1996년까지 北九州 14개소와 南九州 3개소가 확인되고 있다.[84] 아래의 <표 9>는 九州 지역에서 출토된 備蓄錢의 錢量과 朝鮮通寶의 비율을 나타낸 것이다.

〈표 9〉 九州地域 備蓄錢 유적의 錢量과 朝鮮通寶의 비율(1,000枚 이상)[85]

1996년까지

지역 / 내용	福岡市	福岡縣				佐賀縣	長崎縣	大分縣	
	1.博多區	2.久原	3.仲原	4.若宮	5.本城	6.江北	7.鄕の浦	8.犬飼	9.高城
備蓄錢	3,883	94,084	3,000	40,583	15,745	19,965	4,165	14,589	4,403
朝鮮通寶 (%)	3 (0.08)	104 (0.11)	4 (0.13)	555 (1.37)	0 (0)	504 (2.52)	12 (0.29)	0 (0)	0 (0)
最新錢 (初鑄年)	宣德 (1433)	朝鮮 (1423)	朝鮮 (1423)	宣德 (1433)	咸淳 (1265)	弘治 (1503)	洪順 (1509)	永樂 (1408)	世高 (1461)
시 기	6기	5기	5기	6기	1기	8기	8기	4기	7기

지역 / 내용	熊本縣		宮崎縣			鹿兒島縣	合
	10.北坂梨	11.長陽村	12.鞍岡	13.坂木	14.福寺	15.鹿屋	
備蓄錢	14,559	7,870	7,720	50,000	1,307	18,123	300,445
朝鮮通寶 (%)	27 (0.19)	47 (0.60)	547 (7.09)	不明	0 (0)	0 (0)	1803 (0.60)
最新錢 (初鑄年)	朝鮮 (1423)	宣德 (1433)	弘治 (1503)	不明	咸淳 (1265)	至大 (1310)	
시 기	5기	6기	8기	不明	1기	2기	

註) 첫째, 福岡縣 仲原의 出土備蓄錢 枚數는 小畑弘己의 글(1997년)에는 45,000매로 되어 있으나 명확하지 않아서 櫻木晋一(1991년)의 글에 따라 3,000매로 하였다. 둘째, 朝鮮通寶(%)는 備蓄錢 내 조선통보의 비율을 나타낸 것이다. 또한 마지막 합계의 조선통보 비율은 宮崎縣 坂木의 비축전 50,000枚 내에 조선통보의 매수가 不明이어서 정확하지 않다. 셋째, 備蓄錢의 매납시기는 鈴木公雄의 설에 따라 구분하였다. 넷째, 最新錢의 경우 표기에 있어 通寶의 명칭은 생략하였다. 그리고 鹿兒島縣의 鹿屋에서 世高通寶 1매가 출토되었으나 출토 후 지표의 것이 추가되었을 가능성 등이 있기에 이것을 최신전으로 하지 않았다.

84) 鈴木公雄, 「中世出土錢貨一覽」, 『新版日本史辭典』, 角川書店, 1996, 1261쪽의 <表 1> 참조.

85) 櫻木晋一, 앞의 글, 1991, 94~97쪽의 <表 Ⅱ>와 永井久美男編, 『中世の出土錢 -出土錢の調査と分類-』, 兵庫埋藏錢調査會, 1994 및 小畑弘己, 「九州・沖繩における出土錢貨研究の現狀と課題 -州・沖繩錢貨出土遺跡地名表-」, 『先史學・考古學論究Ⅱ, 熊本大學文學部考古學研究室創設25周年記念論文集』, 1997, 262~308쪽을 참조하여 재작성함.

<그림 1> 九州地域 出土備蓄錢 유적의 분포도

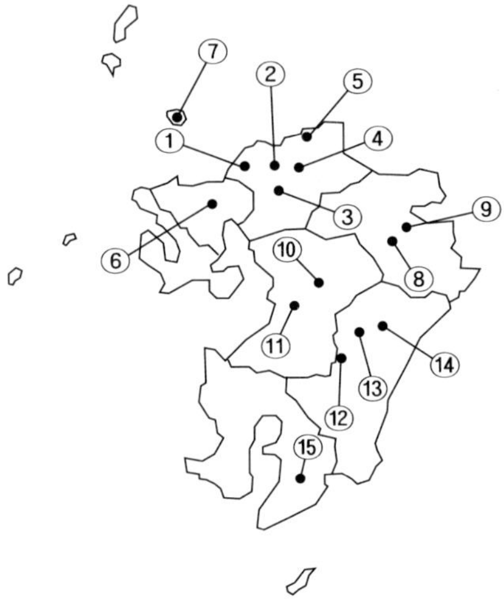

(단, 그림 내의 번호는 <표 9>의 지역번호임)

九州 지역의 備蓄錢의 수는 약 30만 매 정도여서 일본 전역에서 발견되는 약 320만 매에 비하여 9.4% 정도를 점하고 있다. 하지만 이 지역의 비축전 중 朝鮮通寶의 경우는 宮崎縣 坂木(5만 매 발견)의 不明인 것을 제외하고도 1,803매 정도로서 일본 전역에서 발견되는 3,788매에[86] 비하여 48% 정도를 점하고 있다. 九州 지역에서 출토된 비축전의 조성 내용상의 특징은 우선 朝鮮通寶의 비율이 높다는 것이다.

여기서 조선통보는 福岡縣의 若宮(555매)과 久原(104매), 宮崎縣의 鞍岡(547매), 佐賀縣의 江北(504매) 4유적에서 九州 전체의 95% 이상이 출토되고 있다. 특히 이들 지역은 朝日貿易의 창구였던 對馬島, 그리고 倭寇의 근거지였던 壹岐와 매우 인접할 뿐 아니라 日明貿易의 기지였던 博多와도 매우 가깝다. 그리고 宮崎縣의 鞍岡(547매)은 출토 비축전 중에서 조선통보가 차지하는 비율(7.09%)이 매우 높다는 점도 주목할 만하다.

86) 鈴木公雄, 「中世出土錢貨一覽」, 『新版日本史辭典』, 角川書店, 1996, 1261쪽의 <表 1> 참조.

아래의 <표 10>은 九州 備蓄錢 遺跡 중의 朝鮮錢 상위 20위 내의 현황을 나타낸 것이다.

〈표 10〉 九州地域 備蓄錢 유적 중의 朝鮮錢 상위 20위내의 錢種 및 枚數[87)]

地域 / 順位	若宮		江北		鄕の浦		鞍岡	
1	永樂通寶	6,245	永樂通寶	2,205	永樂通寶	3,827	永樂通寶	2,793
2	元豊通寶	4,402	開元通寶	1,405	宣德通寶	263	洪武通寶	1,396
3	皇宋通寶	4,255	洪武通寶	1,217	洪武通寶	39	朝鮮通寶	547
4	熙寧元寶	3,380	元豊通寶	1,001	朝鮮通寶	12	開元通寶	421
5	元祐通寶	3,035	皇宋通寶	788	大觀通寶	8	元祐通寶	291
6	洪武通寶	1,775	元聖元寶	709	大定通寶	3	政和通寶	250
7	天聖元寶	1,752	元祐通寶	703	政和通寶	3	元聖元寶	219
8	開元通寶	1,717	政和通寶	667	宣和通寶	1	皇宋通寶	207
9	紹聖元寶	1,357	熙寧元寶	514	金圓通寶	1	元豊通寶	201
10	聖宋元寶	1,302	朝鮮通寶	504	世高通寶	1	景德元寶	120
11	政和通寶	1210	祥符通寶	488	光順通寶	1	紹聖元寶	110
12	祥符元寶	924	紹聖元寶	256	大和通寶	1	大觀通寶	105
13	天禧通寶	866	景德元寶	250	洪順通寶	1	祥符元寶	101
14	嘉祐通寶	816	大觀通寶	248	開元通寶	1	祥符通寶	101
15	景德元寶	733	聖宋元寶	220	正隆元寶	1	熙寧元寶	97
16	宣德通寶	557	天禧通寶	212	洪德通寶	1	聖宋元寶	94
17	朝鮮通寶	555	景祐元寶	132	弘治通寶	1	天禧通寶	85
18	治平元寶	514	宣德通寶	131			咸平元寶	52
19	咸平元寶	503	太平通寶	131			太平通寶	45
20	元符通寶	493	咸平元寶	120			治平元寶	45

위에서 明의 永樂通寶가 각 지역에서 首位를 점하고 있으며, 朝鮮通寶는 福岡縣의 若宮에서 17위(555매), 佐賀縣의 江北에서 10위(504개), 長崎縣의 鄕の浦(壹岐)에서 4위(12매)이며, 또한 宮崎縣의 鞍岡에서 3위(547개)를 점하고 있다. 특히 조선통보

87) 櫻木晋一, 앞의 논문, 1991, 100~101쪽의 <表 Ⅲ>을 참조하여 작성함.

의 비중이 鞍岡은 가장 높은 3위를, 郷の浦는 매수는 적지만 4위를 차지하고 있다. 여기서 郷の浦는 당시 왜구의 근거지였다는 점에서 조선통보의 유통 비중이 높았을 것임은 충분히 짐작할 수 있다. 이처럼 北部九州가 朝日・日明 무역의 창구였으며 왜구의 근거지였다는 지리적・역사적 요인으로 인해 이 지역에 조선통보와 영락통보가 대량으로 유입되었을 가능성이 높다.

그럼 15세기의 朝日通交의 구체적인 내용을 통해서 조선통보와의 관련성을 간단히 살펴보자. 아래의 <표 11>은 조선의 太祖~燕山君期의 朝日通交 件數를 나타낸 것이다.

〈표 11〉 太祖~燕山君期의 朝日通交 건수(出典: 『朝鮮王朝實錄』)[88]

地 域	對馬	肥前 壹岐	筑前	豊後 肥後	薩摩	周防 長門	安藝 石見	日本 國王使	王城 大臣使	기타	琉球	不明	合
件 數	2,185	1,220	398	153	253	111	119	52	34	34	40	33	4,632

위와 같이 北九州의 對馬와 肥前, 筑前 그리고 壹岐 지역이 전체 朝日通交 건수의 80% 이상인 3,803건으로 나타나고 있으며, 中部九州인 豊後, 肥後 지역에서도 적지 않은 153건의 통교가 보인다. 이러한 결과는 九州 비축전 유적의 조선통보 출토의 양과도 밀접한 상관관계를 가진다고 생각된다. 北九州의 朝日通交 건수가 다른 지역에 비해 압도적으로 많은 것은 조선통보의 출토가 단연 많은 것과 비례하고 있다. 특히 조선통보 547매가 발견된 宮崎縣 鞍岡의 경우는 豊後, 肥後 지역의 통교에 따른 결과로 볼 수 있을 것이다.

다만 九州 지역 내에서 薩摩의 경우, 적지 않은 253회의 통교를 보이고 있지만 실제 조선통보의 비축전(4매)은[89] 매우 적은 양이다. 이것은 앞으로의 계속된 유적

---

88) 藤川誠, 「石見國周布氏の朝鮮通交と僞使問題」, 『史學硏究』 226, 廣島史學硏究會, 1999, 4~5쪽의 <表 2>를 참조하여 작성함.

89) <표 9>의 鹿兒島縣 備蓄錢에서는 朝鮮通寶가 전혀 발견되지 않은 것으로 표시되었지만 실제로는 鹿兒島縣의 肝屬 유적의 비축전 205매 내에 조선통보 4매(1.95%)가 포함되어 있다. 하지만 본고의 비축전의 통계는 1,000매 이상 발견된 유적만을 대상으로 했기에 肝屬 유적은 제외되었다.

발굴을 기다려 보아야 하겠지만 薩摩의 경우는 다른 지역과는 달리 조선통보가 주로 유출되었던 시기로 생각되는 성종대 이전(103건)보다는 그 이후에 집중 통교(150건)가 이루어졌던 사실과 관련된 것은 아닌지 모르겠다.

(2) 九州 이외 지역의 조선통보 유통

九州 이외의 일본 각 지역(北海道・東北・關東・中部・近畿・中國・四國)에서 출토된 備蓄錢의 錢種別 조성비는 앞의 九州 지역과 마찬가지로 北宋錢이 단연 많다. 이들 지역에서는 1貫文(1000枚) 이상의 비축전이 출토된 유적은 1996년까지의 것으로는 전체 180개소가 확인되고 있다. 이 가운데 關東 지역이 54개소로 가장 많고, 中部 지역이 47개소, 近畿 지역이 30개소, 北・東北 지역이 29개소, 中國 지역이 12개소, 그리고 四國 지역이 가장 적은 8개소이다.[90)]

또한 이들 지역의 출토 비축전은 일본 전역에서 출토된 것(320만 매 정도)의 90%(290만 매 정도) 이상을 차지할 정도로 그 양이 엄청나며, 이 가운데 中部 지역이 89만 매(27%) 정도로 가장 많고, 다음으로 關東 지역이 80만 매(25%), 北・東北 지역이 55만 매(17%), 近畿 지역이 46만 매(14%), 四國 지역은 13만 매(4%) 정도의 비축전이 출토되고 있다. 그리고 中國 지역은 10만 매(3.1%) 정도로 유적 수에 비해서는 가장 적은 양을 보이고 있다.[91)]

아래의 <표 12>는 九州 이외의 지역에서 출토된 조선통보를 포함하고 있는 대표적인 비축전 유적을 정리한 것이다. 다만 이들 지역의 출토 비축전 자료의 방대함과 자료 수집의 한계 등으로 인해 비축전 유적 180개소 모두를 확인하지는 못하였다. 하지만 아래 <표 12>를 통해 이들 지역에서 유통된 조선통보의 대체적인 실태를 파악하는 것에는 무리가 없다고 여겨진다.

---

90) 주 84)와 같음.
91) 위와 같음.

〈표 12〉 九州 이외 지역 備蓄錢 유적의 錢量과 朝鮮通寶의 비율(1,000枚 이상)[92]

1996년까지

지역 / 내용	東北		關東							
	青森縣	秋田縣	栃木縣	茨城縣		群馬縣				
	1.新城	2.葛西城	3.國分寺	4.泉町	5.生子	6.伊勢崎	7.荒砥村	8.小野村	9.宝泉村	10.生品村
備蓄錢	8,182	4,771	12,441	10,428	10,847	14,251	2,347	3,629	4,217	2,829
朝鮮通寶 (%)	6 (0.07)	4 (0.08)	6 (0.05)	8 (0.08)	29 (0.27)	17 (0.12)	5 (0.21)	14 (0.39)	20 (0.47)	7 (0.25)
最新錢 (初鑄年)	洪德 (1470)	宣德 (1433)	宣德 (1433)	宣德 (1433)	宣德 (1433)	洪順 (1509)	世高 (1461)	宣德 (1433)	世高 (1461)	宣德 (1433)
시 기	7기	6기	6기	6기	6기	8기	7기	6기	7기	6기

지역 / 내용	關東								中部	
	埼玉縣		東京都					千葉縣	新潟縣	
	11.白子	12.大久保	13.福生市	14.武藏國	15.下石原	16.佐須町	17.田町	18.菊問	19.石白	20.小重
備蓄錢	114,368	8,055	5,075	3,890	10,027	4,395	4,405	3,269	271,784	28,559
朝鮮通寶 (%)	186 (0.16)	67 (0.83)	20 (0.39)	7 (0.18)	3 (0.03)	4 (0.09)	14 (0.32)	5 (0.15)	18 (0.01)	261 (0.91)
最新錢 (初鑄年)	宣德 (1433)	世高 (1461)	世高 (1461)	大世 (1454)	世高 (1461)	宣德 (1433)	宣德 (1433)	廣和 (1541)	朝鮮 (1523)	弘治 (1503)
시 기	6기	7기	7기	7기	7기	6기	6기	8기	5기	8기

지역 / 내용	中部								近畿	
	新潟縣	山梨縣	靜岡縣		岐阜縣		石川縣	福井縣	兵庫縣	
	21.中の島	22.千野鳥	23.大門	24.江尻町	25.大間見	26.島野口	27.武部	28.朝倉氏	29.石在町	30.岸田
備蓄錢	15,562	9,370	70,609	2,236	10,766	5,381	11,008	20,378	19,803	8,752
朝鮮通寶 (%)	37 (0.24)	24 (0.26)	91 (0.13)	3 (0.13)	11 (0.10)	1 (0.02)	5 (0.05)	4 (0.02)	65 (0.33)	3 (0.03)
最新錢 (初鑄年)	寬永 (1636)	大世 (1454)	弘治 (1503)	宣德 (1433)	世高 (1461)	世高 (1461)	宣德 (1433)	嘉靖 (1522)	宣德 (1433)	弘治 (1503)
시 기	8기	7기	8기	6기	7기	7기	6기	8기	6기	8기

지역 / 내용	近畿			中國			四國	合
	大阪府	三重縣		島根縣		山口縣	德島縣	
	31.中村	32.宮出	33.中里村	34.宮尾	35.波根	36.下右田	37.長生	
備蓄錢	2,093	12,619	1,285	8,716	6,747	13,495	26,338	772927
朝鮮通寶 (%)	7 (0.33)	8 (0.06)	3 (0.23)	19 (0.22)	2 (0.03)	102 (0.76)	56 (0.21)	1,142
最新錢 (初鑄年)	宣德 (1433)	宣德 (1433)	宣德 (1433)	宣德 (1433)	宣德 (1433)	宣德 (1433)	世高 (1461)	
시 기	6기	6기	6기	6기	6기	6기	7기	

92) 日本考古學協會編, 「日本出土錢貨一覽」, 『日本考古學辭典』과 永井久美男編, 『中世の出土錢 -出土錢の調査と分類-』, 兵庫埋藏錢調査會, 1994, 同, 『中世の出土錢 補遺 I』, 兵庫埋藏錢調査會, 1996 및 『出土錢貨』 第5~12号, 出土錢貨研究會, 1996~1999의 자료를 참조하여 작성함.

〈그림 2〉 九州 이외 지역의 朝鮮通寶를 포함한 出土備蓄錢 유적의 분포도

(단, 그림 내의 번호는 〈표 12〉의 지역번호임)

위의 <표 12>에서 보는 바와 같이 조선통보는 北海道를 제외하고는 東北・關東・中部・近畿・中國・四國의 거의 전역에서 九州 지역과는 달리 큰 특징 없이 소량씩 널리 출토되고 있다. 특히 이들 지역은 九州 지역에 비해서 비축전 가운데 조선통보가 차지하는 비율이 훨씬 낮음을 알 수 있다. 이는 당시의 錢貨 유통 실태를 그대로 반영함과 동시에 조선과의 정치・경제적 通交 빈도와도 밀접한 관련이 있다고 생각된다.

이들 지역 가운데에서도 출토 비축전의 수량에 비해 조선통보의 비율이 상대적으로 가장 높은 곳은 中部 지역의 新潟縣 小重과 關東 지역의 埼玉縣 大久保山 유적에서 조선통보가 각각 261매(0.91%)와 67매(0.83%)가 출토되고 있으며, 다음으로 中國 지역의 山口縣 下右田 유적에서 조선통보 102매(0.76%)가 출토되고 있다. 여기서 山口縣 下右田 유적의 경우는 앞의 <표 11>의 조선전기 朝日通交 중에서 周防・長門(지금의 山口縣)의 111회의 통교 횟수와, 이 지역이 조선무역의 창구였던

對馬島와 지리적으로 매우 가까이 있었던 것과의 관련성을 충분히 상정할 수 있다. 하지만 新潟縣 小重과 埼玉縣 大久保山 유적의 경우는 어떤 특별한 이유가 있는지 알 수 없다. 다만 新潟縣 小重의 경우는 이 지역이 조선반도와 해로상 가까운 해안에 위치하고 있다는 사실과의 관련성을 상정해 볼 수 있는 것은 아닌가 한다. 앞으로 충분한 검토와 자료의 수집이 요청된다 하겠다.

5. 맺음말

이상에서 종래 연구자들에 의해 관심을 끌지 못했던 出土錢貨에 대한 일본에서의 연구 시각과 방법, 성과 등의 기초적인 문제를 검토하였다. 특히 최근 일본 각지에서 다수 출토되고 있는 備蓄錢 가운데 海東通寶 등의 고려동전과 조선통보에 주목하여 그에 대한 기초적인 자료를 정리하였다. 또한 韓·日 交流의 부산물인 고려와 조선 동전이 갖는 정치·경제적인 의미를 살펴보았다.

日本에서는 일찍부터 地中에 매장된 동전이 각지에서 대량 출토되기 시작하여 많은 연구자의 주목을 끌었다. 그런데 이들 出土錢貨는 中國錢 등 外國錢이 거의 대부분을 차지하고 있었다. 그 이유는 다음과 같은 중세 일본에 있어서 화폐 유통의 특수한 사정에 기인한다.

일본은 나라시대에 들어와 대륙문화의 적극적인 도입과 함께 금속화폐의 사용에도 주목하여, 708년에 和同開珎 이래 12종의 皇朝錢을 주조 유통하였다. 이들 古代 皇朝錢은 유통경제의 미성숙과 소재인 銅 고갈 등의 요인으로 점차 輕小·粗惡化하여 958년의 乾元大寶를 최후로 더 이상 주조되지 않았다. 그 이후 일본은 에도시대에 들어와 1636년의 寬永通寶를 재주조할 때까지 약 700년간 自國의 錢貨를 사용하지 않고 오로지 中國 등에서의 수입전에 의지하였다. 결국 일본의 고대 말부터 중세까지는 본국의 화폐가 없는 '輸入錢貨의 流通時代'였다. 일본에서는 12세기 후반에 渡來錢(주로 宋錢)의 일본 유입이 시작되어 처음에는 京都 주변에서만 유통되다가 1215~1224년경부터 점차 전국적으로 확대되었다.

錢貨 가운데, 다양한 목적을 가지고 의도적이든 혹은 우연의 결과로 인한 것이든지 간에, 땅속에 일괄하여 대량으로 매납된 錢貨를 備蓄錢이라고 한다. 비축전은 매장 시에 크게 2가지의 상황을 상정할 수 있는데, 매장 의도가 없는 상태에서 묻힌 동전과 의도적으로 매장시킨 동전으로 나눌 수 있다. 비축전이 발견되는 곳을 보면, 北은 北海道로부터 南은 鹿兒島・沖繩에 이르기까지 거의 일본 전역에 걸쳐 비축전이 분포하고 있다. 비축전은 그 最新錢에 의해서 상한 연대가 확정되고 하한에 대해서도 많은 자료 수집의 결과 거의 추정이 가능하다. 비축전이 보관되었던 容器는 壺・甕 등과 木箱・木桶・曲物 등 木質의 것으로 대별된다. 비축전의 埋納 연대는 이른 것은 13세기부터 늦은 것은 16세기 말・17세기 초엽까지로 추정되는데, 15・16세기가 비축전의 최전성기였다고 여겨진다. 비축전은 1998년경까지 일본 전역에서 160種 350萬 枚 정도가 출토되었다. 여기서 비축전의 주체가 되는 錢貨는 전 시기를 통하여 北宋錢이며 전체의 약 77%를 점하고 있다. 이에 대해 고려와 조선 동전은 양적으로 중요한 위치를 차지하는 것은 아니었지만 비축전을 구성하는 주요한 錢種에 포함되며 또 中國錢을 제외하고는 많이 유통된 錢貨 가운데 하나였다.

당시 고려와 조선에서 동전이 유출되어 중세 일본에 유통되었던 것은 당시 고려와 조선의 국내외 사정과 관련이 깊다.

우선 고려동전이 일본에 유출되는 사정과 일본 내의 유통 실태에 대해 살펴보자.

고려 건국(918년) 이후 성종대까지 고려왕조의 기틀이 확립되는 과정에서 생산력의 증대와 함께 국내외 상업이 발달하였다. 이와 함께 금속화폐 유통의 필요성이 적극 제기되면서 성종 15년(996) 鐵錢 주조 이후 12세기 초반 숙종대까지 銅錢의 주조와 유통이 정부 차원에서 적극 시도되었다. 하지만 고려 국내의 동전 유통 정책은 동전의 신용력 미비 등 여러 요인으로 인해 원활하게 이루어지지 못하면서 민간유통에서 동전이 거부되는 현상이 나타났다. 그 결과 동전은 관청이나 민간의 창고에 쌓이게 됨으로써 다른 상품과 같이 하나의 상품으로 商人 등의 손에 의해 일본으로 유출되었을 것으로 생각된다.

그리고 고려는 건국 초부터 송・거란・여진・일본 등 주변 국가와의 무역을 활발히 진행하였다. 특히 고려 전반기는 전근대 어느 시기보다 대외무역이 활발히 진행된 대외무역의 황금기였다. 특히 고려를 중계지로 하여 宋・日 간에 상품의 교류가 활발히 진행되었다. 그러한 사정은 木浦 해안 新安 해저에서 인양된 14세기 중국의 沈沒船을 통해서도 짐작할 수 있다. 당시 元에서 고려를 거쳐 日本으로 향했던 무역선으로 보이는 그 船底에서 총 重量 28톤의 동전이 발견되었다. 그 동전은 66種 800만 매 정도에 이르며 대다수는 北宋錢이었다. 일본 出土備蓄錢의 2배 이상에 달하는 양이 1척의 무역선에 실려 운반되었던 것을 통해 볼 때, 당시 중국에서의 동전 유출이 막대하였음을 짐작할 수 있다. 특히 南宋에서는 1199년(慶元 5), 고려와 일본으로 동전을 가지고 나가는 것을 國法으로 금지하였다. 이것은 일찍부터 고려와 일본으로 宋의 동전이 많이 유출되고 있었음을 의미한다. 실제로 최근에 고려시대의 분묘 등에서 宋錢이 다수 출토되고 있다. 고려에 수입된 宋錢의 일부는 대외무역의 결제수단으로서 벽란도, 개성 등 무역항을 중심으로 유통된 것도 있었을 것이지만 나머지는 일본으로의 재수출을 위한 용도로 사용되었을 것이라 생각된다. 그리고 高麗・日本・中國의 연안을 回航하는 무역선들의 중계무역 과정에서 중국동전뿐 아니라 고려동전도 중국 제품에 섞여서 日本으로 건너갔을 가능성이 많았을 것으로 생각된다.

당시 出土備蓄錢 내의 고려동전의 출토 현황을 통해서 몇 가지의 사실을 확인할 수 있다.

우선 북쪽으로는 北海道, 남쪽으로는 九州 지역에 이르기까지 거의 일본 전역에서 고려동전이 발굴되고 있다. 여기서 보이는 고려동전은 東國通寶, 東國重寶, 海東通寶, 海東重寶, 三韓通寶, 三韓重寶의 6종류로서, 고려의 목종과 숙종 연간에 주조된 화폐를 거의 망라하고 있다. 그 가운데서도 해동통보가 가장 많은 수를 점하고(52매), 이어서 동국통보(26매), 동국중보(12매), 해동중보(11매), 삼한통보(5매), 삼한중보(3매)의 順이다. 이러한 出土 枚數의 순서는 당시 고려 국내의 주조량의 다과와 유통의 정도, 그리고 일본 내 유통의 양과도 밀접한 관련이 있다.

그리고 고려동전은 關西나 九州 등 남부지역보다는 近畿를 중심으로 하는 동북쪽 지역에서 훨씬 더 많은 수가 출토되었다. 이것은 15세기에 주조된 朝鮮通寶가 九州 등 남부지역에서 가장 많이 출토된 것과는 대조적이다. 그 이유는 우선 현재까지 출토된 비축전의 경우 東北쪽이 西南쪽에 비하여 出土例나 出土錢이 훨씬 많은 것이 특징인데, 이러한 특징이 고려동전에도 영향을 미친 결과였을 것으로 추정할 수 있다. 다음으로, 12세기 말까지 渡來錢의 유통은 여전히 京都 주변의 국지적 현상이었으며, 전국적인 확대는 13세기 20년경 전후로 생각된다. 그런데 고려동전은 12세기 전후에 일본으로 많이 유출되었을 것으로 생각되기에 당시 경제적 선진 지역이었던 近畿로 옮겨진 고려동전이 이곳에서 商人 등의 손에 의해 關東이나 東北 지역으로 재차 옮겨가 유통되었을 가능성도 유추해 볼 수 있다. 따라서 고려동전과 조선통보는 대체로 시기와 성격을 달리하여 다른 루트를 통해 일본으로 유출되었을 것으로 생각된다.

한편 고려동전이 일본 중세에 中國錢 등과 함께 민간에서 많이 유통되었음을 짐작할 수 있게 하는 문헌자료가 있어 주목된다. 그것은 室町後期의 정치・경제・사회를 고찰하는데 필수적인 문헌사료의 하나인 『大乘院寺社雜事記』의 1458년(長祿 2) 正月~三月帖의 末尾에 尋尊이 기록한 「料足名」이라는 錢貨一覽表이다. 여기에는 40매, 39종의 錢貨가 보이는데, 이것은 심존이 살았던 시기인 15세기 중엽에 그 자신과 그 생활권에서 현실적으로 見聞하고 유통되었던 錢貨를 기록한 것으로 생각된다. 여기서 주목되는 점은 列記된 39종의 錢貨 가운데 고려동전 2종 즉 해동통보와 동국통보가 보인다는 사실이다. 이것은 尋尊이 살았던 15세기 중엽에, 좁게는 大和國 넓게는 日本 전역에 고려동전이 다른 渡來錢과 함께 일반적으로 유통되고 있었음을 방증하는 것이다. 특히 심존이 기록한 39종의 錢貨는 日本 出土備蓄錢의 錢種順位 40位 내에 거의 모두 포함되고 있다. 이를 통해서도 고려동전이 당시 일본에서 널리 유통된 주요 錢種이었음을 짐작할 수 있으며 또한 현재 출토된 비축전의 현황이 당시 流通 錢貨의 실상을 잘 반영하고 있음을 알 수 있다.

다음으로 조선통보가 일본으로 유출되는 사정과 일본 내의 유통 실태에 대해 살펴보자.

14세기 말경 동아시아 삼국은 급격한 정치적 변화를 겪으면서 새로운 국제질서가 형성되었다. 그 결과 朝·日 관계는 사적 교류관계에서 평화로운 공적 교류관계로 점차 전환되었다. 일본으로부터 幕府·大名의 商人團이 빈번하게 왕래하면서 朝日貿易이 활발히 진행되었다. 이런 가운데 일본 국내의 유통경제의 발전 등으로 인해 동전 수요가 급증하면서 무역의 대가로서 조선동전이 유출되기 시작하고 또한 사찰의 조영이나 수리 등을 명목으로 동전을 여러 차례 요구하는 등 다양한 경로를 통해 조선동전이 일본으로 유출되었다.

당시 조선동전의 일본 유출은 조선 정부의 화폐정책의 추이에 따라 양상을 달리하였다. 우선 조선 정부에 의해 銅錢 유통정책이 시행되었던 기간 동안에는 일본의 幕府·大名 혹은 商人團의 공식적인 동전 요구로 인한 동전의 유출은 거의 없었으며, 단지 朝日 상인들 간의 무역 특히 밀무역을 통해 다수의 동전이 유출되었던 것으로 생각된다. 하지만 조선 정부의 적극적인 동전 유통책에도 불구하고 민간의 유통과정에서 동전은 信用을 상실하여 화폐 기능을 구현하지 못하고 米·布가 공식적인 교환수단으로서의 역할을 하게 되면서 이미 주조된 동전은 단지 상품이나 기타 용도로 사용할 수밖에 없게 되었다. 조선 정부의 동전 유통 포기 이후 國庫나 民間에는 다량의 동전들이 비축되면서 倭使·倭商들에 의한 공식적인 동전의 요구가 세조대 이후 본격화되고 민간에서는 아무런 규제 없이 자유로운 매매가 이루어지는 등 조선동전의 유출이 심화되었다. 당시 조선동전의 유출이 어느 정도였는지는 정확히 알 수는 없지만 다량의 동전이 여러 경로를 통해 유출되었음은 현재 일본에서 발견되는 비축전 내에 朝鮮通寶가 다수 발견되고 있음을 통해서도 짐작할 수 있다.

당시 일본 내 備蓄錢의 출토 현황을 통해서 조선통보의 구체적인 유통 실태를 九州 지역과 그 이외의 지역으로 대별하여 살펴보면 대략 다음과 같다. 九州 지역의 出土備蓄錢은 30만 매 정도로 일본 전체 비축전 가운데 9.4% 정도의 적은 비율을 점하고 있다. 하지만 이 지역의 비축전 가운데 조선통보는 1,803매 정도가 발견되어 일본 전역의 3,788매에 비하여 거의 50%를 점하고 있다. 九州 지역의 출토 비축전의 구성에서 읽을 수 있는 특징의 하나는 조선통보의 비율이 높다는 점이다. 여기서 조선통보는 福岡縣의 若宮(555매)과 久原(104매), 宮崎縣의 鞍岡(547매), 佐賀縣의 江北(504매) 4유적에서 九州 전체의 95% 이상이 출토되고 있다. 특히 이들 지역은 朝日貿易의 창구였던 對馬島, 그리고 倭寇의 근거지였던 壹岐와 매우 인접할 뿐 아니라 日明貿易의 기지였던 博多와도 매우 가깝다. 실제 왕조실록을 통한 15세기경의 朝・日 通交 건수를 보면 北九州의 對馬와 肥前, 筑前 그리고 壹岐 지역이 전체의 80% 이상을 차지하고 있다. 北九州의 朝日通交 건수가 다른 지역에 비해 압도적으로 많은 사실은 조선통보의 출토량과 비례하고 있다.

다음으로 九州 이외 지역에서 출토되는 비축전은 일본 전역에서 출토된 것의 90% 이상을 차지할 정도로 그 양이 엄청나며, 이 가운데 中部 지역이 가장 많고(약 27%), 다음으로 關東 지역(약 25%), 北・東北 지역(약 17%), 近畿 지역(약 14%), 四國 지역(약 4%), 마지막으로 中國 지역(약 3.1%)의 순서로 비축전이 출토되고 있다. 이들 출토 비축전 가운데 조선통보의 비율은 극히 미미하지만, 그래도 이들 지역 중에서 비축전 출토량에 비해 조선통보의 비율이 상대적으로 높은 곳은 中部의 新潟縣 小重과 關東의 埼玉縣 大久保山 유적인데, 그곳에서는 조선통보가 각각 261매(0.91%)와 67매(0.83%)가 출토되었다. 다음으로 中國의 山口縣 下右田 유적에서는 조선통보 102매(0.76%)가 출토되고 있다. 이들 지역은 九州 지역에 비해서 출토 비축전의 수는 훨씬 많지만 그 중에서 조선통보가 차지하는 비율은 상대적으로 매우 낮음을 알 수 있다. 이는 당시 일본의 錢貨 유통 실태를 그대로 반영함과 동시에 조선과의 정치・경제적 通交 빈도와도 밀접한 관련이 있다고 생각된다.

이처럼 일본 각지의 고려와 조선 동전의 출토 상황은 당시의 錢貨 유통 실태와 함께 韓・日 교류의 구체적 실상과 밀접한 관련이 있음을 확인할 수 있다. 出土錢貨는 해당 시기의 화폐사뿐 아니라 유통사, 교류사, 사상사 등 다방면을 복원할 수 있는 유효한 자료가 될 수 있음을 알 수 있었다. 따라서 이 분야에 대한 자료의 수집과 연구시각의 정립 등 많은 관심이 앞으로 필요할 것으로 생각된다.

제3장 朝鮮前期 綿布流通의 이중화와 貨幣流通 논의

1. 문제 시각

조선전기 이래 17세기 중엽까지 일반적인 等價物로서 유통경제를 지배하고 있었던 것은 布貨 특히 綿布였다. 이 기간 동안 국가권력은 민간경제에 대한 국가의 주도와 재정적 요구 등과 관련하여 끊임없이 布貨를 구축하고 楮貨나 銅錢을 유통시키고자 하였지만, 그것들은 유통수단으로 정착되지 못하였다. 이러한 가운데 回俸木[5・6升木]과 麤布[粗惡綿布]가 15세기 중반부터 유통경제를 주도하기 시작했다. 특히 回俸木은 정부의 각종 賦稅의 징수체계나 대일무역의 결제수단으로, 麤布는 서민거래에 이용되는 布貨流通의 이중구조가 심화된 점은 주목된다.

일반적 등가물로서의 포화유통의 확립은 크게 두 가지 측면에서 그 조건이 주어지고 있었다. 우선 16세기 괄목하게 확대되는 제반 賦稅의 布納化 경향과 그 수취량의 증대에 기인하였다. 부세의 포납화는 중세적 조세수취체계가 구조적으로 형성하는 유통경제, 즉 중세상업의 발전과정을 의미하는 것이었다. 특히 그것은 貢物代納인 防納을 통해서 잘 나타나고 있었다.[1] 또 하나는 15세기 말・16세기 초에 와서 국내외 상업의 활성화와 함께 유통경제가 괄목할 정도로 진전되었다. 지역 내의 유통 거점 역할을 한 場市 등을 매개로 한 국내상업의 발달과 朝・中・日 삼국

---

1) 이지원, 「16・17세기 전반 貢物 防納의 構造와 流通經濟的 性格」, 『李載龒博士還曆紀念 韓國史學論叢』, 1990.

간 국제무역이 크게 활성화되었다.[2] 특히 일본에서의 綿織物 수요의 확대와 銀의 대량 생산 그리고 중국에서의 銀 수요 확대 등이 맞물리면서 綿布와 南海産物, 銀 등을 매개로 하는 대외무역이 활발하게 진행되었다.[3] 이로 인해 면포는 지역 내의 화폐 기능뿐 아니라 수출상품으로서 특히 富商大賈層에게 선호되었다.

기존 15・16세기의 화폐사에 대한 연구는 크게 주목되지 못했지만 근년에 와서 점차 새로운 시각에서 다양한 접근이 이루어지고 있다. 이 시기의 화폐유통 문제는 우선 국가의 화폐정책의 추이나 화폐유통의 사회・경제적 배경, 그리고 布貨나 楮貨・銅錢과 같은 개별 화폐의 유통 논의, 또한 그 국가 정책이나 관료들 인식의 한계점 및 그 의의 등을[4] 중심으로 비교적 잘 규명되고 있다.

하지만 동일 시기의 중국이나 일본과는 달리, 동전과 저화가 국가의 강력한 유통 정책에도 불구하고 유통되지 못하고 綿布나 米穀과 같은 실물화폐가 유통될 수밖에 없었던 국내의 특수한 사정이나 布貨가 갖는 성격, 그리고 각 시기 화폐유통 논의가 갖는 의미와 이를 둘러싼 정치세력간의 입장 등에 대한 규명은 부족하였다. 특히 이 시기의 화폐유통 문제를 국내의 화폐정책이나 유통기반을 중심으로 규명하여 당시 활발히 전개되었던 對外交易 문제와 관련하여 설명하는 측면은 미흡하였다. 그 결과 상평통보가 유통되기 전의 布貨 유통이 갖는 의미와 그에 대한 평가가

---

2) 李鉉淙,『朝鮮前期 對日交涉史硏究』, 韓國硏究院, 1964; 金柄夏,『李朝前期 對日貿易硏究』, 韓國硏究院, 1969; 朴平植,『朝鮮前期商業史硏究』, 지식산업사, 1999; 李景植,「16世紀 場市의 成立과 그 基盤」,『韓國史硏究』 57, 1987; 李泰鎭,「16세기 東아시아 경제변동과 정치・사회적 동향」,『朝鮮儒敎社會史論』, 1989; 李正守,「朝鮮前期의 米價變動」,『釜大史學』 17, 1993; 田村洋幸,『中世日朝貿易の硏究』, 三和書房, 1967.

3) 韓相權,「16世紀 對中國 私貿易의 전개 -銀貿易을 중심으로-」,『金哲俊博士華甲紀念史學論叢』, 1983; 李泰鎭,「16세기 국제교역의 발달과 서울 상업의 성쇠」,『서울상업사연구』, 서울학연구소, 1998; 李正守,「15・16세기의 對日貿易과 經濟變動」,『釜大史學』 22, 1998.

4) 李能植,「麗末鮮初의 貨幣制度(1)」,『震檀學報』 16, 1949; 李鍾英,「朝鮮初 貨幣制의 變遷」,『人文科學』(연세대) 7, 1962; 金柄夏,「李朝前期의 貨幣流通 -布貨 流通을 中心으로-」,『慶熙史學』 2, 1970; 田壽炳,「朝鮮 太宗代의 貨幣政策 -楮貨流通을 中心으로-」,『韓國史硏究』 40, 1983; 宋在璇,「16세기 綿布의 貨幣機能」,『邊太燮博士華甲紀念史學論叢』, 1985; 權仁赫,「15세기 화폐유통 시도와 그 배경」,『國史館論叢』 30, 1991;「16세기 화폐유통의 실상과 그 성격 -악포의 유통과 금단책 운영-」,『濟州大論文集(人文・社會)』 37, 1993;「16세기의 저화 유통론과 그 배경」,『建大史學』 8, 1993; 元裕漢,「朝鮮前期 貨幣流通政策의 歷史的 意義」,『東國歷史敎育』 7・8, 1999; 宮原兔一,「朝鮮初期の銅錢について」,『朝鮮學報』 2, 1951;「朝鮮初期の楮貨について」,『東洋史論叢』 3, 1954.

적절히 행해지지 못함으로 인해 15・16세기의 사회경제적 변화와 화폐유통의 성격, 그리고 17세기 이후의 화폐유통 문제와 유기적으로 연계되어 설명되지 못한 점이 적지 않았다고 생각된다.

이 장에서는 첫째, 綿布가 정부의 강력한 유통 금지책에도 불구하고 저화나 동전을 구축하고 유통될 수밖에 없었던 요인에 대해서 살펴보고자 한다. 면포의 수요 증대는 크게 국내와 국외적인 요인으로 나눌 수 있는데, 여기서는 대외무역의 발전에 따른 수요 증대라는 점에 주목할 것이다. 둘째, 면포 수요의 급증에 따른 공급의 부족 현상과 민간 유통경제의 발전, 그리고 富商層의 수탈 구조와 관련된 포화의 이중유통구조 문제를 살펴보고자 한다. 셋째, 정부의 추포 유통 금제 문제와 함께 제기된 저화・동전의 유통 논의와 이를 둘러싼 정치세력간의 입장, 그리고 그것이 갖는 의미를 파악함으로써 16세기 화폐유통의 성격과 그 이후의 화폐유통 문제를 유기적으로 파악해 보려 한다.

2. 면포의 유통기반과 화폐기능

1) 대외무역의 발전과 면포의 수요증대

14세기 말경 동아시아 삼국은 급격한 정치적 변화를 겪으면서 새로운 국제질서가 형성되었다. 한국에는 麗・鮮의 교체가 있었고 중국에서는 元・明이 교체되었으며 또한 일본에서는 南北朝의 내란이 진정되어 평화로운 대외관계가 형성되는 시기였다.

이러한 새로운 국제질서의 형성과 함께 조선은 국초부터 여말 이래 큰 과제였던 倭寇 문제에 적극적으로 대처하였다. 朝鮮初에는 왜구의 침탈에 대해서 무력으로 응징하는 한편, 회유책으로서 그들과 公・私 貿易을 개시하거나 向化와 投降을 받아들이는 등 그들의 경제적 욕망을 충족시켜 주는 강온 양면정책을 사용했다. 그 결과 조선 초의 對日 관계는 사적 교류관계에서 평화로운 공적 교류관계로 점차 전환되었다.

15세기 말경부터 對外貿易은 새로운 국면으로 발전되었다.[5] 그것은 이 시기에 유효수요를 창출할 수 있는 국내외적 조건이 갖추어져 있었기 때문이다. 15세기 말경 조선에서는 여러 가지의 사회경제적 변동이 있었다. 농업 생산력의 발전과 인구의 증가, 그에 따라 이전까지의 지역 내부의 분업체계에 의한 교환관계가 점차 전국적 규모로 확대되기 시작했다. 그와 함께 생활상의 소비에 있어서도 宮家와 양반층을 중심으로 한 사치 경향이 서민층으로까지 점차 확산되었다. 또한 일본에서는 무사·상인층을 중심으로 고급비단과 면포에 대한 소비가 확대됨과 동시에 16세기경부터 鑛山의 활발한 개발로 인해 막대한 양의 金·銀·銅의 생산이 이루어졌다. 중국에서도 地丁銀制 등 稅制의 개편과 재정운영의 변화에 따라 銀의 수요가 급증하였다.

이에 조선은 국내의 사치 욕구를 충족시키기 위해 중국으로부터 다량의 고급비단, 도자기, 약재, 서적 등을 수입했고, 일본은 고급비단과 면포의 생산이 전무한 상황에서 그 국내 수요가 늘자 胡椒·蘇木이나 銅·銀 등을 결제수단으로 하여 조선 면포와 중국 비단 등의 물품을 조선으로부터 수입했다. 이처럼 15세기 말경에 동아시아 삼국은 상호 무역을 본격적으로 시작할 여건이 성숙되었다.[6]

조선을 건국한 주체세력들은 구세력의 제거와 국내 민심의 조속한 안정이 중요한 과제였다. 이를 위해서는 明으로부터의 정통성 확보와 여말 이래 창궐하고 있던 왜구의 진압이 전제 조건 중의 하나였다. 따라서 국초부터 조선 정부는 대내적으로는 정치, 경제 등 구제도 전반의 개혁을 추진함과 동시에 대외적으로는 대명관계의 개선과 왜구의 금압에 총력을 기울이게 된다. 그 결과 대명관계의 정치적 개선과 함께 태종대에 와서는 사대정책에 기초한 대명무역이 본격적으로 시작되었고, 또한

---

5) 15·16세기의 대일무역과 경제변동에 대한 자세한 내용은 李正守, 「15·16세기의 對日貿易과 經濟變動」, 1998을 참조 바람.

6) 韓相權, 앞의 논문, 1983.

정부의 왜구에 대한 강온 양면정책도 서서히 효과를 발휘해 교린정책에 기초한 대일무역이 본격적으로 개시되었다. 여말부터 창궐하여 사회 전반에 심각한 문제를 야기했던 왜구의 약탈은 진정되고, 왜구는 점차 投化倭, 興利倭人·使送客人, 大陸海賊 등 3가지 방향으로 분화되었다.[7)]

조선 정부는 대일무역에 있어서 정치·의례적, 경제적인 측면에서 몇 가지의 원칙을 고수하였다. 정치·의례적으로는 무역왜인의 계층을 幕府 將軍使인 國王使, 諸巨酋使, 酋使(對馬島主와 그 一族, 受職·受圖書者 등)와 琉球使 등으로 나누어 접대에 있어 차별을 두었고, 경제적으로는 왜구의 중심지이며 영향력이 컸던 九州나 對馬島를 주 파트너로 설정하여 무역 관계를 전개하였다. 특히 조선 정부는 외교 창구를 대마도로 일원화하여[8)] 일본 각지의 諸酋 등을 효율적으로 조정, 통제하였다. 조선과 명과의 관계가 중앙 정부간의 일원적인 관계에 의해 이루어진 것과는 달리, 조선과 일본과의 관계는 정치·의례적인 것과 경제적인 관계가 다원적이며 계층적인 구조 속에서[9)] 다양한 형태로 이루어졌던 것이다.

당시 대일무역은 경제적으로는 크게 다음과 같은 세 부분으로 성립되었다. 우선 貢使에 의해서 휴대한 공식 공물 및 그것에 대한 조선측의 答賜라는 授受·交換 관계, 貢使에 부수한 客商에 의한 서울 동평관에서의 교역, 그리고 貢使에 부수한 商人团이 三浦와 같은 海港이나 上京路 중에 행하는 조선측 상인과의 교역이었다. 이 대일무역에서 보이는 특징은 우선 貢物에 대한 답사 관계가 실질적인 對價의 지불이라는 점이다. 이 교역에는 조선 정부가 하나의 경제주체로서 작용했으며, 지불수단은 당시 대용통화였던 綿布, 麻布, 綿紬, 米 등이 중심이었다. 그리고 대가의 기준은 조선 국내시장의 가격에 준하는 것을 원칙으로 하였다.[10)] 이 교역과정에서

---

7) 田中健夫, 「倭寇の變質と日鮮貿易の展開」, 『中世海外交涉史の研究』, 東京大出版會, 1959.
8) 朝鮮과 동아시아 海賊 활동을 평화적으로 매개하는 곳이 對馬島였다.
9) 孫承喆, 「조선전기 중화적 교린체제」, 『朝鮮時代 韓日關係史研究』, 지성의 샘, 1994.
10) 『世宗實錄』 권20, 世宗 5년 6월 乙亥(26): "禮曹啓 倭客人連續所獻銅與丹木 輸轉站路 受弊不小 自今除陸路 輸轉輸納 海邊各官 待本道貢船上來時 與硫黃幷載上送 其所獻雜物 令其道監司 分上中下三品移關本曹 本曹參考物價 量宜回賜 其客人私賚丹木銅 臨時量數上送 其餘並於下船處和賣 從之."

조선 정부는 朝貢品과 交易品의 양을 제한하거나 가격 계산을 시장가격보다 낮게 책정함에 따라 교역 상대인 일본 측의 불만을 야기하기도 했다. 또한 綿布・麻布에 의한 결제의 경우 조선 내 布價의 하락이나 布의 질적 하락에 따라 買入品의 가격이 상승하여 倭商의 투자 이익이 감소했다. 그에 따라 公貿易보다는 私貿易・密貿易이 점차 확대되고, 민간에의 수입물품 소비의 확대라는 사태를 가져왔다.

이러한 15・16세기 對日貿易의 성격을 고려하여, 무역의 전개, 발전 단계를 세 시기로 나누어 볼 수 있다. 제1기(1392~1469년)는 일본으로부터의 수입품은 주로 남해산 물품(蘇木, 胡椒 등)과 일본산 물품(硫黃, 銅, 錫 등)이었고, 조선의 답사품은 주로 綿紬와 麻布로 이루어졌다. 제2기(1470~1520년)는 일본으로부터의 수입품은 주로 광산물(銅鐵, 硫黃 등)과 남해산 물품이었고, 조선의 답사품은 주로 綿布로 이루어졌다. 특히 16세기 초에 와서 조선 내의 鍊銀術의 개발로 인해 端川 등 광산의 개발이 붐을 이루어 鑛銀 생산이 늘자, 그것의 대부분이 중국으로 유출됨에 따라 紗羅綾緞 등 중국산 물품의 수입이 급증하였다. 이런 가운데 對日貿易은 소강과 갈등의 양상을 노정하였다. 제3기(1521~1567년)는 일본으로부터의 수입품은 주로 광산물(銀, 銅鐵 등)이었고, 조선의 답사품은 주로 면포로 이루어졌다. 특히 이때 일본 내의 鑛山 개발 붐으로 인해 다량의 銀이 생산되면서 이전에 없던 막대한 양의 倭銀이 유입되었다. 그 결과 동아시아 三國은 銀을 중심으로 한 무역이 본격적으로 전개되면서, 朝・中・日 삼국의 통일적 銀決濟圈이 형성되었다.

(1) 제1기(1392~1469년)의 對日貿易

15・16세기의 대일 수입품은 매우 다양했는데, 특히 소목, 호초, 동, 유황, 은 등이 주요 수입품이었다. 그리고 대일 수출품으로는 직물류가 중심이었다.[11)]

太祖~太宗代까지는 苧・麻布, 米豆나 虎豹皮, 대장경 등이 중요한 수출품이었으며 직물류는 綿紬나 苧麻布가 수출되었으나 1회 거래량은 소량이었을 것으로 생각된다.

11) 小野晃嗣, 『日本産業發達史の研究』, 至文堂, 1941, 293~294쪽; 金柄夏, 『李朝前期 對日貿易研究』, 韓國研究院, 1969, 31쪽.

그리고 『實錄』에서 일본 遣使의 내왕 기록은 상세하지만[12] 구체적인 교역량에 대해서는 거의 기록이 없는 것으로 보아서도 교역량은 많지 않았을 것으로 생각된다.

세종조에 와서는 이전에 비해 무역의 양과 질에서 그리고 교역품의 종류에서도 많은 변화가 있었다. 태종조까지의 교역품은 주로 일본의 蘇木, 胡椒 등과 조선의 綿紬, 苧布, 米穀 등이었는데 비해, 세종조에 와서는 이전의 소목, 호초 외에 硫黃, 銅, 錫 등의 광산물과 조선의 麻布(正布)가 주 답사품으로 등장했다. 따라서 倭使들의 숫자와 왕래 횟수, 그리고 그들이 가져오는 商物이 급증하면서 정부의 재정적 부담 등 여러 문제가 발생하였다.

> 의정부에서 예조의 정문에 의거하여 아뢰기를, "서울에 올라온 貿易하는 왜인의 왕래가 끊이지 아니하고, 一行이 가지고 있는 物色이 많으면 2, 3백 바리(駄)나 되니, 이로 인하여 외방 인민의 운반하는 폐단이 한이 없게 됩니다. …" 하였다.[13]

이처럼 왜객인의 내왕이 많았을 뿐 아니라 한 번에 가져오는 상물의 양이 많게는 2, 3백 바리나 되었다. 세종 후반경에 倭客人들이 1년 동안 가져오는 상물의 양은 대체로 4천여 바리나 되었을 것으로[14] 생각된다.

이러한 상황은 그 후 문종·단종대에도 지속되다가 세조의 즉위와 함께 더욱 심화되었다. 실제 1455년(세조 1) 한 해에만 내왕한 倭使의 수가 6,116명에[15] 달했다. 왜인들에게 제공하는 米穀의 양도 점차 늘어나 매년 10만 석 정도에 이르렀고,[16]

---

12) 이정수, 앞의 논문, 1998, 9쪽의 <표 1> 日本(琉球·南方 포함)의 遣使 횟수(1392~1418년) 참조.

13) 『世宗實錄』 권98, 世宗 24년 11월 丙子(19).

14) 『世宗實錄』 권118, 世宗 29년 11월 乙卯(26): "議政府啓 府與戶曹禮曹同議 商倭所持雜物太多 雖或半或三分之一 量減留浦 其一年轉輸京中之數 小不下二千餘駄 沿途州郡轉輸之苦無窮 救弊之術不可不急."

15) 『世祖實錄』 권2, 世祖 1년 12월 己酉(8).

16) 세조대에 三浦 등에 거주하는 왜인의 수는 약 1만 명을 헤아릴 정도였다(『睿宗實錄』 권1, 睿宗 1년 12월 己酉(8)). 따라서 이들에게 제공되는 1년의 미곡량이 10만 석 이상이었을 것으로 생각된다. 그것은 내왕하는 왜인 1만 명에 제공되는 1년의 미곡량이 10만 석 정도였다는 1439년(세종 21)의 기록에서 유추할 수 있다(『世宗實錄』 권87, 世宗 21년 10월 丙申(21)).

國庫 보유의 직물량도 줄어들었다.[17)]

이런 가운데 15세기 중엽부터 倭使에 대한 답사물로 麻布를 한다는 원칙이 점차 변화를 나타냈다. 이러한 변화는 조선 내의 면포 생산량의 증가와[18)] 일본의 적극적인 綿布 사여 요구에 기인하였다. 물론 보다 근본적인 원인은 倭使의 적극적인 면포 사여 요구였다.

> (倭護軍) 藤九郞이 말하기를, "銅鐵을 관에 납부하고 綿布를 받는 것이 소원입니다. 제가 護軍職을 제수 받았으니, 國恩이 지중한데 어찌 다 진달하지 않겠습니까? …" 하였다.[19)]

위의 기사는 왜인의 적극적인 면포 사여에 대한 사정을 잘 보여준다. 실제 1464년(세조 10)에 정부가 大內殿 使行의 銅·鑞에 대한 대가로 綿布 542필과 麻布 1,080필을 주자 그들은 마포는 쓸데가 없다고 받으려 하지 않고[20)] 끝까지 면포의 사여를 요구하기도 했다. 이후로 왜인에 대한 답사물은 마포에서 점차 면포로 바뀌어 갔다.

(2) 제2기(1470～1520년)의 對日貿易

15세기 말에 와서 대일무역은 양과 질에 있어 큰 변화를 보였다. 우선 倭使들이 가져오는 商物의 규모가 커지고 그 품목도 금, 은, 동, 납, 유황 등 광산물과 소목, 호초 등으로 다양화되었으며, 조선의 답사물도 麻布 대신 綿布가 주류를 이루었다. 또한 조선 내의 端川 등 광산 개발이 적극화되면서 국내 銀과 수입 倭物 등이 사행이나 상인들을 통해 중국으로 유출되는 朝·中·日 삼국무역 체계가 점차 형성되었다.

15세기 말부터 이전과는 달리 倭金과 倭朱紅의 수입이 늘어났고, 銅의 수입량도

17) 1467년(세조 13) 당시 司贍寺와 濟用監의 兩司에 저장된 綿布는 20여만 필이고 綿紬는 2천여 필에 불과했다(『世祖實錄』 권43, 世祖 13년 8월 己亥(6)).

18) 세종 20년대에 이르러서는 면포 생산량이나 징포량도 증가되어 麻布, 綿紬, 綿布를 요청에 따라 和賣하였다(『世宗實錄』 권118, 세종 29년 11월 乙卯(27)).

19) 『世祖實錄』 권1, 世祖 1년 7월 丁酉(24).

20) 『世祖實錄』 권34, 世祖 10년 9월 丁丑(27).

급증하였다. 15세기 말까지 기록상 확인되는 倭金의 수입량은 黃金 695挺이고 倭朱紅은 1,681裹와 40냥인데, 기록상의 누락이나 사무역량까지 고려한다면 그보다 훨씬 더 많은 양이 수입되었을 것으로 생각된다.[21] 그리고 銅의 수입량도 증가하였다. 그 결과 倭使에 제공하는 식량과 倭物에 대한 答物의 양도 상당한 규모로 증가하였다.

> 세종조 저축이 1백만여 석이었으나 지금은 50만 석에 그칩니다. 더군다나 倭人의 回奉이 한 해에 50만 필에 밑돌지 아니하여 2년 수입이 1년 비용을 지탱하지 못합니다.[22]

위와 같이 國庫의 미곡 보유량도 상당히 격감했고,[23] 한 해의 倭物에 대한 回奉이 50만 필 이상이나 되어 2년 수입이 1년 비용을 지탱하지 못할 정도였다고 했다. 실제 15세기 말경에 國庫 보유의 綿紬나 麻布는 거의 고갈되고 면포만 남아 있을 정도로[24] 국가의 재정 부담은 심각했다.

---

21) 『成宗實錄』 권72, 成宗 7년 10월 甲戌(4): "傳曰 倭人賚來黃金 許私買."
1476년(성종 7)에 왜인과의 무역 禁物이었던 황금의 사무역을 허용함에 따라 이후 상당한 양의 황금이 유입되었을 것으로 생각된다. 이처럼 倭金의 수입이 증가하자 金價도 1488년(성종 19) 이전에는 1냥당 면포 30필이었는데 이후에는 1냥당 면포 25필로 하락하였다.

〈표 1〉 15·16세기 金銀 對日貿易價의 추이(出典: 『朝鮮王朝實錄』)

상품 / 연도	金	비고	상품 / 연도	銀	비고
1432(세종 14)	10품 1냥=麻布 120필 9품 1냥=마포 110필 8품 1냥=마포 100필	공시가	1432(세종 14)	10품 1냥=麻布 9필 9품 1냥=마포 8필 8품 1냥=마포 7필	공시가
1434(세종 16)	10품 1냥=麻布 100필 9품 1냥=마포 90필 8품 1냥=마포 80필	공시가	1434(세종 16)	10품 1냥=麻布 7필 9품 1냥=마포 6필 8품 1냥=마포 5필	공시가
1437(세종 19)	10품 1냥=麻布 30필 7품 1냥=마포 10필	공시가	1437(세종 19)	10품 1냥=麻布 4필 8품 1냥=마포 2필	공시가
1488(성종 19)	1냥=綿布 30필	무역가	1473(성종 4)	7품 1냥=綿布 1.5필	시 가
1489(성종 20)	1냥=면포 25필	무역가	1538(중종 33)	1냥=면포 4필	무역가
			1542(중종 37)	1냥=면포 0.5필	무역가

22) 『成宗實錄』 권197, 成宗 17년 11월 辛亥(10).
23) 『成宗實錄』 권63, 成宗 7년 1월 戊午(13): "戶曹啓 慶尙道客人支待用度浩繁 將至虛竭 自今屬公田 皆屬國屯田 漸畜糧餉 從之."

16세기에 들어와 일본인들의 '來獻土宜'가 상업적 성격을 한층 뚜렷하게 나타냈고 무역의 규모도 훨씬 커졌다. 특히 왜객들이 가져오는 銅과 蘇木의 양이 급격하게 늘어 1500년(연산군 6)에는 대마도주가 한 번에 銅 11만 근을 보내어 공무역하기를 청하였다.[25] 연산군의 즉위와 함께 왕실의 사치와 무절제한 國庫 지출이 늘어나 국고에 저장되어 있던 많은 양의 倭物도 거의 소진되었다.[26] 이에 왕실의 사치 욕구를 충족시키기 위해 계속적인 倭物의 수입뿐 아니라 中國産物의 수입도 급격히 늘어나서, 1498년(연산 4)에는 眞珠 등을 무역하는 데 한 번에 면포 4만 3천여 필이 지급될 정도였다.[27] 그것도 부족하여 국내 富商大賈들 소유의 물품도 대량 구매하였다.[28]

또한 15세기 말부터 宮室과 귀족층을 중심으로 사치풍조가 확산되면서 다량의 중국산 물품 특히 紗羅綾緞, 藥材, 書籍 등이 필요했기에, 지배층에 의해 기존의 金銀에 대한 禁制가 점차 해이해지고 국내의 광산 개발도 진행되었다.[29] 특히 1503년(연산군 9)에 金甘佛 등이 鉛을 사용하여 銀을 제련하는 방법을 발견한[30] 이후 端川 등 국내 광산의 개발이 본격화되면서 鑛銀의 생산량이 급증하였고,[31] 그에 따른 稅銀의 징수도 강화되었다.[32] 端川을 중심으로 한 鑛銀 생산량의 증가로 인해

---

24) 『成宗實錄』 권289, 成宗 25년 4월 癸亥(5): "戶曹判書盧公弼 參判李諿來啓 國家自初 於倭人答賜 以綿紬綿布正布 三分給之 若專以一物給之 則易至於匱竭故也 綿布彼之所欲 然一行所費 多至千餘同 非徒難繼 輸轉有弊 今綿紬布子已匱 而所有者獨綿布."
1485년(성종 16)에는 司贍寺의 면포가 724,500여 필, 정포가 180,000여 필이나 되었는데, 1494년(성종 25)경에는 면주나 정포는 고갈되었다고 한 것으로 보아 1485년 이후 倭物에 대한 回奉이 급증하였음을 짐작할 수 있다.

25) 『燕山君日記』 권38, 燕山君 6년 8월 甲午(12), 乙未(13).
이처럼 倭銅의 수입이 급증하자 銅價가 1489년(성종 20)에는 면포 1필에 3.7斤이었는데 1500년(연산 6)에는 5.5斤으로 급격히 하락하였다.

26) 『燕山君日記』 권22, 燕山君 3년 3월 戊午(16): "傳曰 胡椒二十碩入內 義盈庫啓 還在不滿其數 更命入五碩 在成宗朝 庫積盈溢 至是告匱."

27) 『燕山君日記』 권29, 燕山君 4년 6월 丙子(11): "王令赴京使 多貿唐物 其買至於綿布四萬三千餘匹."

28) 이정수, 앞의 논문, 1998, 18~19쪽 참조. 1505년(연산군 11)과 1506년 두 해 동안 富商大賈에게 지출한 면포의 양만도 30만 필 정도였다고 보여진다.

29) 柳承宙, 『朝鮮時代 鑛業史硏究』, 1994, 高麗大出版部.

30) 『燕山君日記』 권49, 燕山君 9년 5월 癸未(18): "良人金甘佛掌隷院奴金儉同 以鉛鐵鍊銀以進曰 鉛一斤 鍊得銀二錢 鉛是我國所産 銀可足用 其鍊造之法 於水鐵爐鍋內 用猛灰作圈 斤截鉛鐵 塡其中 因以破陶器 四圍覆之 熾炭上下以鑠之 傳曰 其試之."

31) 『燕山君日記』 권64, 燕山君 12년 8월 庚戌(3): "命端川所進 鉛六千九百斤 鍊銀後 以滓鉛 燔造靑瓦."

조선 상인들은 기존의 胡椒 등 倭物을 중개하는 대신에 鑛銀의 직접무역에 주력하면서, 함경도에서 평안도에 이르기까지 무역로가 형성되고 단천에는 중국산 물품이 성시를 이루었다.[33] 이것은 국내 경제에 큰 영향을 줄 뿐만 아니라 중국과의 정치·외교적 문제로까지 비화될 수 있는 중대한 문제였기에, 정부는 전국 銀鑛의 私採를 금지하는 법령을 공포하기에[34] 이르렀다.

反正을 통해 즉위한 中宗은 燕山君의 廢政을 일소하고 이완된 관료기구의 혁신과 바닥난 재정의 확충을 도모하였다. 이런 과정에서 기존의 대일관계에 대한 검토도 있었다. 조선 정부는 三浦를 시작으로 연안 각지의 軍責任者에게 통교 규정의 엄격한 운용을 명하였는데, 이 방침이 엄격하게 실행되는 과정에서 恒居倭·對馬島民들의 불만을 야기하였다. 그 결과 1510년(중종 5) 4월에 對馬島主의 원조를 받은 恒居倭人들이 薺浦와 釜山浦에서 난동을 일으킴으로써 三浦倭亂이 일어났다.[35]

(3) 제3기(1521~1567년)의 對日貿易

三浦倭亂 후 소강 상태를 보이던 대일무역은 1525년(중종 20)경을 전후하여 다시 한번 큰 변화를 맞게 된다. 첫째, 倭使들이 가져오는 商物이 이전과는 비교할 수 없을 정도로 큰 규모로 늘어났고, 조선 정부의 무역 규제가 보다 강화되자 무역의 패턴은 공무역 중심에서 사무역·밀무역으로 옮아갔다. 둘째, 倭銀이 급격하게 조선에 유입되면서 국내 유통 銀의 중심은 端川銀에서 倭銀으로 바뀌었다. 이것은 일본 국내에 있어서 戰國大名 領國의 형성과 石見·但馬 등의 銀山 개발이 그 배경이었다.[36] 이전 戰國大名의 경제력은 전쟁에 의한 토지의 수탈이 주요한 부분이었는데

---

32) 『燕山君日記』 권54, 燕山君 10년 7월 辛丑(13): "下咸鏡道稅銀 一斤十二兩于尙衣院 時端川郡產鉛 許人吹鍊造銀 每一人二日 稅銀二兩."

33) 『中宗實錄』 권26, 中宗 11년 8월 丙子(27): "灌曰 持金銀赴京者 自有法令 然其法不行 故前日論啓禁防之事 我國產銀處多 而市價踴貴者 以其全販於中原耳 故中朝之人 亦知我國端川產銀 貿販者由端川以達平安 故逐成大路 而唐物之歸於端川 與京無異 凡赴京人 其往也皆輕裘 其還也所齎甚多 非潛挾金銀而何 皇帝 若知我國之產 而使之貢焉 則雖欲不貢 得乎 其弊爲不小矣."

34) 『中宗實錄』 권26, 中宗 11년 9월 己卯(1): "傳于戶曹曰 咸鏡道軍需不敷 許民納粟採銀矣 自今咸鏡及他道產銀處 嚴立禁防 毋得私採."

35) 中村榮孝, 「三浦における倭人の争亂」, 『日鮮關係史の研究』 上, 吉川弘文館, 1964.

16세기에 와서 점차 鑛山의 개발이 중요한 의미를 갖게 되었다. 이것은 일본 상인의 해외무역 방법이 종래의 南海物産을 중개로 하던 것에서 銀을 수출하는 방향으로 전환되었음을 시사하는 중대한 사실이다. 이에 따라 對日貿易은 기존의 綿布 對 南海物産에서 綿布 對 銀 교역체제로 방향을 전환했던 것이다. 셋째, 조선의 왕실과 지주층을 중심으로 한 사치경향이 저변층으로까지 확대되고 사치품의 고급화가 추구됨에 따라 中國産物을 무역하기 위해 엄청난 양의 銀이 조선으로부터 중국으로 유출되었다. 당시 중국은 중앙재정이 銀에 의해서 운용되었으며 국내 유통에서 銀이 차지하는 비중이 매우 컸기 때문에 銀의 흡인력은 대단하였다. 이에 따라 銀을 매개로 하는 朝・中・日 삼국무역 체계가 본격적으로 전개되었다. 넷째, 이전에는 조선을 중개로 하여 맺어지던 日・中 교역체제가 16세기 중엽부터 倭商과 中國海商과의 직접무역 형태로 점차 바뀌면서 朝鮮과 對馬간의 무역로가 큰 타격을 받았다.

그럼 이 시기의 대일무역에 대한 양상을 간단히 살펴보자.

중종 즉위 후 약 20년간 소강, 갈등 양상을 보이던 대일무역은 1522년(중종 17)경부터 대마도와의 관계를 화해시킨다는 구실로 日本國王使가 빈번하게 도래하면서 본격적으로 재개되었다. 1523년(중종 18)에 일본 국왕사가 무역한 면포의 양이 10만 필에 육박했고,[37] 1525년에는 국왕사 景林東堂 등이 가져온 胡椒 등 商物의 가격이 8만5천 필에[38] 달할 정도였다. 또한 1528년에는 小二殿과 日本國王使가 잇달아 내왕하여 공무역한 수량만도 면포 8만 1천5백 필에 이르렀고 사무역한 수량은 공무역의 배나 될 것으로 추정되었다.[39]

한편 1540년(중종 35)경 대일무역에 있어 획기적 전환이 일어났다. 대일 교역품이 기존의 銅鐵, 胡椒, 蘇木 등에서 銀 중심으로 바뀌었다. 실제 1542년(중종 37)에 일본 국왕사 安心東堂 등이 가져온 商物은 銀 8만 냥과 硫黃 20만 근으로, 그 가격만

---

36) 日本 鑛業史에서 광산 개발이 현저하게 발달한 시기는 1528～1555년과 1573～1595년간으로 파악된다(小葉田淳, 『金銀貿易史の硏究』, 法政大出版局, 1969, 109쪽).

37) 『中宗實錄』 권48, 中宗 18년 7월 甲午(28).

38) 『中宗實錄』 권55, 中宗 20년 8월 乙巳(18), 『中宗實錄』 권55, 中宗 20년 11월 丁卯(12).

39) 『中宗實錄』 권62, 中宗 23년 8월 壬戌(23), 『中宗實錄』 권65, 中宗 24년 2월 戊子(22).

도 官木 약 4십5만 필에 이르러, 무역한 것이 산더미처럼 많아 왜선 3~4척에 다 실을 수 없을 정도라고 했다. 이 무렵에 일본인들이 공무역에 의하여 한 해 동안 가져가는 綿布만도 선박으로 60~70隻分이나[40] 되었다. 당시 공무역보다는 사무역·밀무역이 훨씬 더 많았을 것으로 생각되기에 공무역에 사무역과 밀무역의 수량을 합치면 엄청난 양의 면포가 일본으로 유출되었을 것이다.

이처럼 倭銀의 대량 유입으로 국내의 銀價는 급락했으며,[41] 赴京 使行들이 倭銀을 대량으로 소지하고 가서 明과 무역함으로써 사회 전반에 심각한 문제를 야기하였다. 이처럼 국내에서 倭銀의 가격 폭락으로 인해 정부와 倭使간에 수차 제기된 交易價의 마찰은 결국 1544년(중종 39)의 蛇梁倭變을[42] 일으키는 중요한 요인으로 작용했다.

이후 대일무역은 이전과는 전혀 다른 양상을 나타냈다. 倭商들은 조선보다는 중국, 남방과의 銀 무역이 훨씬 이익이 크다는 것을 알고 점차 무역로를 전환하기 시작했다. 실제로 1545년(명종 1)에 日本國王使 安心東堂과 小二殿 使送 春江西堂 등이 가져온 商物은 胡椒 5백 근, 丹木 3천 근으로 銀은 보이지 않고 있다.[43] 이러한 현상이 발생했던 배경은 동아시아 해역에 나타난 교통로의 변동이었다. 明은 國初부터 누차 海禁令을 발하여 본국인의 海外渡航을 엄금했다. 그런 속에 浙江·福建·廣東 출신지를 중심으로 한 海商들은 적극적인 해외 진출을 시도했으며 이미 15세기에는 동남아시아 해역 교통망의 주역이었다. 16세기에 들어와 일본 내 광산의 활발한 개발과 함께 막대한 양의 倭銀을 거래하기 위해 北上하여 동아시아 해역의 교통을 활성화시킴과 동시에 포르투갈 등 남만세력을 이 해역에 끌어들이는 역할을 했다. 明商들의 일본 열도로의 진출은 1540년대 이래 본격화되어 薩摩·豊後·肥前·筑前 등 九州를 시작으로 大阪의 石山本願寺·伊勢神宮·關東·越前에까지 미

40) 『中宗實錄』 권102, 中宗 39년 4월 壬辰(24).

41) 실제 1538년(중종 33)의 銀價는 1냥당 면포 4필이었는데 이후에 倭銀의 유입이 급증하면서 1542년에는 면포 0.5필로 급감하고 있다. 이처럼 불과 4년 사이에 銀價가 이전의 1/8 정도로 급락하였던 것이다(앞의 註 21의 <표 1> 15·16세기 金銀 對日貿易價의 추이 참조).

42) 『中宗實錄』 권102, 中宗 39년 4월 乙酉(17).

43) 『明宗實錄』 권4, 明宗 1년 10월 丙戌(2).

쳤다. 이 활동에 자극된 九州 각지의 해상세력은 明商과 중국 연안에서 밀무역 혹은 해적 활동에 본격적으로 나섰다.[44]

이런 가운데 당시 倭銀의 대량 유입으로 국내 銀價가 급락하여 倭商들의 이윤이 급감하였고 또한 조선의 면포 부족으로 인해 원활한 무역이 힘들자 倭商들은 새로운 교역로를 찾았다. 이에 倭商들은 훨씬 더 많은 이윤을 볼 수 있는 中國南部 연안으로 점차 눈을 돌린 결과 九州와 中國南部 연안간의 교역량은 급증하였으며,[45] 이 변동은 對馬島를 외교창구로 한 朝鮮의 통교체제에 심각한 영향을 주었다.[46]

2) 布貨流通의 이중구조화

15세기 중엽경부터 면화 재배가 삼남지방을 중심으로 전국적으로 확대되면서 점차 대중의료로 각광을 받게 되었다. 면포는 의료로 사용될 뿐 아니라 公私의 가장 중요한 교환수단으로서 자리매김함에 따라 화폐적 기능까지도 갖게 되었고, 또한 15세기 후반부터 대일무역의 주 결제수단으로 이용되어 그 사용이 보다 확대되었다.[47]

우리에 비해 일본은 면업의 성립이 1~2세기 정도 뒤떨어졌으며, 목화 종자도 우리나라에서 전래되었다.[48] 일본은 외국으로부터 면포가 수입되기 이전에는 국내에서 생산되는 麻布와 견직물이 대중적 의료였다. 그리고 상류사회에서는 明에의 조공무역이나 상인들을 통하여 수입된 중국산 고급 견직물에 대한 수요가 컸다. 하지만 15세기 후반 이래 일본 내에서 국내경제의 성장과 함께 무사층이나 상인층을 중심으로 의복 등에 면포의 사용이 늘어나면서 면포의 수요가 확대되었다. 특히 應仁의 亂(1467년) 전후에 조선 무역에 있어 소박한 綿紬보다는 綿布로의 전환이

---

44) 田中健夫, 앞의 책, 1975, 195~198쪽.

45) 당시 일본과 중국의 교역은 倭銀과 中國 生絲(白絲)가 중심이었는데, 많은 해에는 연간 600만 냥 정도의 銀이 수출되는 세계 최대 규모였다.

46) 이러한 무역로의 변동 속에 심지어 조선의 銀이 倭商의 손을 거쳐 南方으로 운송되는 역전 현상도 초래했다(『中宗實錄』 권96, 中宗 36년 11월 丙午(24)).

47) 金柄夏, 앞의 책, 1969.

48) 澤村東平, 『近代朝鮮の棉作・綿業』, 未來社, 1985, 22쪽.

있었고, 보다 양질의 면포가 수입됨에 따라 면포는 품질뿐 아니라 수요의 계급적 한계성을 벗어나 점차 京都를 중심으로 하는 귀족사회의 생활 속으로 침투되었다.[49] 이에 倭商들은 조선과의 무역에서 麻布보다는 이윤이 훨씬 많은 綿布를 선호하고 적극적으로 요구하였다.

목면은 絹, 麻, 苧 등의 제품에 비해서 美麗하면서도 그 견고한 점에 있어서 우수하고, 寒氣를 막는 보온성과 습기를 흡수하는 점에서 뛰어났다. 이러한 실용성 이외에도 면포가 기존의 다른 직물을 대체해 급속히 퍼져 나갈 수 있었던 것은 경제성이 뛰어났다는 점이다. 목면은 다른 어떤 직물을 직조하는 것보다 훨씬 노동시간을 단축할 수 있었다. 방적과정에서 같은 양의 실을 만드는 데 면은 마나 저, 견 등에 비해 1/5 정도의 노동시간밖에 소요되지 않았다.[50] 이러한 직물업에 있어서의 노동생산성 향상은 농가경제와 국가의 재정에도 큰 보탬이 되었기에, 민간에서뿐 아니라 정부에서도 적극적으로 면화 생산을 장려하였다.[51] 15세기 초반부터 정부 주도하에 綿花 생산의 장려가 적극적으로 시도되어 綿業은 농가의 경제력을 신장시킬 수 있는 주요 부업으로 빠르게 정착되고 있었다.

> 承旨 金謹思가 아뢰기를, "… 신이 근자에 全羅道에 다녀오면서 보았습니다. 백성이 살아가는 데 가장 중요한 것은 衣食이고, 그 중에서 食이 더 중요합니다. 그런데 백성들이 綿花를 심는 데 급하여 더러는 水田을 메워서 (면화를) 심는 자가 많았습니다. 신이 물어본즉, 대답이 '綿花가 徭役과 貢賦에 가장 긴요한 것이기 때문에 이러는 것이다.'고 하였습니다." 하였다.[52]

위와 같이 16세기에 들어와 綿花 재배는 남부지역에는 이미 폭넓게 퍼져서 旱田

49) 小野晃嗣, 「本邦木綿機業成立の過程」, 『日本産業發達史の研究』, 至文堂, 1941, 331~335쪽.
50) 위은숙, 「직물수공업의 발전과 소농민경영의 성장」, 『高麗後期 農業經濟硏究』, 혜안, 1998, 227쪽의 '綿과 다른 작물과의 노동생산성 비교 표' 참조.
51) 南美惠, 「朝鮮前期 綿業政策과 綿布의 生産」, 『國史館論叢』 104, 1998.
52) 『中宗實錄』 권17, 中宗 7년 10월 辛丑(1).

외에 심지어 水田을 메워서 면화를 심는 경우도 있어 오히려 문제가 될 정도였다. 이는 면화 재배를 적극적으로 추진했던 정부에서조차 예상치 못한 일이었다. 이처럼 민간에서 綿花 생산이 확대되자 綿布의 직조도 점차 늘어났다. 15세기 말 이래 의복이나 기타 잡물의 원료로서 면포의 사용이 확대되고 국내외 유통경제가 발전하면서, 화폐나 상품으로서의 면포 수요는 급증하였다.

이에 따라 정부와 지주층은 소농층에 대한 징포책을 강화하고 富商은 良布의 비축을 획책한 결과 소농경제의 어려움은 심화되었다. 실제 당시 정부가 법으로 규정하여 부세로 징수했던 면포는 5升 35尺이 기준이었으나, 이것은 그 자체가 직조에 상당한 노동력이 투여되는 고액 화폐였기에 민간의 소액거래에는 불편했을 뿐 아니라 열악한 경제적 상황에 있던 소농가계에서 비축하기에는 어려웠다. 그 결과 15세기 말부터 부세체제나 대일무역에는 5승 35척 이상의 良布가, 민간에서는 4승 35척 미만의 升尺 減縮布가 유통되는 현상 즉 면포 유통의 이중구조가 점차 형성되었다.

> 承政院에 명하여 常平倉을 시험하는 것이 좋은지의 여부에 대하여 논의하라 하였다. 都承旨 李吉甫와 左副承旨 成俊이 말하기를, "戶曹에서 아뢴 것을 보면 좋을 듯합니다. 그러나 이는 후세에 항상 시행할 일은 아닙니다. 무릇 사람이 布를 바치고 곡식을 바꾸는 것을 좋아서 하겠지만, 다만 秋收期가 되면 어찌 관청 문에 서서 곡식을 바치고 포를 바꾸는 자가 있겠습니까? 또 官에서는 布를 收納할 적에 반드시 35尺이 차야 1필로 허가하는데, 민간에 어떻게 (35척의) 필을 이룬 포가 있겠습니까? 또 백성들의 폐단이 된다 하여 필을 이루지 못한 포를 官에 납부할 수는 없으니, 이 제도는 실행할 수 없는 듯 합니다." 하니, … 傳敎하기를, "이제 시험하여 보는 것이 좋겠다." 하였다.[53)]

위와 같이 1581년(성종 13) 승정원에서 常平倉의 설치 여부를 의논할 때, 승지

53)『成宗實錄』권139, 成宗 13년 3월 壬辰(24).

李吉甫와 成俊은 官에서 布를 수납할 적에 반드시 규정의 布 35尺일 경우만 1필로 허용하는데, 민간에서는 35尺 되는 布가 없을 것이라고 하여 반대의 입장을 표명했다. 바로 이 시기는 대일무역에 있어 倭使들이 가져오는 商物의 규모가 이전에 비해 커지고 우리의 답사물도 麻布 대신 綿布로 바뀌는 중요한 변화를 보였던 때이다. 16세기에 들어와 布貨 유통의 이중구조는 더욱 급속히 진행되었다.

> 賑恤廳과 戶曹가 同議한 單子는 다음과 같다. "常平倉을 설립한 취지는 오로지 가난한 백성을 구활하려는 데 있습니다. 그런데 근래 시장에 나도는 綿布가 매우 거칠어서, 품질이 좋고 尺數가 제대로 된 綿布는 가난한 백성들이 마련할 수가 없습니다. 그래서 부득이 富商의 집에 모여들어 전에 쌓아둔 척수 좋은 면포를 내어 달라고 청하여 그 이름으로 관청에 바칩니다. 그리고 쌀 1斗 4升을 사서 2升은 먹고 그 나머지 1斗 2升은 모두 綿布의 주인에게 주고 맙니다. 그러고 보면 가난한 백성은 전혀 실속 있는 혜택을 받지 못하고 富商들만 많은 이익을 얻고 있으니 매우 옳지 않습니다. …" 하였다.[54)]

위와 같이 1541년(중종 36) 정부는 소농민에 대한 진휼 차원에서 糶糴을 행할 때 5升布를 요구하였으나, 시중에는 惡布만 유통되는 실정이었기에 良布를 소유하지 못한 小民들은 부득이 富商大賈에게 良布를 빌려 常平倉穀을 사서 그 중 극히 일부만 먹고 나머지는 富商大賈의 수중에 넘기는 실정이었다. 그 결과 小民을 구휼하고자 했던 상평창의 운영이 오히려 부상대고층의 이윤 축적의 수단으로 전락하고 있었던 것이다. 이것이 상평창이 계속 운용될 수 없었던 주요인이 되었다.[55)]

이처럼 16세기에 들어와 良布는 富商 등 지주층에게 축적되고 민간에는 惡布만 유통되는 면포 유통의 이중구조가 심화되었다. 실제 이 시기는 1540년(중종 35)경 대일무역의 교역품이 기존의 銅, 胡椒, 蘇木 등에서 銀 중심으로 바뀌어 많은 銀이

---

54) 『中宗實錄』 권95, 中宗 36년 6월 庚午(15).
55) 李正守, 「朝鮮前期 常平倉의 展開와 機能 -物價變動과 관련하여」, 『釜山史學』 27, 1994.

유입되고 다량의 綿布가 일본으로 유출되던 시기였다. 아마도 이러한 대일무역의 변화가 민간에서의 良布 부족 현상의 주요한 원인이었을 것이다. 당시 지주・부상층은 다량의 良布를 축적하여 그 가운데 대부분을 대일무역에 투자함으로써 재산축적에 혈안이 되었다.

> 憲府가 아뢰기를, "근래에 백성들의 생활을 보면 열 집 가운데 아홉 집은 굶주리고 있는데, 지방과 서울이 다 그렇습니다. 이것이 비록 여러 해 거듭된 흉년의 소치라고는 하나 常木(原註: 3升布이다)을 철폐하고 오로지 回俸(原註:5・6升布이다)만 썼기 때문이라고도 할 수 있습니다. 회봉은 그 값이 비싸서 소액에는 사용할 수 없습니다. …" 하였다.[56]

위와 같이 良布가 대부분 대일무역으로 유출되어서인지 良布인 5・6승포를 당시에는 回俸(일본 사행의 공물에 대한 回賜를 회봉이라 했다)[57]이라 칭하고 민간에서 상용되는 3升布를 常布라고 칭했다. 결국 시중에서 면포는 점차 回俸과 惡布의 이중 유통 구조를 형성하고 있었던 것이다.

3. 短布・惡布의 유통 금지와 저화・동전의 유통 논의

1) 15세기 후반의 단포 금지

15세기 후반부터 물가는 점차 상승 기조에 있었다. 당시 물가 상승을 주도한

56) 『明宗實錄』 권12, 明宗 6년 9월 甲午(9).

57) 『世宗實錄』 권78, 世宗 19년 7월 壬子(24): "禮曹啓 日本諸島及北方諸戎 與本朝中外大小臣僚進上物件賜価之際 例稱回奉 有違用上錫下之禮 謹按宋紹興中 占城入貢 答賜以麻紙 乞依宋制 自今隣國聘物回奉外 上項南北雜人及凡大小臣僚進上之物賜価 除稱回奉 改稱答賜 庶合古制 從之." 이처럼 중국의 朝貢貿易 형식을 참조하여 日本이나 기타 國王使의 聘物에 대해서는 '回奉'이라 하고 그 외의 여러 오랑캐와 일본의 諸巨酋使에 대해서는 '答賜'라고 칭하고 있다.

중요한 요인 중의 하나는 바로 綿布의 升尺 감축이었다.[58] 면포의 승척 감축은 國幣로 인정한 正布(5升 35尺) 이외의 惡布가 민간에 유통되는 布貨의 이중적 유통구조를 가져온 것이다. 이것은 단순한 문제가 아니라 국가의 경제운영 전반에 일대 혼란을 가져오는 중요한 문제였기에, 일찍부터 국가는 布貨의 관리에 많은 관심을 가졌다. 정부는 綿布의 升尺 감축을 '麤惡'이라고 규정하고, 이를 금지시키고자 여러 가지 대책을 모색하였다.

升尺 감축의 布가 유통되어 문제시되는 시점은 대체로 물가가 상승하기 시작하는 15세기 후반부터였다.[59] 이 때는 대일무역에 있어서도 이전과 달리 交易 규모가 급격히 확대되었으며 조선의 답사물도 麻布 대신 綿布로 바뀌었던 중요한 시기였다. 1471년(성종 2)에 형조의 상소에서 升尺 減縮布가 문제로 제기되었다.

> 刑曹에서 아뢰기를, "民間에서 行用하는 布貨는 본시 35尺으로 기준을 삼았었는데, 이제 中外의 姦詐한 무리들이 33, 4尺으로써 1匹을 삼아 전매하여 행용하고 있으니, 公私간에 병폐로 여깁니다. 심한 자는 單絲로 짜므로 얇아서 쓸모가 없으니 금하지 않을 수가 없으며, 그 길이도 布貨에 준하지 않습니다. 청컨대, 오는 癸巳年(성종 4, 1473년) 1월 1일부터는 한결같이 모두 금단하고, 이미 織造한 것은 連尺하여 匹에 준하게 하십시오. 홑실로 짠 布를 行用하는 것은 전후의 기한을 막론하고 한결같이 금단하되, 범한 자는 관직을 몰수하고 律에 따라 논죄하게 하소서." 하니, 그대로 따랐다.[60]

위와 같이 민간에서 간사한 자들이 33, 4尺의 布를 유통시키고 있고 심한 경우는 單絲로 짠 얇은 布도 유통되고 있었다는 것이다. 따라서 1473년(성종 4) 1월 1일부터는 이러한 布를 모두 금지시키기로 하고, 이미 織造된 短布는 連尺하여 35尺에

58) 宋在璇, 앞의 논문, 1985; 李正守, 앞의 논문, 1993.
59) 李正守, 앞의 논문, 1993.
60) 『成宗實錄』 권13, 成宗 2년 11월 庚戌(12).

맞도록 하며 單絲로 짠 布는 기한을 막론하고 일체 금지시키는 것으로 결정되었다. 당시 정부에서는 승척 감축포를 시중에 유통시키는 주체를 농민층보다는 주로 商人·地主層으로 파악하였다. 그것은 형조의 보고에서 간사한 자들이 승척 감축포를 행용하고 있다고 하였고, 또한 법령을 위반한 자는 관직을 몰수한다고 한 것에서도 알 수 있다. 실제 1470년(성종 1)에는 富商 金得富 등 330여 명이 관리들과 결탁하여 濟用監에 많은 양의 麤布를 바쳐 큰 문제가 된 경우도 있었다.

> 義禁府에서 아뢰기를, "濟用監僉正 金廷光이 富商의 청을 듣고 麤布 2,500여 필을 받아들이도록 허락하였습니다. (그는) 일이 발각될까 봐 두려워 그 자취를 없애 버리고자 하여, 布를 바친 사람 20명을 거느리고 마음대로 臺庫에 들어가서, (면포의) 양쪽 끝에 標를 붙인 곳을 모두 잘라 버렸습니다. …" 하였다.[61)]

위와 같이 濟用監 僉正 金廷光이 富商들의 뇌물을 받고 麤布 2,500여 필을 받아들여 문제가 되었던 것이다. 이 문제는 정부에서도 여러 차례 거론될 정도로 심각한 사건이었다. 이처럼 관리와 결탁한 富商層이 尺短布를 유통시키는 주체였기에, 이것을 금단하는 데는 상당한 어려움이 있었을 것으로 생각된다. 1473년(성종 4)부터 司憲府·平市署에서는 이전의 결정대로 尺短布의 사용을 엄격하게 금지할 것을 재차 강조하지만, 이 금령을 빌미로 商人과 禁亂吏들은 外方의 選上軍들이 赴京하면서 가져오는 면포가 조금이라도 규정에 어긋나면 규제하고 매매하지 않아, 오히려 선상군들이 조석의 끼니조차 마련하기가 곤란할 지경에 이르렀다. 이에 정부는 논란 끝에 短布를 연결하여 35尺을 만드는 조건으로 連尺布의 유통을 한시적으로 허용하였다.[62)] 이와 같이 短布 금령이 완화되자 민간에서는 短布의 유통이 점차 확대되었다. 그러한 사정은 아래에서 확인할 수 있다.

---

61) 『成宗實錄』 권6, 成宗 1년 6월 甲寅(7), 『成宗實錄』 권6, 成宗 1년 7월 壬午(6).
62) 『成宗實錄』 권32, 成宗 4년 7월 乙巳(16).

> 都承旨 金升卿이 아뢰기를, "… 또 市場 안의 綿布는 길고 짧음이 가지런하지 못하므로, 혹은 2端을 혹은 3端을 가지고 합하여 1匹로 만드는 자도 있습니다. 나라에서 길고 짧은 것과 좋고 나쁜 것을 논하지 아니하고 값을 더하여 무역한다면 아무런 쓸 만한 데도 없을 것입니다. 만약 그 길고 짧은 것과 좋고 나쁜 것을 따져서 그 값을 더하고 줄인다면, 이것은 백성들과 더불어 이익을 다투는 것이니 더욱 불가한 일입니다. …" 하였다.[63]

민간에는 短布가 널리 유통되어 35尺을 2端 혹은 3端과 같이 몇 등분으로 분할하여 사용하는 경우도 발생했다. 이와 같이 민간에서 短布가 통용되고 正布(5升 35尺)를 분할・연결하는 관행조차 발생하자, 정부에서도 이 문제를 심각하게 논의하게 되었다.

> 대사헌 權侹이 아뢰기를, "尺數에 准하지 않은 綿布를 금하여 매매하지 못하게 하니, 백성들의 고통이 많습니다. 가난한 사람은 오로지 綿布를 매매하는 것으로 衣食의 밑천으로 삼는데, 尺數의 길고 짧음에 따라 값의 高下가 결정됩니다. 백성들이 편리하게 여기는 데 따르도록 허락하는 것이 어떠하겠습니까?" 하였다.[64]

정부에서 尺數에 准하지 못한 綿布 즉 短布를 금하여 매매하지 못하게 하자,[65] 지주・상인층보다는 소액거래를 통해 생활을 영위하는 小民들의 고통이 심했다. 그래서 대사헌 권정은, 市中에는 尺數의 길고 짧음에 따라 가격의 高下가 자연히 결정되니, 백성들의 편의에 따라 短布의 사용을 허락하자고 건의했던 것이다. 이후에 정부에서는 短布의 사용 여부를 둘러싸고 열띤 논의가 벌어졌다. 성종은 이 문제를 우선 영돈녕 이상의 高官들에게 의논케 하였으나, 의견이 일치되지 않자

63) 『成宗實錄』 권128, 成宗 12년 4월 己巳(25).
64) 『成宗實錄』 권236, 成宗 21년 1월 丁丑(24).
65) 短布의 사용을 금지하는 법령이 1488년(성종 19)과 1489년 양년에 이미 발하였으나 실제로 실시되지는 않고 있었다(『成宗實錄』 권236, 成宗 21년 1월 戊寅(25)).

재차 승정원에 의논시켰다.[66] 당시 관료들의 견해는 대체로 몇 가지로 나뉘어졌다. 우선 민간의 관행대로 短布의 사용을 허가하자는 입장(대사헌 權侹, 沈澮, 동지사 李瓊仝, 領事 尹壕, 집의 丘夙孫 등), 두 번째, 尺數에 准하지 않는 短布에 尺을 연결하여 35尺을 만들어서 사용하게 하자는 입장(형조판서 李崇元, 승지 韓健, 특진관 成俊, 특진관 宋瑛 등), 세 번째, 기한을 정해서 短布의 사용을 금지하자는 입장(좌의정 洪應, 사간 金悰)의 경우로 大別될 수 있다. 그런데 王 자신은 세 번째의 입장을 지지하고 있었다. 이처럼 의견이 나뉘는 가운데, 短布의 사용을 금년에 한하여 한시적으로 허용한다는 것으로 결정되었다.[67]

이와 같이 조정의 논의에서 보다시피 15세기 후반 당시까지는 35尺布를 여러 개로 분할한 布나 5升에 못 미치는 3, 4升과 같은 減升布의 유통이 크게 문제가 되었다기보다는 대체로 35尺에 미치지 못하는 短布의 유통 문제가 주요한 논점이었던 것으로 생각된다. 그것은 成宗의 '이제 (短布를) 금지하지 않으면 장차 30尺을 1필로 하여 사용하는 데 이를 것이다'는[68] 언급에서도 알 수 있다.

2) 16세기 전반의 악포 금지와 저화·동전의 유통 논의

16세기에 들어와 綿布의 升尺 감축 현상이 본격적으로 나타났다. 특히 연산군대를 거치면서 그러한 현상은 가속화되어 綿布의 尺數뿐 아니라 升數의 감소 현상까지 나타나기 시작했다.

1497년(연산군 3)에 李陸이 綿布의 尺數 감축에 대한 문제를 제기하였다.

> 特進官 李陸이 아뢰기를, "… 市場이나 마을의 富者는 법을 시행하는 관리들과 결탁하여 죄를 받는 자가 없고, 죄를 받는 자는 모두가 貧民들입니다. 이러므로

---

66) 『成宗實錄』 권236, 成宗 21년 1월 丁丑(24).
67) 『成宗實錄』 권236, 成宗 21년 1월 丁丑(24).
68) 『成宗實錄』 권236, 成宗 21년 7월 庚辰(27).

법은 엄밀하지만 간악한 일은 없애지 못하고 백성의 원망은 끝이 없습니다. 신의 의견으로는, 빈민은 그 綿布의 尺數가 길고 짧은 데에 따라 값을 받아 생활할 것이니, 하필 법을 만들어서 금해서야 되겠습니까? 그리고 마지못해서 하는 일이라면, 금법을 범한 면포는 모두 관청에서 몰수하여 그 근원을 없애 버리십시오." 하였다.[69)]

그는 성종대 만들어진 단포 금지법이 시행되는 과정에서 富者나 商人들은 관리들과 결탁하여 죄를 받는 자가 없고, 貧民들만 죄를 받게 되는 폐단을 지적하였다. 이에 박숭질은 短布를 금지시키면 빈민의 원성이 커질 것이므로 綿布 끝에 尺數를 적어 그 값어치에 따라 매매한다면 반드시 금할 것이 없고, 단지 농간을 부리는 자만 죄를 주자는 의견을 제기해 그것이 채택되었다. 이후 短布의 통행은 합법화되어 市中에서는 尺의 長短에 따라 가격의 高下가 자연스럽게 결정되었다.

다음으로 布貨에 있어 논란이 되었던 것은 減升布의 유통 문제였다. 短布가 시중에 활발히 유통되면서 점차 升數가 감소된 3, 4升布도 자연스럽게 나타났다.

(掌令) 金晋錫이 아뢰기를, "지금 3, 4升의 綿布를 常用하는 物貨로 삼는데, 한 필의 길이가 30尺에 지나지 않으니 市價가 싸진 것도 진실로 이 때문입니다. … 下三道 軍士들이 서울에서 머무는 동안의 양식을 준비하려고 모두 5升 綿布를 가지고 오지만, 商人들은 으레 3, 4升布라고 말하여 그 값을 쌀 1升도 더 주지 않습니다. 이 때문에 商人들은 앉아서 이득을 취하고 먼 곳에서 온 군사들은 더욱 곤핍합니다. 3, 4升 綿布의 尺數가 맞지 않은 것은 일체 엄격히 금지하고 各司에서 징수하는 贖錢도 또한 楮貨를 사용하기를 청합니다." 하였다.[70)]

김진석의 언급처럼 市中에서 3, 4升 30尺의 綿布를 상용하게 되어 물가가 오르고

69) 『燕山君日記』 권21, 燕山君 3년 1월 戊辰(26).
70) 『燕山君日記』 권45, 燕山君 8년 8월 己酉(10).

또한 赴京 軍士들이 5升 綿布를 가지고 오지만 상인들은 그것을 3, 4升布의 가격으로만 계산하여 줌에 따라 군사들이 매우 곤핍하게 된다고 하고 있다. 점차 민간에서는 3, 4升의 短布가 常布로서 통용되면서 布貨의 이중 유통구조가 형성되고, 그 속에서 상인층의 모리 행위도 나타났다. 이에 升尺 減縮布의 유통금지와 楮貨의 사용을 건의하였던 것이다.

연산군 말경에는 면포의 升尺 감축 현상이 보다 심각하였다. 특히 지나친 土木工事와 內寵, 사치무역이 심각해지면서 재정 부족을 초래하였고,[71] 그에 따라 賦役과 貢物 징수 등을 명목으로 면포 수탈이 급격하게 늘어났다. 이런 가운데 민간에서는 소위 惡布의 대명사인 3升 이하의 '瑞葱臺布'가 유통되었다.

> 그때 監役官이 賦役하는 民丁을 감독하는데, 혹 일을 빠졌다든지 혹 일을 하여도 과정에 准하지 않았다든지 하면, 문득 징벌이 매우 가혹하였다. 백성들이 지탱하지 못하여 그 재산을 모두 탕진하고는 떨어진 바지에서 헌솜까지 빼내서 綿布를 짜 변상하였지만, 綿布가 너무 누추하여 쓸 수 없었으므로 민간으로 流散하여 오래도록 없어지지 않았다. 뒷사람이 그 布 이름을 瑞葱臺라 하였으며 市場에서 팔려고 하여도 사는 사람이 없었다.[72]

위와 같이 서총대 축조 때에 赴役 民丁이 役事에 빠지거나 공사 일정에 맞추지 못하면 감역관이 가혹하게 면포를 징수하여 할 수 없이 백성들이 헌솜으로 짠 布를 만들어 바쳤는데, 그것이 瑞葱臺布라는 것이다. 이 布는 너무 추하여 쓸 수 없어 市場에서도 거부될 실정이었다. 하지만 서총대포는 이후에도 민간에 유통되었을 것으로 보이며, 면포의 승척 감축을 촉진하는 계기가 되었을 것으로 생각된다. 그것은 1515년(중종 10) 尹珣 등의 '연산군 10년(1504) 이후로 單織三綜綿布가 점점

71) 『燕山君日記』 권58, 燕山君 11년 7월 壬辰(9): "時國儲已罄 大索商賈之金 有司嚴督鞭笞狼藉無金者 不堪其苦 或有縊死者."
72) 『燕山君日記』 권61, 燕山君 12년 2월 癸丑(3).

번져 나가 그대로 公私에 통용되어 온갖 물가가 등귀하였다'라는[73] 언급에서도 알 수 있다.

이처럼 민간에서 3升의 惡布가 통용되자, 정부에서는 惡布 금단을 둘러싸고 격렬한 논의가 벌어졌다. 이때의 논의는 단순히 惡布 금단에 대한 것뿐만 아니라 布貨 대신에 銅錢·楮貨의 새로운 유통 문제까지 거론되어, 중앙의 거의 모든 관료가 참여하여 격렬한 논쟁을 진행하였다. 논의의 발단은 1515년(중종 10) 6월에 漢城府가 麤布 제작자를 '制書有違律'로써 처벌할 것을 건의하자, 대사간 尹殷輔 등이 법을 강화할 경우 尺布로 朝夕 거리를 삼는 窮民이 그 피해를 입게 될 것이라고 반대하면서 비롯되었다.[74] 이에 대사헌 權敏手 등에 의해 새로운 화폐의 유통 즉 銅錢과 楮貨의 行用策이 주장되었다. 그들은 민간에서 麤布가 통용됨에 따라 物價가 등귀하는 등 큰 폐단을 발생시키니, 보다 사용하기 편리한 동전과 저화를 아울러 행용시켜 민간의 麤布는 官에서 사들이고 추포의 行用 연한을 정해서 금지시키자는 의견을 제시했다.[75]

그들의 건의는 받아들여져, 中宗은 政府·六曹·漢城府·弘文館의 관원들을 모아 놓고 楮貨·銅錢의 사용 여부를 의논케 하였다. 여기서 관료들은 대체로 두 가지 입장으로 나뉘었는데, 한 부류는 楮·布兼行을, 또다른 부류는 楮·錢兼行을 주장하여 결국 楮·布兼行論이 채택되었다. 유순·정광필 등의 저·포겸행론자들은 자신들의 입장이 신법의 창출이 아닌 『經國大典』의 준행에 있음을 밝히고 저·포 행용의 필요성을 역설하였다. 다만 『經國大典』의 徵贖·價買 조항이 제대로 이행되지 않고 布貨로만 행용됨을 지적하면서 徵贖의 楮貨專用, 價買의 한시적 楮貨專用을 주장하였던 것이다.[76] 이 날의 논의에서 일단 저·포겸행론이 채택되었지만, 다음날 전날의 의논에 참여하지 못한 관료들에게 재차 의논시킨 결과 노공필을 제외한 다른 사람 모두는 저·포겸행론을 반대하였다. 이에 中宗은 '새 법을 세우면 반드시 物議를

73) 『中宗實錄』 권22, 中宗 10년 6월 癸酉(18).
74) 『中宗實錄』 권22, 中宗 10년 6월 己未(4).
75) 『中宗實錄』 권22, 中宗 10년 6월 癸亥(8).
76) 『中宗實錄』 권22, 中宗 10년 6월 壬申(17).

초래하여 소란스럽게 될 뿐이고 백성이 믿지 않을 것이며 또한 市中에 綿布는 매우 많고 楮貨는 부족하기에 저화만을 사용할 경우 저화 부족의 염려가 있을 것'임을 언급하면서 저・포겸행론 채택 명령을 철회하였다.[77] 결국 심각하게 논의되었던 惡布 금단 문제를 둘러싼 화폐유통 논의는 일단 원점으로 다시 돌아갔다.

〈표 2〉 1515년(중종 10년) 6월의 銅錢・楮貨의 行用 논의

입 장	주 장 자	이 유	소속 부류
楮・布兼行論	柳洵, 鄭光弼, 金應箕, 申用漑, 張順孫, 金詮, 朴說, 高荊山, 李自健, 李繼孟, 柳耼年, 安瑭, 南袞, 金錫哲, 任由謙, 沈貞, 柳湄, 李長坤, 李長生, 李世應, 李世仁, 李陌, 徐克哲 등 *	銅錢은 輕重과 大小가 다르고 위조의 폐단이 있기에 반대	議政府와 六曹의 大臣
	盧公弼 **		
楮・錢兼行論	趙元紀, 金安老, 李彦浩, 任樞, 閔壽千, 柳仁淑, 李淸, 任權, 奇遵 등 *	楮貨는 소액매매에 사용하고, 銅錢은 저화보다 조금 고액매매에 사용	漢城府와 弘文館의 관원
	尹珣, 金俊孫, 李坫, 柳應龍, 閔祥安, 安潤孫, 曹漢孫, 邊脩, 崔漢洪, 崔璡, 全五倫, 柳繼宗, 李自堅, 曹繼商, 孫澍, 成夢井, 洪彦弼, 尹自任, 韓亨允, 宋千喜, 孫仲暾, 朴義榮, 李世貞, 許磺, 金克誠, 崔淑生, 柳希渚, 金謹思, 趙舜, 李沆, 黃誠昌, 閔懭, 丁壽崗, 李蓀, 鄭光國, 朴好謙, 慶世昌, 李自華, 尹世豪, 成雲, 申鏛, 尹殷輔, 許硡, 朴命孫, 許洽, 金銛, 柳成春, 李若氷 **		

* 1515년 6월 17일의 논의자 ** 1515년 6월 18일의 논의자

이상 6월 17일, 18일 양일간의 논의에서 주목되는 점은, 저・포겸행론자든 저・전겸행론자이든, 모두 惡布의 통용 상황에 대해 심각하게 생각하여 그것의 유통을 금지시켜야 한다고 생각한 점에서는 동일하였다. 당시 면포의 국내외 수요 증대는 시장에 있어서의 공급량의 한계를 가져옴에 따라 惡布의 유통을 불러왔다고 인식하여, 새로운 화폐로서 楮貨와 銅錢의 공급을 대안으로 제시하면서 惡布를 금단하려고

77) 『中宗實錄』 권22, 中宗 10년 6월 乙亥(20).

했던 것이다. 그런데 楮·布兼行은 대체로 議政府와 六曹의 大臣들이 주장하였고, 楮·錢兼行은 주로 漢城府와 弘文館의 젊은 관료들이 주장했다. 특히 大臣들은 布貨의 유통에 대해서는 문제 삼지 않고 다만 惡布만을 禁制하고자 하였다. 이는 이들이 당시의 富商大賈層 특히 對外貿易 商人들과 계급적 이익을 같이하고 있음을 짐작하게 한다. 이에 반해 젊은 관료들은 大臣들과 달리 布貨의 유통 자체에 대해 부정적이었으며 銅錢이나 楮貨 특히 銅錢의 새로운 유통을 통해 惡布 문제를 해결하려는 좀 더 급진적인 주장을 내세웠다. 이러한 양측의 입장은 이후의 화폐유통 논의 과정에서도 일관되게 나타났다.

잠시 소강을 보이던 惡布 금단 문제를 둘러싼 화폐유통 논의는 며칠 후에 유순·정광필 등에 의해서 다시 제기되었다. 그들은 며칠 전 中宗이 저화 유통의 철회 이유로 언급했던 내용을 반박하면서 저화의 사용을 재차 주장했다. 그들은 楮貨가 폐지되어 行用되지 않는 것은 폐단이 있어서가 아니라 다만 습속에 따르는 것뿐이며, 지금 그것을 행용한다면 옛 법을 거듭 밝힐 뿐이요 새로 법을 세우는 예와는 다르고 또한 司贍寺에는 저화가 소용없이 쌓여 있으니 이것을 내다 팔아서 통용한다면 금지하기 어려운 惡布를 거두어들일 수 있다는 등의 내용을 주장하였다. 이들의 楮貨 행용 주장은 다시 받아들여졌다.[78] 다음날 중종은 저화 행용의 뜻을 밝히고 다만 매매 이외에 徵贖할 때에도 저화를 사용할 경우 저화가 부족할 염려가 있으니, 기한을 정하여 행용하게 할지의 여부를 承旨에게 의논케 하였다.[79]

이와 같이 楮貨의 유통이 결정되자 다음날 호조에서 楮貨行用節目을 마련해 올렸다.[80] 그 내용은 대체로 다음과 같다. 우선 京中의 各司는 오는 10월 1일부터, 외방은 내년 1월 1일부터 백성들로 하여금 官에 布를 납입하고 時價에 따라 楮貨를 和賣하게 하도록 하며, 둘째는 漢城府가 惡布를 행용하는 기한을 세웠지만 이것만으로는 부족하므로 惡布 35尺 2필을 正布 1필에 준하게 하면 惡布를 직조하는

78) 『中宗實錄』 권22, 中宗 10년 6월 庚辰(25).
79) 『中宗實錄』 권22, 中宗 10년 6월 辛巳(26).
80) 『中宗實錄』 권22, 中宗 10년 7월 甲午(9).

일이 점차 없어질 것이니, 惡布를 금단한 뒤에 正綿布・楮貨를 『經國大典』의 예에 의하여 통용하도록 하였다. 셋째, 惡布를 직조하는 사람 및 2・3升用 바디 제작 匠人은 惡米를 만드는 예로서[81] 논한다는 등의 내용이 그것이었다. 이처럼 楮貨 행용책이 마련되었지만 실제 사람들이 저화를 서로 기피하고 사용하지 않게 되자, 각 官司에서는 저화로 시장에서 물건을 抑買하거나 서리들이 贖錢 바치는 사람에게 저화를 파는 등의 폐단만 야기되었다. 그러자 일전에 楮・布兼行을 주장했던 김응기, 고형산, 신용개 등은 기존의 입장을 철회하고 저화 행용의 중지를 주장하였다.[82] 그 이후에도 민간에서는 저화가 유통되지 않고 惡布는 금지함에도 불구하고 계속 통용되자, 정부에서도 점차 저화 유통을 포기하고[83] 惡布 금단에 총력을 기울이게 되었다.

하지만 惡布 금지도 여전히 별 성과를 거두지는 못했다. 1515년(중종 10) 11월에 고형산의 건의로 惡布 금지 시점을 연기하여 다음해 4월부터 실행하기로 하였으나,[84] 1516년 4월이 되자 재차 한성부 판윤 尹珣 등이 市場에서 사용하는 것이 모두 麤布여서 일체 금하기가 어려우니 몇 개월 연기하여 7월에 選上奴들이 赴京立役할 때 5승포를 상납하면 5승포가 널리 퍼질 것이므로 그 이후에 추포를 일체 금지하자고 건의하여, 그것이 받아들여졌다.[85] 그리고 당해 7월의 惡布 금단 기한을 앞두고 惡布 사용자에 대한 형률이 의논되었는데, 여기서 惡布 금단법이 현실화되어 대폭 완화되었다. 즉 기존의 惡布 금단법은 5升 35尺에 准하지 않는 것은 모두 惡布로 규정하여 大明律에 따라 笞 50에 屬公하였는데, 이것을 완화시켜 惡布 중에서도 매우 심한 것만 屬公하고 罪는 다스리지 않는다고 결정했던 것이다.[86] 실제

---

81) 惡米를 만드는 자는 杖 100 徒 3년에 처하고 있었다(『中宗實錄』 권22, 中宗 10년 6월 己未(4)).
82) 『中宗實錄』 권26, 中宗 11년 10월 戊辰(20).
83) 『中宗實錄』 권40, 中宗 15년 8월 甲戌(19): "傳曰 前日議用楮貨時 皆以爲可限年月 然所限已過而卒不得用."
국가에서 楮貨의 유통을 포기하였음은 위의 중종의 언급에서도 알 수 있다.
84) 『中宗實錄』 권23, 中宗 10년 11월 辛卯(9).
85) 『中宗實錄』 권24, 中宗 11년 4월 壬戌(11).
86) 『中宗實錄』 권25, 中宗 11년 5월 丙申(16).

이때 결정된 惡布 금단법은 惡布의 유통을 금지하는 것이라기보다 민간의 惡布 통용을 현실적으로 인정하되, 심한 麤布인 경우만[87] 규제한다는 결정이었다.

이후에 惡布의 통용이 보다 활발하여졌을 것임은 물론이어서 다시 1520년(중종 15) 8월부터 惡布 사용자에 대한 重法 적용이 논의되었다. 먼저 漢城府에서 惡布의 사용 기한을 한정하고 기한을 넘겨서도 사용하는 자를 惡米를 쓴 죄로 논하여 한두 사람을 뽑아 全家入居에 처하여 다른 사람에게 경각심을 주자는 의견을 내놓았다.[88] 이후에 이 문제를 둘러싸고 본격적인 논의가 전개되었는데, 논의의 초점은 全家入居의 법을 쓸 것인지의 여부와 이 법을 쓸 경우 惡布 제작자와 사용자 모두에게 적용할 것인지 아니면 제작자에게만 적용할 것인지가 논란이었다. 우선 첫 번째 논의에서 中宗과 영사 南袞은 全家入居의 법을 적용할 것을 주장하되 中宗은 그 적용을 惡布 제작자에게만, 남곤은 惡布의 제작자와 사용자 모두에게 적용할 것을 주장했고, 특진관 韓亨允과 지사 洪淑은 全家入居 자체를 반대하였다.[89] 이처럼 惡布 금단에 대한 법령 적용 문제에 있어 대체로 大臣들은 惡布 제작자와 사용자 모두에게 重法 적용을 견지했으나 젊은 관료들은 重法 적용에 대해서 반대하고 있었다. 특히 젊은 관료들은 小民들 다수가 惡布를 사용하고 있음을 인지하고 惡布 사용자에 대한 법률 적용에는 신중한 입장이었다. 이러한 입장의 차이는 그 이후 惡布 금단 논의에서도 일관되게 나타나고 있다.

다음 달에 다시 이 문제가 논의되었는데, 여기서는 升尺 감축포 외에 連尺布의 문제까지 논란이 되었다.[90] 관료들 사이에 의견이 일치하지 않자,[91] 중종은 그때까지의 논의를 정리하여 그것을 三司에 의논토록 했다. 중종이 三司에 논의하게 한 내용은 아래와 같다.

---

87) 매우 추악한 布의 기준조차도 정하지 않았는데, 그날 논의에서 權敏手는 25尺을 그 기준으로 제시하였다(『中宗實錄』 권25, 中宗 11년 5월 丙申(16)).
88) 『中宗實錄』 권40, 中宗 15년 8월 甲戌(19).
89) 『中宗實錄』 권40, 中宗 15년 8월 乙酉(30).
90) 『中宗實錄』 권40, 中宗 15년 윤8월 癸卯(18).
91) 『中宗實錄』 권40, 中宗 15년 윤8월 癸卯(18).

> 傳教하기를, "惡布를 금하는 일은 戶曹·刑曹·漢城府가 이미 정부에 신보하였다. 법이라는 것은 백성에게 편리하게 하고자 하는 것인데, 행해지지 못한다면 도리어 보탬이 없을 것이다. 이제 三司가 다시 의논하되, 바디를 만든 자와 짠 자와 자른 자는 初犯이면 杖 100과 徒 3년에 처하고 再犯이면 全家入居에 처해야 하겠으며, 尺數가 짧은 布를 쓴 자는 이제와 같이 照律(原註: 이제와 같이 조율하면 杖 80이다.)하여 죄주고 척수에 맞는 것을 쓴 자는 논죄하지 않는 것이 어떠한지, 이것을 의논하여 아뢰라." 하였다.[92)]

惡布의 바디를 만든 자와 짠 자 그리고 자른 자는 初犯이면 杖 100 徒 3년에 처하고 再犯이면 全家入居에 처하며, 惡布를 사용한 자는 杖 80에 처하고 短布를 35尺에 맞게 連尺한 자는 죄로 논하지 않는다는 내용이다. 한 달 후에 三司는 의논한 惡布의 禁令을 정리하여, 아래와 같이 건의하였다.

> 戶曹·刑曹·漢城府가 함께 惡布의 禁令을 의논하여 아뢰기를, "惡布를 짜는 자와 자르거나 잇대어 尺數를 맞추는 자, 2~3升의 바디를 만드는 자는 初犯이면 杖 100 徒 3년에 처하고, 再犯이면 全家徙邊에 처하며, 尺數가 짧은 布를 쓰는 자는 杖 80에 처하소서." 하니, 임금이 그대로 따랐다.[93)]

三司가 의논하여 결정한 惡布 금령은 前月의 傳教한 내용과 거의 비슷하였으나, 단지 連尺布를 사용한 자는 이전에는 죄를 주지 않았는데 이번의 금령에는 惡布를 짜는 자와 똑같은 형률에 처해지고 있다. 하지만 이때 만들어진 惡布 금령도 실제로 시행되지는 않았고,[94)] 이전 1516년(중종 11) 5월에 만들어진 심한 추포만 屬公한다

92) 『中宗實錄』 권40, 中宗 15년 윤8월 癸卯(18).

93) 『中宗實錄』 권40, 中宗 15년 9월 庚午(16).

94) 1520년(중종 15)의 惡布 禁令이 실제 시행되지 않았다는 사실은, 1522년에 惡布 통용의 문제가 다시 심각하게 논의되었을 때 실제로 屬公만이 문제가 되었으며 또한 中宗이 새 법을 다시 의논할 필요 없이 1520년의 금령을 그대로 사용할지의 여부만을 의논하라고 한 사실에서도 알 수 있다(『中宗實錄』 권43, 中宗 17년 1월 丁丑(29)).

는 율이[95] 계속 적용되고 있었다.

따라서 惡布는 계속 민간에 통용되었고, 이것은 1522년(중종 17)에 와서 재차 논란이 되었다. 헌납 魚泳濬이 민간에서 富商大賈들은 惡布를 마음대로 사용하나 금법에 걸리지 않고 貧民들만 금법에 걸리어 屬公을 당하는 폐단이 많다고 문제를 제기했다.[96] 다시 논의가 전개되어 좌상 남곤과 우상 이유청은 惡布 禁令을 강화할 것을 주장했고, 헌납 어영준은 惡布 금단을 반대하는 주장을 내세우는 등 의견이 일치되지 않자, 중종은 다시 大臣들에게 의논할 것을 지시했다.

> 政院에 傳敎하기를, "내가 일찍이 정승을 지낸 사람 및 議政府 堂上·漢城府 堂上·府院君 등을 牌招하여 빈청에 모으고 말해 주기를 '대저 법으로 세우는 일은 처음에 잘 살펴서 하지 않으면, 오래 시행하지를 못하고 반드시 중간에 폐기하는 폐단이 있기 때문에 民生들이 國法을 믿지 않게 되는 일이 많다. 惡布는 사용해 온 지 이미 오래이므로 민간에 있는 것이 매우 많을 것인데, 이번에 시한을 세워 금단하되 시한 전에는 連尺을 사용하도록 하다가 시한이 지난 다음에는 연척도 아울러 금단하려고 한다. 富商大賈들은 가지고 있는 것이 여유가 있으므로 혹 惡布는 숨겨두고 美布를 사용하게 되겠지만 貧民들은 가진 것이 한정이 있을 것이므로, 連尺도 아울러 사용을 금단함은 공평하지 못할 듯하다. 내 생각에는 庚辰年(중종 15, 1520년)에 三司가 함께 의논하여 세운 법이 아주 자세하고 극진하게 되어 있어 따로 새 법을 세울 것이 없다고 여기니, 편리한지 여부를 의논하여 아뢰라.'고 하라." 하였다.[97]

위와 같이 中宗은 시한을 정해서 그 전에는 連尺布를 사용하도록 허용하고 그 후에는 連尺布를 금단하도록 하며, 구체적인 惡布 禁令은 1520년의 三司에서 만든

---

95) 『中宗實錄』 권25, 中宗 11년 5월 丙申(16).
96) 『中宗實錄』 권43, 中宗 17년 1월 癸酉(25).
97) 『中宗實錄』 권43, 中宗 17년 1월 丁丑(29).

법을 그대로 사용하는 것이 어떠한지를 의논하도록 명령했다. 그래서 며칠 후에 정광필, 김전 등이 惡布 금령에 관해 의논한 내용을 아뢰었는데, 그 내용은 대체로 다음과 같다. 첫째, 惡布 사용 시한을 초겨울로 정하되, 시한 전에는 連尺布를 사용하도록 허용하고 시한이 지나면 법률대로 시행하며, 둘째, 惡布를 제작하는 자와 准尺의 布를 끊는 자는 初犯일 경우 杖 100 徒 3년에 처하고 再犯은 杖 100에 처하여 全家徙邊하며, 셋째, 惡布를 매매하여 이득을 취하는 자는 「大明律」의 器用布絹不如法條에 따라 笞 50에 屬公한다는 것이었는데, 이것은 바로 채택되었다.[98)]

이 1522년(중종 17)의 禁令은 1520년의 것을 토대로 했지만, 그것과 몇 가지 점에서 차이가 있었다. 우선 1522년의 禁令에는 1520년에 규제 대상이었던 尺短布의 사용이 빠져 있다. 그 대신 惡布를 제작하거나 5升布를 斷割하는 자가 再犯을 범할 경우는 杖 100을 더하여 가중 처벌함으로써 升尺 減縮布의 출현을 미연에 방지하자는 의도가 강하게 반영되었다. 그리고 1520년 禁令에는 없던 '惡布를 매매하여 이득을 취하는 자'에 대한 처벌 조항이 추가되고 있다. 그런데 1522년 禁令에는 1520년에 규제 대상이었던 2・3升 바디를 제작하는 자에 대한 내용이 빠져 있는데, 실제 이것은 1522년에 그 규제 내용이 제외된 것이 아니라 계속 유효한 것이었다.[99)] 이처럼 1522년 금령의 주안점은 惡布의 사용자인 貧民은 처벌하지 않고, 악포를 제작・단할하거나 또는 그것을 매매하여 이윤을 추구하는 자 즉 地主・商人層을 처벌함으로써 惡布의 출현을 미연에 막고자 하였던 것이다.[100)] 이것은 기존에 惡布 금령의 완화나 폐지를 주장했던 논자들의 주장이나 禁令이 시행되지 못했던 주요인이 바로 '貧民들의 생계 위협'이나 '禁法에 걸리는 자가 모두 貧民뿐이

98) 『中宗實錄』 권44, 中宗 17년 2월 庚辰(3).

99) 『中宗實錄』 권49, 中宗 18년 10월 己酉(13): "更立禁惡布法 先是惡布織造人造筬人 准尺布裁割人等 初犯杖一百徒三年 再犯決杖一百 全家徙邊 多積惡布 斂散資利者 亦依此例."
위의 것은 1522년(중종 17)의 惡布 禁令에 대한 내용을 설명하는 것인데, 바디를 만든 사람도 初犯이면 杖 100과 徒 3년에, 再犯이면 杖 100과 全家徙邊에 처해지고 있음을 볼 수 있다.

100) 『中宗實錄』 권49, 中宗 18년 9월 辛未(4): "李自堅曰 惡米之禁 至立全家之法而後 永絶 今此惡布富商大賈蓄積甚多 律若不重 禁之甚難 申明禁斷 以待悠久可也."
위의 이자견의 언급을 통해서도 1522년(중종 17) 惡布 禁令의 주안점이 지주・상인층을 규제하는 데 있었음을 알 수 있다.

다'는 등 貧民들의 문제 때문에 禁令이 잘 시행되지 않았다고 판단했기 때문이다. 따라서 1522년의 惡布 禁令은 惡布 사용자에게 重法을 적용할 경우 실제 惡布를 가장 많이 사용하는 小民들만 큰 피해를 볼 수 있다는 젊은 관료들의 일관된 주장이 수용된 결과로 볼 수 있다. 이는 악포 금단 정책의 질적 전환을 의미한다.

하지만 이 禁令도 이전의 경우를 통해 볼 때 제대로 시행될 수 없었을 것임은 충분히 짐작할 수 있다. 이 금령이 채택된 지 한 달도 지나지 않아 掌令 魚得江은 '지금 정부에서 惡布를 금단하는데도 아직 금지되지 않으니, 屬公시키는 것이 어떻겠는가'[101]하고 말할 정도로, 금령의 완화를 건의했다. 실제로 惡布 금령에도 불구하고 시중에는 惡布가 여전히 통용되고 있었다.

> 判尹 韓亨允 · 左尹 閔祥安이 아뢰기를, "惡布를 금단하는 기한이 壬午年(중종 17, 1522년) 10월까지인데, 민간에서 전보다 더 함부로 사용하고 있습니다. 만일 「大典」대로 한다면 통상적으로 사용되는 것이 5升布인데, 이것은 갑자기 구할 수 없는 형편이므로 비록 5승포가 아니더라도 추악하지 않고 尺數만 맞으면 금단하지 않으며 尺數가 차지 않는 것만 일체 屬公합니다. 그런데 世俗의 병폐가 이미 오래되어 아직 고쳐지지 못했기 때문에 어제 法司가 본부의 書吏 두 사람을 잡아다가 刑杖 심문을 하면서 금단하지 못한 까닭을 추문했습니다. 법사로서는 그렇게 하지 않을 수 없는 일이지만, 이는 곧 신 등이 단속하지 못한 소치여서 職에 있기가 미안하므로 사직하기를 청합니다." 하였다.[102]

한성부 판윤 한형윤 등의 말과 같이 惡布를 금단하고 있음에도 불구하고 민간에서의 악포 통용은 전보다 줄지 않았으며, 또한 5승포는 갑자기 마련하기 어렵기에 금령을 완화하여 5승포가 아니더라도 매우 추포가 아니면 묵인해 주는 실정인데도 금령이 제대로 시행되지 못한다는 것이다. 이렇게 되자 사헌부에서는 한성부의

---

101) 『中宗實錄』 권44, 中宗 17년 3월 辛亥(4).
102) 『中宗實錄』 권46, 中宗 18년 1월 壬戌(20).

惡布를 금지하는 실무자인 書吏 두 사람을 심문하였고, 이로 인해 한성부의 판윤과 좌윤이 사직을 청하기까지 하였다. 이 사건 이후에 惡布를 관리하는 주관 부서가 漢城府에서 司憲府로 바뀌게 되었다.[103)]

이처럼 惡布의 금단 정책이 정부 내에서도 심각한 갈등을 보이는 가운데 1523년(중종 18) 9월에 經筵에서 沈思遜이 악포 금단으로 인해 貧民들이 流離하여 실업하는 자도 많은 실정이니 금령을 재검토할 것을 건의하면서, 다시 이 문제가 논의되었다.[104)] 하지만 정부의 의논은 오히려 惡布 금령을 보다 강화하는 방향으로 결정되어 재차 1523년 10월에 악포 금령이 만들어졌다. 대체로 그 내용은 1522년의 금령을 바탕으로 하되 단지 公私賤의 경우가 금령을 범할지라도 赦宥를 만나면 贖만 바치고 면하게 되어 문제가 발생하니 이제부터는 赦宥가 있더라도 罪주고 女人이 범하면 家長을 죄준다는 내용을 추가하였다.[105)] 그리고 열흘 후에는 다시, 惡布를 짠 자는 初犯이라도 全家入居에 처하도록 금령을 강화하였다.[106)] 이러한 개정된 惡布 금령을 바탕으로 승지 김말문이 새로운 금령을 건의하였다.

> 承旨 金末文이 아뢰기를, "戶曹・漢城府가 함께 의논한 계목의 供辭에 '惡布는 법을 세워 매우 금한 지 이미 오래되었으나 그 효험이 없는 까닭은, 다름 아니라 公私賤과 女人은 모두 贖하기만 하고 그 사이에 또 疏放이 있으면 罪를 면하기 때문입니다. 이렇게 하므로 죄를 면할 길이 많고 그 贖을 거두는 것을 두려워하지 않습니다. 법망이 엄밀하더라도 죄를 피할 길이 이와 같다면 어찌 금지할 기약이 있겠습니까? 이후로는 모두 全家徙邊의 법에 의하는 것이 어떠하겠습니까?" 하니, '알았다'고 傳敎하였다.[107)]

103)『中宗實錄』권47, 中宗 18년 4월 乙未(24).
104)『中宗實錄』권49, 中宗 18년 9월 辛未(4).
105)『中宗實錄』권49, 中宗 18년 10월 己酉(13).
106)『中宗實錄』권49, 中宗 18년 10월 戊午(22).
107)『中宗實錄』권49, 中宗 18년 11월 己卯(13).

惡布의 금령을 범하는 자는 公私賤과 女人을 막론하고 모두 全家徙邊에 처하는 것으로 결정되었다. 하지만 惡布의 금단 문제는 이후에도 貧民들 생활의 어려움으로 인해 그것을 완화해야 한다는 입장(주로 젊은 관료)과, 牟利를 꾀하는 상인층 때문에 강화해야 한다는 입장(주로 大臣)으로 나뉘어 계속 논란이 되었다.[108] 이런 가운데 1525년(중종 20)에 와서 連尺布의 사용을 허가하고 또 금령을 범하여도 죄만 주고 屬公하지 않는 것으로 점차 禁令이 완화되었고,[109] 市中에서 惡布의 유통은 일반화되었다.

> 侍講官 沈彦慶이 글에 임하여 아뢰기를, "… 또 조정에 술 금단하는 令과 惡布 금단하는 令이 있지만, 巷間에서는 마음대로 술 마시고 잔치하며 市場에서는 기탄 없이 轉賣하니, 법을 준행하지 않음은 오늘날의 큰 폐단입니다." 하였다.[110]

정부는 계속된 禁令에도 불구하고 시중에서의 惡布 통용이 계속되자, 1529년(中宗 24)에는 기존의 금령을 거의 폐지하여 升數는 불문하고 連尺布인 경우는 사용을 점차 허용하는 방향으로 현실의 악포 유통을 인정하였다.[111]

<표 3> 16세기 전반의 惡布 禁斷 논의 추이와 그 내용[112]

시 기	범금 내용	처벌 내용	비 고	출 전(實錄)
최초 절목 (1515년 7월)	· 惡布織造者 2·3升用바디 제작자 · 惡布 사용자	· 造惡米例 (杖100, 徒 3년) · 笞 50, 屬公	· 호조 발의	中宗 권22 10年 7月 甲午
제1차 개정 (1516년 5월)	· 惡布 사용자	· 屬公(笞 면제)	· 禁令 완화	中宗 권25 11年 5月 丙申
제2차 개정 (1520년 9월)	· 惡布織造者 2·3升用바디 제작자 短布 연척자 · 短布 사용자	· 初犯: 杖100, 徒 3년再犯: 全家徙邊 · 杖 80	· 大臣:重法 적용 · 젊은 관료: 신중한 입장	中宗 권40 15年 9月 庚午

108) 『中宗實錄』 권55, 中宗 19년 2월 癸丑(18), 『中宗實錄』 권55, 中宗 19년 2월 辛巳(26), 『中宗實錄』 권55, 中宗 19년 4월 癸丑(19), 『中宗實錄』 권55, 中宗 19년 4월 甲子(30).

109) 『中宗實錄』 권55, 中宗 20년 8월 乙巳(18).

110) 『中宗實錄』 권56, 中宗 21년 2월 壬戌(9).

111) 『中宗實錄』 권65, 中宗 24년 4월 甲午(29).

112) 권인혁, 앞의 논문, 1993, 189쪽의 <표>를 수정 보완함.

시 기	범금 내용	처벌 내용	비 고	출 전(實錄)
제3차 개정 (1522년 2월)	· 惡布織造者 2·3升用바디 제작자 短布 제조자 · 惡布斂散資利者	· 初犯: 杖100, 徒 3년 再犯: 杖100, 徒 3년, 全家徙邊 · 笞 50, 屬公	· 한성부 주관 · 小民 보호 (사용자 처벌 않음)	中宗 권44 17年 2月 庚辰
제4차 개정 (1523년 11월)	· 惡布 범금자	· 初犯: 全家徙邊	· 사헌부 주관 · 禁令 강화	中宗 권49 18年 10月 戊午 中宗 권49 18年 11月 己卯
제5차 개정 (1525년 8월)	· 惡布 사용자 (連尺布 사용 허가)	· 笞 50(屬公 면제)	· 禁令 완화	中宗 권55 20年 8月 乙巳
제6차 개정 (1529년 4월)	· 連尺布 사용 허가 (升尺 불문)	· 禁令 유명무실	· 禁令 유명무실	中宗 권65 24年 4月 甲午

3) 16세기 중반의 저화·동전의 유통 논의

앞 절에서 본 바와 같이 중종 즉위 후 약 20년간 소강, 갈등 양상을 보이던 對日貿易은 1522년(중종 17)경부터 다시 본격적으로 재개되었다. 특히 1540년(중종 35)경부터는 對日 교역품이 기존의 銅鐵, 胡椒, 蘇木 등에서 銀 중심으로 바뀌면서 綿布의 유출이 더욱 심각해졌다.

公私 무역의 확대가 대일무역의 결제수단인 回俸木(5·6升綿布)의 부족을 가져옴에 따라 정부나 부상대고는 常布 대신 회봉목을 선호하게 되고 貢物価·作紙·收贖 등은 모두 이것으로 강요되었다.[113] 이처럼 면포에 대한 외부수요의 급증으로 인해 심지어 지역 내의 유통수단인 惡布의 공급도 크게 위축되는 결과가 발생했다. 결국 서민유통의 주 수단인 常布의 시중 유통량이 급격히 줄어들면서[114] 시중에서는 채소·과일과 같은 소소한 물품이 惡布 대신에 쌀로 교역되는 실정이었다. 이처럼 유통화폐의 부족 속에서 1550년(명종 6)에 지경연사 鄭世虎는 저화 유통 문제를 다시 제기하였다.

지경연사 鄭世虎는 아뢰기를, "근래 흉년이 들어 여염에서는 비록 하찮은 채

113) 『明宗實錄』 권12, 明宗 6년 9월 甲午(9).
114) 『明宗實錄』 권12, 明宗 6년 9월 壬寅(17).

소・과일이라도 다 쌀로 交易한다고 합니다. 이 때문에 백성들이 먹고살 길이 더욱 어렵다 하는데 「大典」을 상고해 보니, 國幣는 綿布뿐만 아니고 楮貨의 법도 있습니다. 지금 만약 楮貨를 사용한다면 백성들도 편리하게 여길 것이니 대신에게 의논하여 시행하게 하소서." 하였다.[115)]

위의 정세호의 주장에서 특히 주목되는 점은 이전에는 惡布의 禁斷을 위해 楮貨와 銅錢의 유통을 제기하였는데, 여기서는 시중의 소소 물품 매매에 米로 交易하게 됨에 따라 백성들의 생활이 어렵게 되었다는 이유로 楮貨의 유통을 주장하였다는 점이다. 곧이어 사헌부에서도 銅錢의 사용 문제를 적극 제기하여,[116)] 정부에서는 이 문제를 둘러싸고 다시 논의가 진행되었다. 하지만 기존의 주장과 같이 銅錢의 유통은 주전의 원료인 銅鐵의 지속적인 확보가 현실적으로 어렵다는 이유로 논의에서 일단 배제되었다. 이에 비해 楮貨의 경우는 祖宗朝에서 國幣로 정했으니 官府에서 솔선하여 저화를 적극 행용한다면 민간에서도 유통될 것이라는 의견이었다.

영의정 沈連源, 좌의정 尙震, 이조판서 尹漑가 의논 드렸다. "근년 이래로 해마다 흉년이 들어 벼뿐만 아니라 면화마저도 수확이 없어서 화폐가 결핍되어 백성들의 곤궁한 모습이 진실로 臺諫이 진달한 것과 같이 불쌍하기 짝이 없습니다. … 지금의 楮貨는 옛날의 寶鈔인데, 조종조로부터 國幣로 정하고 이것을 「大典」에 기록하여 만세에 통행할 법으로 삼았던 것입니다. 그런데 그것을 폐지하고 사용하지 않은 것은 관청에서 사용하지 않았기 때문입니다. 그 決訟에 대한 作紙와 범죄에 대한 徵贖, 次知에 대한 徵闕, 行廊과 各市의 月稅, 노비의 身貢餘錢, 醫司의 賣藥 등의 종류와 일체 관청에서 출납하는 물품을 모두 저화로 면포의 시가대로

115) 『明宗實錄』 권11, 明宗 6년 5월 乙未(8).

116) 『明宗實錄』 권12, 明宗 6년 9월 甲午(9): "憲府啓曰 近見民生 十室九飢 中外皆然 … 今之議者 或云當用常木 或云當用銅錢 或云當用楮貨 議論互發 莫能定奪 而常木則謂是無綿花難備 功之者多 楮貨則謂易毁無用 擧皆攻之銅錢則攻之者少 而樂之者居十之八 物情猶可見也 民生生活之路 不可不早爲之所 復舊之法 不可輕議 請廣收廷議 以救未死之民 答曰如啓."

계산해 사용하면 곡식을 들고 나가는 폐단도 거의 없어질 것입니다. … 거칠고 나쁜 常木은 본래 소용이 없으므로 금지해야 할 것이나 그 3升 綿布는 그래도 민간에서 옷을 만들어 입을 만하고 또 回俸木과 같이 값이 비싸지는 않으니 함께 사용한다면 그 유통 매매에 크게 편리함이 있을 것입니다. …" 하였다.[117)]

위와 같이 영의정 심연원 등은 決訟作紙와 犯罪徵贖, 次知徵闕, 行廊 및 各市의 月稅, 奴婢身貢餘錢, 醫司賣藥 그리고 官府에 출납되는 일체의 물품을 모두 저화로 사용할 것을 주장하였다. 그러면 백성들도 저화의 유용함을 알게 되어 시중에서 곡물에 의한 매매가 점차 사라질 것이라고 보았다. 또한 3승 미만의 惡布는 유통시킬 수 없지만 常木인 3승 면포는 서민의 의복제조도 가능하며 回俸木과 같이 고가도 아니기에 저화와 함께 行用시키자는 내용의 楮・布兼行案이었다. 그런데 여기서 주목되는 점은 이전의 楮・布兼行案은 3升木의 경우도 惡布로 인정하여 禁制의 대상으로 삼은 것에 비해, 이때는 3승목의 유통을 공식적으로 인정하여 楮貨와 함께 行用하자는 것이었다. 이것은 유통화폐의 절대 부족으로 인해 回俸木의 행용만을 고집할 수 없다는 측면과 민간의 3승목 이하의 유통 관행을 인정할 수밖에 없다는 현실적 판단에 의한 것으로 생각된다.

이처럼 16세기 중반의 화폐유통 논의도 16세기 전반과 같이 대체로 젊은 관료들은 楮・錢兼行을 주장하고 大臣들은 楮・布兼行을 주장하는 양상으로 대립하고 있었다. 여기서 주목되는 점은 이전의 저화와 동전 유통 논의의 시발이 惡布의 금제를 위한 것이었다면 이때에 와서는 시중의 米穀에 의한 매매를 막기 위한 것이었다는 점과 또 楮・布兼行案은 3升木을 惡布로 규정하여 禁制의 대상으로 삼았는데 비해 이때는 3승목의 유통을 공식적으로 인정하여 楮貨와 함께 行用하자는 것이었다.

하지만 楮貨의 유통 문제에 대해서 市廛商人 수백 명이 적극적으로 반대 입장을

117) 『明宗實錄』 권12, 明宗 6년 9월 壬寅(17).

표명하였다. 그들의 논리는 우선 저화는 조석의 식량 해결에 전혀 도움이 되지 못한다는 점과, 또 저화를 통행하면 외방의 米・布가 京中에 유입되지 않아 都城人이 장차 굶게 될 것이라는 점이다.[118] 물론 그들의 논리는 일정 부분은 일리가 있었다. 당시 都城은 식량과 의복 등 소비 물자에 대해 전적으로 외방에 의존하는 실정이었다. 설사 저화가 국가의 공권력에 의해 유통된다 할지라도 그것은 재정부분 등의 국가적 유통부문에만 한정될 것이기에 외방의 민간 유통부문에는 거부될 것이 명백한 실정이었다. 따라서 국가에 의한 저화 유통의 강행은 도성으로의 외방 물자 유입에 큰 장애가 될 것으로 여겨진다. 하지만 부상들이 저화 유통을 반대한 이면에는, 면포는 주요한 상품인 동시에 화폐 기능을 갖춘 반면 저화는 그와 달랐으며, 저화 유통은 민간경제에 대한 국가의 개입으로 여겨졌기에 적극적으로 반대했을 것이다. 이처럼 富商들의 적극적인 반대가 있자 조정 일각에서는 이들이 제기한 문제를 보완한 후 계속적으로 저화의 행용을 주장했다. 楮貨行用論者들은 사섬시의 소장 저화를 시중에 나누어 주어 점진적으로 유통을 추진하며 또 저화만 유통하는 것이 아니라 米・布도 兼用한다는 방안으로 시전 상인들의 논리에 대응하였다.[119] 하지만 시전 상인들이 저화 유통을 반대한 본질은 다른 것이었기에 그들의 반대는 격렬히 계속되었던 것이다. 뿐만 아니라 당시 저화 행용을 책임진 호조의 참판이었던 南世建조차도 '백성들이 좋아하지 않기 때문에 시행되지 못할 것 같다'고 王에게 아뢸 정도였다.[120]

이처럼 저화 행용 문제는 정부 내의 이견과 富商大賈들의 격렬한 반대로 인해 중지된 가운데 민간에서 동전 행용을 원한다는 명분 하에 王에 의해 동전 유통론이 제기되었다.[121] 이에 대해 당시 삼정승인 沈連源, 尙震, 尹漑는 주전원료인 銅이 불산물인 관계로 기존의 朝鮮通寶의 유통도 폐단만 남기고 실패한 선례가 있음을 언급하면서 동전보다는 저화를 다시 행용하는 것이 편리함을 주장하였다.[122] 이들

118) 『明宗實錄』 권12, 明宗 6년 9월 癸丑(28).
119) 『明宗實錄』 권12, 明宗 6년 9월 甲寅(29).
120) 『明宗實錄』 권12, 明宗 6년 10월 己未(5).
121) 『明宗實錄』 권12, 明宗 6년 11월 壬寅(18).

의 반대로 동전 행용 문제는 조정 내에서 더 이상의 논의가 진척되지 않는 가운데, 1553년(명종 8) 漢學訓導 朴光側에 의해 다시 동전의 주전과 그 행용이 건의되자 명종은 그것을 호조에 내려 의논시켰다. 하지만 호조는 기존과 같이 銅이 불산물이라는 이유로 동전 행용을 반대하였다.[123)]

이후로는 명종 말까지 더 이상의 화폐유통 논의는 없었다. 민간에서는 기존과 같이 布貨 유통의 이중구조가 심화되는 가운데, 점차 3升布가 常布로서 통용될 뿐 아니라 租稅 납부 수단으로도 공인될 정도였다.[124)] 또한 2升布까지도 자연스럽게 유통되면서[125)] 惡布의 화폐적 · 실용적 가치는 점차 상실되었다. 이처럼 화폐가치의 切下는 物價의 상승을 수반하고 신용을 상실하게 되었다. 그 때문에 이후 惡布에 의한 物價表示는 점차 축소됨과 동시에 回俸木이나 升을 구체적으로 명시한 면포가 다수 거래되고 調 · 庸의 布納도 米 등 現物納으로 역전되기도 했다. 이후 유통수단으로서는 米, 銀, 綿布 등이 혼용되는 幣制의 혼란을 거쳐 점차 상평통보로 대표되는 銅錢이 유통되게 된다.

〈표 4〉 16세기 중반 銅錢 · 楮貨의 行用 논의

시 기	입 장	주 장 자	이 유	출 전(實錄)
1550년 5월	楮 · 布兼行論	鄭世虎(知經筵事)	米 부족	明宗 권11 6年 5月 乙未
1550년 9월	銅錢行用論	司憲府	救民之策	明宗 권12 6年 9月 甲午
1550년 9월	楮 · 布兼行論	沈連源,尙震,尹漑 (議政府 大臣)	화폐 부족 (綿布 · 米 부족)	明宗 권12 6年 9月 壬寅
1550년 11월	銅錢行用論	王(明宗)	民願	明宗 권12 6年 11月 壬寅
1550년 11월	楮 · 布兼行論	沈連源,尙震,尹漑 (議政府 大臣)	銅 부족으로 銅錢 반대	明宗 권12 6年 11月 己酉
1552년 4월	銅錢行用論	朴光側(漢學訓導)	救民之策	明宗 권14 8年 4月 乙巳

122) 『明宗實錄』 권12, 明宗 6년 11월 己酉(25).
123) 『明宗實錄』 권14, 明宗 8년 4월 乙巳(30).
124) 『大典後續錄』 권2, 戶典 稅貢: "各官所納 餘錢楮貨鹽稅鹽價臟贖船稅 綿布則五升 馬價 綿布則四升 船價 綿布則三升 恒定上納 違者重論."
1543년(中宗 38)에 편찬된 『大典後續錄』에서도 3升布까지 租稅 납부 수단으로 공인되었다.
125) 『明宗實錄』 권12, 明宗 6년 9월 壬寅(17).

4. 맺음말

이상으로, 16세기 賦稅의 布納化 경향과 國內外 商業의 발전과정에서 나타난 布貨流通의 이중구조화와 이와 관련되어 본격화된 화폐유통 논의에 대해서 살펴보았다. 특히 綿布의 수급 문제와 관련하여서는 朝·中·日 삼국 간 국제무역을 중심으로 고찰하였다.

15세기 말경부터 對外貿易은 새로운 국면으로 발전되었다. 그것은 이 시기에 유효수요를 창출할 수 있는 국내외적 조건이 갖추어져 있었기 때문이다. 15세기 말경 조선에서는 여러 가지의 사회경제적 변동이 있었다. 농업 생산력의 발전과 인구의 증가, 그에 따라 이전까지의 지역 내부의 분업체계에 의한 교환관계가 점차 전국적 규모로 확대되기 시작했다. 그와 함께 생활상의 소비에 있어서도 宮家와 양반층을 중심으로 한 사치 경향이 서민층으로까지 점차 확산되었다. 또한 일본에서는 무사·상인층을 중심으로 고급비단과 면포에 대한 소비가 확대됨과 동시에, 16세기경부터 鑛山의 활발한 개발로 인해 막대한 양의 金·銀·銅의 생산이 이루어졌다. 중국에서도 地丁銀制 등 稅制의 개편과 재정운영의 변화에 따라 銀의 수요가 급증하였다.

이에 조선은 국내의 사치 욕구를 충족시키기 위해 중국으로부터 다량의 고급비단, 도자기, 약재, 서적 등을 수입했고, 일본은 고급비단과 면포의 생산이 전무한 상황에서 그 국내 수요가 늘자 胡椒·蘇木이나 銅·銀 등을 결제수단으로 삼아 조선 면포와 중국 비단 등의 물품을 조선으로부터 수입했다. 이처럼 15세기 말경에 동아시아 삼국은 상호 무역을 본격적으로 시작할 여건이 성숙되었던 것이다.

그런데 당시 조선은 중국, 일본과 달리 정부의 공식적인 부세체계나 국내외 교역에서 면포를 대용화폐로 사용하고 있었다. 이 시기 면포는 단순히 의복 재료뿐 아니라 국내의 대용화폐였기에 유통경제의 진전과 賦稅制의 변화와 함께 국내 수요가 막대하였다. 특히 면포의 수급상황은 당시의 대외무역 동향과 밀접한 관련이 있었다. 15세기 말부터 대일무역은 양과 질에 있어 큰 변화를 보여 倭商들이 가져오는 商物의 종류와 규모가 확대되었고, 조선의 답사물도 麻布 대신 綿布가 주류를 이루게 되면서 면포의 유출이 점차 늘어났다. 특히 1540년경에는 일본으로부터 銅·胡椒·蘇木 대신에 대량의 倭銀이 유입되면서 무역패턴이 公貿易 중심에서 私貿易·密貿易으로 옮아갔고, 일본으로의 면포 유출도 급증하였다.

이처럼 대내외적으로 면포의 수요가 급증함에 따라 정부는 미곡 증산책 외에도 면화 생산의 확대에 주력하였다. 그 결과 면화 생산이 증가하고 면직업도 발전했으나, 당시 급증하는 대내외 면포의 수요를 충족시키기에는 역부족이었다. 이런 가운데 생산(공급)을 초과하는 소비(수요)의 확대는 국내유통 면포의 부족을 초래하였으며 수출용 면포(良布)와 국내유통 면포(惡布)라는 이중 구조를 심화시켰다. 또한 이것은 대용화폐인 면포의 질적 하락을 더욱 심화시켜 국내 물가의 등귀를 가져오는 주요인으로 작용했다.

이처럼 15세기 말부터 국내의 경제동향은 대내적인 생산과 수요의 측면뿐만 아니라 대외무역 관계에도 큰 영향을 받게 되는 가운데, 정부에서도 布貨 유통의 이중화와 그에 따른 물가 등귀 그리고 이를 바탕으로 한 부상대고층의 모리 행위 등의 문제에 대해 깊은 관심을 갖고 활발한 논의를 갖게 되었다. 특히 지배층은 면포의 외부수요 증대로 인해 국내 유통 면포의 공급이 감소하여 惡布의 유통이 초래되었으며, 이것은 국가의 '貨權在上'을 위협하고 경제운영 전반에 심각한 악영향을 미치는 것으로 인식하였다. 그래서 그들은 楮貨와 銅錢과 같은 새로운 화폐의 유통을 통해 惡布 문제를 해결하려고 했다.

하지만 각 정치세력이나 계층간의 입장에 따라서 저화와 동전의 유통이나 악포의 禁斷 방법에 있어서 상당한 인식의 차이를 보였다. 우선 저화와 동전 유통 문제에 있어 정부 내에서 楮·布兼行을 주장했던 부류는 대체로 議政府와 六曹의 大臣들이었고, 楮·錢兼行은 주로 漢城府와 弘文館의 젊은 관료들이었다. 특히 젊은 관료들은 大臣들과 달리 布貨의 유통 자체에 대해 부정적이었으며 동전이나 저화 특히 동전의 새로운 유통을 통해 악포 문제를 해결하려는 좀 더 혁신적인 주장을 내세웠다. 한편 시중의 부상대고층들은 저화나 동전의 유통과 같은 새로운 정책 도입에 대해 크게 반발하며 당시의 화폐체제 자체를 그대로 유지하려는 입장이었다. 다음으로 惡布의 금단 문제에서도 이들 각각의 입장은 대립하고 있었다. 악포 금단에 대한 법령 적용 문제에 있어 대체로 大臣들은 惡布 제작자와 사용자 모두에게 重法을 적용하자는 입장을 견지했으나 젊은 관료들은 사용자에 대한 重法 적용에 대해서 반대하였다. 젊은 관료들은 화폐제의 개혁 없는 상황에서 악포 사용자에 대한 重法을 적용하는 것은 小民만 큰 피해를 볼 수 있을 것으로 인식했기 때문에 악포 사용자에 대한 법률 적용에는 신중한 입장이었다. 따라서 이들은 布貨 대신에 楮·錢의 유통을 주장하였던 것이다. 이러한 각자의 입장은 16세기 화폐유통 논의 과정에서 일관되게 나타나고 있었다.

특히 16세기 중반, 대일무역에 있어 倭銀의 유입이 급증하면서 綿布의 국외 유출도 급증하여 回俸木뿐 아니라 시중의 惡布 공급도 위축되어 시중에서는 2升布까지도 자연스럽게 유통되면서 악포의 화폐적·실용적 가치는 점차 상실되었다. 이런 가운데 시중의 소액물품 거래에서 악포 대신에 米로 교역되는 경우가 많아지면서, 기존의 악포 금제 대신에 米의 교역을 금제하기 위해서 楮·錢의 유통문제가 새로이 제기되었다. 하지만 그 논의 자체는 거의 성과를 거두지 못하였다. 악포에 의한 物價 표시가 점차 축소되면서 回俸木이나 升을 구체적으로 명시한 면포가 다수 거래되고 調·庸의 布納도 米 등의 현물납으로 역전되기도 했다. 이후, 유통수단으로 米, 銀, 綿布 등이 혼용되는 화폐제의 혼란을 거쳐 17세기 말에 와서 상평통보로 대표되는 동전이 유통되기에 이른다.

이처럼 16세기 당시 면포는 국내외의 대용화폐의 기능을 갖춘 동시에 대일무역의 주요한 상품이었다. 이에 비해 동전과 저화는 국내화폐로서의 기능만 가졌을 뿐 대외 상품의 기능은 전혀 없었으므로 화폐유통에 있어 강력한 영향력을 가졌던 상인층 특히 대외무역을 주도하던 富商이나 이들과 연결된 권력층에 의해 강력히 거부되었다. 동전·저화 등의 명목화폐가 동 시기의 중국이나 일본과 달리 국가의 강력한 유통정책에도 불구하고 유통되지 못하고 실물화폐인 면포가 유통될 수밖에 없었던 것은 이와 같은 당시의 국내외의 특수한 사정과 관련이 깊었다.

제4장 朝鮮中期 生活日記와 田畓賣買明文을 통해 본 貨幣流通 실태

1. 문제 시각

상품의 생산에서 소비에 이르기까지 일련의 유통과정은 화폐를 매개로 전개되었다. 화폐는 각 시기 생산력의 발전 정도와 그에 따른 생산관계의 변화에 조응하면서 현물화폐에서 금속화폐 그리고 신용화폐에 이르기까지 다양한 모습으로 생성, 발전, 소멸하였다. 조선시대 각 시기마다의 布貨와 銀貨, 銅錢 등의 유통은 바로 이러한 변화를 반영하는 주요한 지표이다.

常平通寶가 전국적으로 유통되기 이전인 14세기 말부터 18세기 초까지의 화폐유통사 연구는 국가 화폐정책의 추이나 화폐유통의 사회·경제적 배경, 그리고 포화나 저화·동전과 같은 개별 화폐의 유통 논의, 또한 그 국가 정책이나 관료들 인식의 한계점 및 그 의의 등을 중심으로 일찍부터 주목되어 규명되었다.[1] 이들 연구에 의해, 조선중기까지의 저화나 동전, 포화와 같은 개별 화폐의 유통 논의나 화폐유통의 사회·경제적 배경 등에 관한 것이 전반적으로 밝혀졌다.

---

1) 崔虎鎭, 『韓國貨幣小史』, 서문당, 1974; 宋贊植, 『李朝의 貨幣』, 한국일보사, 1975; 元裕漢, 『朝鮮後期 貨幣史研究』, 한국연구원, 1975; 李能植, 「麗末鮮初의 貨幣制度(1)」, 『震檀學報』 16, 1949; 李鍾英, 「朝鮮初 貨幣制의 變遷」, 『人文科學』(연세대) 7, 1962; 金柄夏, 「李朝前期의 貨幣流通 -布貨流通을 中心으로-」, 『慶熙史學』 2, 1970; 宮原兎一, 「朝鮮初期の銅錢について」, 『朝鮮學報』 2, 1951; 「朝鮮初期の楮貨について」, 『東洋史論叢』 3, 1954.

이러한 선구적인 업적을 바탕으로 1980년대 이후로 오면서, 점차 새로운 시각에서 이 시기의 화폐유통 문제에 대한 다양한 접근이 이루어지고 있다. 특히 이전과 달리 15・16세기의 인구증가와 농업생산력의 증대를 바탕으로 한 국내 상업을 비롯한 유통경제의 진전과 대외무역의 활발한 전개 등의 내용이 밝혀지면서, 이 시기의 화폐유통사에 대한 인식도 진전을 보였다.

조선 초기 이래 17세기 말까지 일반적인 等價物로써 유통경제를 지배하고 있었던 것은 布貨 특히 綿布였다. 일반적 등가물로서의 포화유통의 확립은 크게 두 측면에서 그 조건이 주어지고 있었다. 우선 16세기 괄목할 만하게 확대되는 제반 賦稅의 布納化 경향과 그 수취량의 증대에 기인하였다. 부세의 포납화는 중세적 조세수취체계가 구조적으로 형성하는 유통경제의 발전과정을 의미하는 것이었다. 그것은 貢物代納인 防納을 통해서 잘 나타나고 있었다.[2] 또 하나는 15세기 말・16세기 초에 와서 국내외 상업의 활성화와 함께 유통경제가 괄목할 정도로 진전되었다. 지역 내의 유통 거점 역할을 한 場市 등을 매개로 국내상업이 발달하고 朝・中・日 삼국 간 국제무역이 크게 활성화되었다.[3] 특히 일본에서의 綿織物 수요의 확대와 銀의 대량 생산 그리고 중국에서의 銀 수요 확대 등이 맞물리면서 綿布와 南海産物, 銀 등을 매개로 하는 대외무역이 활발하게 진행되었다.[4] 이로 인해 면포는 지역 내의 화폐 기능뿐 아니라 수출상품으로서 특히 富商大賈層에게 선호되었다. 또한 14세기 말부터 15세기 말까지는 5승 35척 이상의 正布가, 그 이후에는 3승 미만의 麤布가 주요 화폐 역할을 담당하였다. 이는 상품유통경제의 진전으로 고액화폐 대신에 소액화폐의 필요성이 점차 대두되었기 때문인데, 당시 升尺 감축포인 추포

---

2) 이지원, 「16・17세기 전반 貢物 防納의 構造와 流通經濟的 性格」, 『李載龒博士還曆紀念 韓國史學論叢』, 1990; 백승철, 「16세기 富商大賈의 성장과 상업활동」, 『역사와 현실』 13, 1994.

3) 李泰鎭, 『韓國社會史硏究』, 지식산업사, 1986; 『朝鮮儒教社會史論』, 지식산업사, 1989; 李景植, 『朝鮮前期土地制度硏究』, 일조각, 1986; 「16世紀 場市의 成立과 그 基盤」, 『韓國史硏究』 57, 1987; 李鎬澈, 『朝鮮前期商業經濟史』, 한길사, 1986; 朴平植, 『朝鮮前期商業史硏究』, 지식산업사, 1999; 權泰煥・愼鏞廈, 「朝鮮王朝時代 人口推定에 관한 一試論」, 『東亞文化』 14, 1977.

4) 韓相權, 「16世紀 對中國 私貿易의 전개 -銀貿易을 중심으로-」, 『金哲俊博士華甲紀念史學論叢』, 1983; 李正守, 「15・16세기의 對日貿易과 經濟變動」, 『釜大史學』 22, 1998; 李泰鎭, 「16세기 국제교역의 발달과 서울 상업의 성쇠」, 『서울상업사연구』, 서울학연구소, 1998.

가 성행하였음이 밝혀졌다.[5)] 그리고 임진왜란으로 인해 明軍이 군량 등의 軍費로 銀을 다량 국내로 들여와 사용함에 따라 은이 17세기 초에 市中에 유포되어 활발히 사용되었다는 점도 밝혀졌다.[6)] 또한 이 시기의 화폐유통 문제를 목적으로 한 것은 아니지만 16세기 후기의 양반층 생활일기인 『眉巖日記』와 『瑣尾錄』의 물품 거래 내역이 구체적으로 조사됨으로써[7)] 이 시기의 화폐사용 실태를 이해하는 데 많은 시사점을 주고 있다.

나아가 최근 이 시기의 화폐유통에 대한 약간의 문제 제기도 있었다.

첫째, 15세기 말부터 麤布가 시중에 유통되기 시작한 것은 국내 유통경제 진전에 따른 소액화폐의 필요성에 의한 것이기도 하지만 對外貿易의 활성화로 인해 막대한 양의 면포가 대일무역의 결제수단으로 유출되는 면포의 수요 급증과도 관련이 깊다. 둘째, 대외무역의 활성화에 따라 품질이 좋은 正布는 對日 결제수단이나 정부의 賦稅 체계에, 그리고 시중에서는 주로 추포가 유통되는 布貨流通의 이중화를 지적하였다. 셋째, 중국과 일본에서는 동전·은화를 주요 화폐로 했음에 반해 조선에서는 면포가 주로 유통된 것은 유통경제의 저급성이라기보다는 면포가 대일무역의 주요한 상품인 동시에 유통수단으로 기능하였기 때문에 화폐유통에 막대한 영향력을 행사했던 富商大賈와 權勢家들에 의해 면포가 선호되었던 영향이 크다고 보았다. 넷째, 16세기 중반 이후 대일무역의 침체와 추포의 화폐적·실용적 가치 상실로 인해 점차 시중에서는 소액물품 거래에 추포 대신에 米 사용이 증가하였으며, 추포를 기준으로 한 物價 표시는 점차 줄고 4, 5升布 이상이 중심이 되었다.[8)] 결국 16세기 중반 이후 유통수단으로서는 米, 銀, 綿布 등의 혼용을 거쳐 17세기 말에 와서 상평통보로 대표되는 銅錢이 유통되었다.

---

5) 宋在璇, 「16세기 綿布의 貨幣機能」, 『邊太燮博士華甲紀念史學論叢』, 1985; 權仁赫, 「16세기 화폐유통의 실상과 그 성격 -악포의 유통과 금단책 운영-」, 『濟州大論文集(人文·社會)』 37, 1993; 「16세기의 저화 유통론과 그 배경」, 『建大史學』 8, 1993; 李正守, 「朝鮮前期의 米價變動」, 『釜大史學』 17, 1993.

6) 韓明基, 「17세기초 銀의 유통과 그 영향」, 『규장각』 15, 1992.

7) 李成妊, 「朝鮮中期 柳希春家의 物品購買와 그 性格」, 『한국학연구』 9(인하대 한국학연구소), 1998; 「조선중기 吳希文家의 商行爲와 그 성격」, 『朝鮮時代史學報』 8, 1999.

8) 李正守, 「16세기 綿布流通의 이중화와 貨幣流通 논의」, 『朝鮮時代史學報』 25, 2003.

하지만 16세기 중반 이후부터 상평통보가 유통되기 전까지의 화폐유통 실태의 구체적인 내용에 대해서 현재로서는 명확하지 않다. 이러한 문제의식 하에, 16세기 중반~18세기 초의 화폐유통의 실태에 대해 천착해 보고자 한다. 화폐유통의 실태를 명확히 하기 위해서는 연대기 자료보다는 당시 생활의 실상을 구체적으로 담고 있는 일기류나 전답매매 명문 등의 분석이 훨씬 더 유효하다.

이에 이 시기의 사회상을 구체적으로 담고 있는 『默齋日記』, 『眉巖日記』, 『瑣尾錄』, 『松澗日記』, 『丙子日記』 등의 양반층 생활일기류와 『慶北地方古文書集成』, 『古文書集成 3 -海南尹氏篇』 등의 田畓賣買明文을 중심 자료로 이용하여, 일반상품 거래, 노역·서비스, 田畓 거래 등에 있어서의 화폐사용 실태를 구체적으로 검토하고자 한다.

2. 분석 자료의 성격

여기서는 16세기 중반~18세기 초의 화폐유통의 일단을 해명하기 위하여 이하에서 구체적으로 분석할 자료에 대해 간단히 언급함으로써 연구 내용과 방법의 일단을 제시하고자 한다.

첫째, 生活日記類 자료에 관한 것이다. 생활일기는 해당 시기 민간의 사회경제 실태를 여과 없이 접근할 수 있는 매우 중요한 일차사료이다.

우선 『默齋日記』는 이문건이 41세가 되던 해부터 사망하기 수개월 전까지의 생활을 꼼꼼히 기록한 조선시기 대표적 생활일기이다. 일기의 구성은 이문건이 母喪을 당하여 시묘살이 하는 시기(居憂日記, 1535년 11월 1일~1537년 1월 6일), 脫喪을 하고 새로 司諫院正言을 시작으로 중앙 官人으로 활약하는 시기(仕宦日記, 1537년 4월 1일~1537년 6월 3일; 1545년 1월 1일~1545년 4월 23일), 그리고 乙巳士禍에 연루되어 동부승지 직에서 파직되면서 그의 貫鄕인 星州로 유배된 시기(流配日記, 1545년 9월 16일~1567년 2월 16일)의 세 부분으로 나누어 볼 수 있다.

이 중에서 일기의 대부분은 유배지인 星州 생활의 내용이 주를 이루고 있다. 하지만 안타깝게도 중간의 약 11년 11개월분이 缺落이 되어 현존하는 것은 17년 8개월간의 기록이다.[9)]

특히 이것은 현존하는 가장 빠른 시기의 일기 가운데 하나이며, 매일의 기사 내용이 다방면적이고 세밀하여 16세기 중엽 士禍期의 정치사뿐 아니라 민간풍습 등의 생활상,[10)] 국가의 향촌지배 모습이나 서적의 출판과 유통 등 사회상,[11)] 양반들의 수입과 경제생활, 奴婢·匠人들의 존재형태 등의 경제상을[12)] 이해하는 데 크게 유효하다. 묵재일기는 당시 실록 등 관찬자료에서는 구체적으로 확인할 수 없는 향촌의 사회, 경제, 풍습 등 전반적인 상황을 매우 세밀하고 풍부하게 전해 주는 최고의 자료라고 할 수 있다.

『眉巖日記』는 柳希春(1513 ~ 1577)이 고위관료로서 在官과 在地에 있으면서 약 10년간(1567, 선조 즉위 ~ 1577, 선조 10)의 생활을 기록한 일기이다. 특히 일기를 기록한 횟수는 10년이지만 매일의 기사 내용이 풍부하여 당시의 정치, 사회, 경제상을 이해하는 데 크게 유효하다.[13)]

『瑣尾錄』은 吳希文(1539 ~ 1613)이 주로 임진왜란으로 피난하던 중의 생활상을

---

9) 缺落된 시기는 1537년 6월 4일~544년 말, 1545년 9월~2월, 1547년 2월~2월, 1548년 7월~550년 12월, 1557년 6월, 1559년 5월~560년 12월, 1562년 11월~2월, 1563년 1월까지이다.

10) 金景淑, 「16세기 사대부 집안의 제사설행과 그 성격 -李文楗의 『黙齋日記』를 중심으로-」, 『韓國學報』 98, 2000; 金聖洙, 「16世紀 鄕村醫療의 實態와 士族의 대응」, 『韓國史硏究』 113, 2001.

11) 金炫榮, 「『黙齋日記』 解題」, 國史編纂委員會(韓國史料叢書 41), 1998; 「조선전기 '士族支配體制論'의 새로운 전망 -16세기 慶尙道 星州地方을 소재로 하여-」, 『韓國文化』 23, 1999, 서울대 한국문화연구소; 「16세기 한 양반의 일상과 재지사족」, 『朝鮮時代史學報』 18, 2001; 金素銀, 「16세기 星州지역 士族의 交遊와 書院 건립계획 -『黙齋日記』를 중심으로-」, 『정신문화연구』 26-2, 2003; 「16세기 兩班 士族의 交遊와 그 形態」, 『仁荷史學』 10, 2003; 우정임, 「『黙齋日記』에 나타난 明宗代 지방의 書籍流通 실태」, 『지역과 역사』 17, 2005.

12) 安承俊, 「16세기 李文楗家의 奴婢使喚과 身貢收取 -『黙齋日記』를 중심으로-」, 『古文書硏究』 16·17, 2000; 金素銀, 「16세기 兩班 士族의 수입과 경제생활 -『黙齋日記』를 중심으로-」, 『崇實史學』 15, 2002; 「李文楗家의 경제 운영과 지출 -槐山入鄕을 관련하여-」, 『고문서연구』 21, 2002; 李成妊, 「16세기 李文楗家의 收入과 經濟生活」, 『國史館論叢』 97, 2001; 沈羲基, 「16世紀 李文楗家의 奴婢에 대한 體罰의 實態分析」, 『國史館論叢』 97, 2001; 金東珍, 「16世紀 星州와 林川地域의 官屯畓 經營 -李文楗家와 吳希文家를 중심으로-」, 한국교원대 석사학위논문, 2001.

13) 李成妊, 「16世紀 朝鮮 兩班官僚의 仕宦과 그에 따른 收入 -柳希春의 『眉巖日記』를 중심으로-」, 『歷史學報』 145, 1995; 「朝鮮中期 어느 兩班家門의 農地經營과 奴婢使喚 -柳希春의 『眉巖日記』를 중심으로-」, 『震檀學報』 80, 1995.

기록한 일기(1592, 선조 24 ~ 1601, 선조 34)로, 양반 사족의 생활상을 구체적으로 기록하고 있다. 특히 場市와 物品 流通에 관한 기록이 적지 않아 일찍부터 이 방면의 연구자의 주목을 받아 왔다.[14)]

『松澗日記』는 李庭檜(1542 ~ 1612)가 약 35년 동안(1577년, 선조 10 ~ 1612년, 광해군 4)의 在地士族 생활을 기록한 일기로, 16세기 말・17세기 초의 사회상을 이해하는 데 큰 도움이 된다. 저자인 이정회는 퇴계의 族孫으로서 학봉 김성일과 서애 유성룡 이후 사실상 안동 사림을 주도하던 대표적인 인물이었다. 따라서 이 일기는 재지 사족층의 구체적인 삶을 연구하는 데 상당한 도움을 줄 수 있으며, 특히 일기의 기록 기간이 장기간이어서 자료로서 더욱 유효하다.[15)]

『丙子日記』는 조선 인조 때 좌의정을 지낸 春城府院君 南以雄의 부인이었던 南平曺氏(1574 ~ 1645)가 1636년(인조 14년) 丙子胡亂이 일어나자 피난길에 오르면서부터 쓰기 시작하여, 충청도 일대를 轉傳하며 보고 듣고 실제로 겪은 일을 4년 가까이(1640년 8월까지) 기록한 한글 필사본 일기이다. 특히 사대부가의 여성이 기록한 한글 일기로서 그 사료적 가치가 높다.[16)] 이처럼 몇 종류의 양반층 생활일기의 분석을 통해 16세기 중반 ~ 17세기 중반까지의 화폐사용 실태를 추적해 보고자 한다.

둘째, 田畓賣買明文 자료에 관한 것이다. 지금까지 학계에 소개된 古文書 자료들 중에서 土地文記類는 양적으로 보면 다른 고문서에 비하여 월등히 많은 편이다. 그리고 토지문기류 가운데 主種을 이루는 것이 田畓賣買明文이다. 이것은 당시의 실제 전답매매에 관한 실태를 가장 구체적으로 전해 주는 일차사료로서 주목된다.

---

14) 李景植, 「16世紀 場市의 成立과 그 基盤」, 『韓國史硏究』 57, 1987; 전경목, 「日記에 나타나는 朝鮮時代 士大夫의 일상생활」, 『정신문화연구』 19-4(통권 65), 1996; 鄭萬祚, 「朝鮮時代 龍仁地域 士族의 動向」, 『韓國學論叢』 19(국민대 한국학연구소), 1996; 文叔子, 「解題 -古文書를 통해 본 龍仁 海州吳氏 가문의 사회적 基盤-」, 『古文書集成』 36(韓國精神文化硏究院), 1998; 李成妊, 앞의 글, 1999.

15) 丁淳佑, 「『松澗日記』 解題 -松澗日記의 資料的 性格과 意味-」, 韓國精神文化硏究院(韓國學資料叢書 18), 1998.

16) 이순구, 「조선후기 양반가 여성의 일상생활 일례 -『丙子日記』를 중심으로-」, 『조선시대의 사회와 사상』, 조선사회연구회, 1998; 박근필・이호철, 「『丙子日記』의 기후와 농업」, 『조선시대 농업사연구』, 한국농업사학회 연구총서 1, 국학자료원, 2003; 박근필, 「『丙子日記』 시기 남이웅가의 경제생활」, 『동아시아 농업의 전통과 변화』, 한국농촌경제연구원(한국농업사학회 연구총서 특집1), 2003.

그 중에서도 16~17세기의 자료가 가장 풍부한 것으로 『慶北地方古文書集成』(16세기 자료 171건, 17세기 자료 57건), 『古文書集成 3 - 海南尹氏篇』(16세기 자료 5건, 17세기 자료 500건)을 들 수 있다. 『慶北地方古文書集成』에서는 경북의 주요한 네 가문인 月城郡 孫東滿氏家, 安東郡 李容純氏家, 盈德郡 李根華氏家, 醴泉郡 權滄龍氏家의 소장 문서가 실려 있다. 특히 이들은 지역적으로 이 시기의 경북지역과 전남지역을 대표하는 자료로 손색이 없다.[17] 이들 자료를 시계열로 작성하여 비교, 분석할 경우 당시의 화폐사용 실태를 구체적으로 확인할 수 있을 것으로 생각된다.

이들 자료들의 분석을 통하여 다음의 諸點에 초점을 두고 이 시기의 화폐유통 실태를 살펴보고자 한다.

첫째, 기존 연구에서 지적된 바와 같이 상평통보가 유통되기 이전까지 布貨인 麤布가 주로 유통되었던가 아니면 최근의 문제제기와 같이 추포의 화폐적, 실용적 가치 상실로 인해 그 대신 米[18]의 비중이 높아졌는가? 그리고 면포를 사용한 경우 추포보다는 正布나 升과 용도를 구체적으로 표시한 면포를 사용한 경우가 많아졌는가?

둘째, 최근의 문제제기가 타당하다면 이러한 변화는 언제부터 있었던가? 그리고 각 시기마다 어떠한 화폐사용의 특징을 보이는가?

셋째, 추포 외에 米, 銀 등이 사용되었다면 그 비율은 어떠한가?

넷째, 어떤 경우에 면포가 사용되고 어떤 경우에 米, 銀 등이 사용되는가와 같은 화폐사용의 경향성을 찾을 수 있는가?

다섯째, 田畓 거래와 기타 상품거래에 있어 화폐 사용의 경향성 차이는 어떠한가? 그리고 전답거래 시 화폐사용에 있어 지역 차이는 어떠한가? 하는 점 등이다.

이상의 여러 문제에 대해 이 시기의 생활일기류와 전답매매 明文으로부터 商品, 勞役·서비스, 田畓 등 각 거래에 있어서의 거래건수를 통하여 정포, 추포, 미,

---

17) 이들 두 자료를 이용하여 경북과 전남 지역의 田畓賣買 실태를 종합적으로 고찰한 최근의 연구 성과로는 李在洙의 책이 주목된다(『朝鮮中期 田畓賣買研究』, 集文堂, 2003).

18) 본고에서는 지불수단의 하나로 米라고 표현했는데, 이는 穀物類를 대표하는 의미로 사용하였다. 실제 지불수단으로는 米 외에 租, 稻, 太, 豆 등의 곡물류를 혼합하여 사용하였지만 이 가운데 米가 가장 일반적으로 사용되고 있다. 지불수단으로서의 米의 의미는 이하에서도 마찬가지로 사용한다.

은 등의 사용 실태에 관해서 살펴보고자 한다. 다음으로 면포, 미, 은 등의 사용 변화와 함께 발생했던 지불형태의 변화를 고찰하고자 한다.

3. 생활일기를 통해 본 화폐사용

1)『묵재일기』의 경우

『묵재일기』에는 李文楗(1495 ~ 1567)의 母喪, 在官 시기와 流配地의 생활이 자세히 기록되어 있다. 이를 통해 16세기 중반 민간의 화폐사용 실태를 구체적으로 확인할 수 있다.

<표 1> 물품 구매 시 지불수단의 사용 내역(『묵재일기』)[19]

수단 / 시기	綿布 他		米 他	綿布+米	기타	미상	합
	正布	常布					
1535~1536년		4	1	1		4	10
1545~1548년	1	6	6	4		3	20
1551~1566년	10	5	18	3	8	25	69
건수 (%)	11 (11%)	15 (15%)	25 (26%)	8 (8%)	8 (8%)	32 (32%)	99 (100%)

당시 이문건 家에서는 각종 물품을 여러 곳의 구매처에서 매입하고 있는데, 그 구매 물품의 종류는 대체로 몇 가지 부류로 정리해 볼 수 있다(뒤의 <부록 표 1> 참조). 田畓・奴婢, 서적・종이류, 곡물류・포목류, 魚物類, 藥材類, 기타 생활용품류(皮物, 鐵物, 草鞋 外) 등이다. 田畓은 16차례에 걸쳐 구매했는데 그 대가로

19) 이 <표 1>은 뒤의 <부록 표 1>을 지불수단의 내역별, 시기별로 간략히 정리한 것이다. 綿布他, 米他 등의 의미는 결제 때에 면포나 미를 주로 하고 기타 물품을 포함한 경우가 간혹 있기에 이렇게 표현했다. 또한 綿布+米는 지불수단으로 면포와 미를 동시에 사용한 경우를 칭한다. 이는 이하의 表에서도 동일하다.

지불한 것을 보면, 綿布 등으로 8차례, 米 등으로 3차례, 牛·馬로 4차례 각각 지불하고 있다. 그리고 藥材나 貂皮의 경우는 주로 正木으로 지불하고 있으며, 기타 생활용품류는 지불수단이 다양하지만 대체로 米가 주류를 이루고 있다. 특히 지불의 형태에서 주목되는 것은 魚物, 종이, 鐵物 등과 같은 소액의 생활용품 거래에는 면포보다 주로 米의 사용이 많음을 확인할 수 있다.

이처럼 이문건家에서 각종 물품을 구매하면서 사용한 지불 수단은 대체로 綿布(약 26%)와 米(약 26%)가 주류를 이루고 있음을 알 수 있다. 다만 여기서 사용된 綿布는 布, 常布, 正布, 6升布, 9升布, 官布, 回捧布(回風布), 好布, 細布[20] 등으로 다양하였다.

특히 면포를 지불수단으로 사용한 경우, 시기적으로 보면 1548년 이전에는 常布가[21] 지불수단으로 주로 사용되었으나 1551년 이후부터는 상대적으로 상포는 줄고 5승 이상의 正布나 米가 주류를 이루고 있음을 확인할 수 있다. 이는 16세기 중반 이후에 면포의 추포화 현상이 급격히 진행되면서 추포가 소액화폐로서의 기능을 상실하고 그 역할이 점차 米로 轉移되는 과정을 보여 주는 것으로 생각된다.

이러한 사실은 아래의 사료에서도 확인할 수 있다.

> 지경연사 鄭世虎는 아뢰기를, "근래 흉년이 들어 여염에서는 비록 하찮은 채소·과일이라도 다 쌀로 交易한다고 합니다. 이 때문에 백성들이 먹고 살 길이 더욱 어렵다 하는데 「大典」을 상고해 보니, 國幣는 綿布뿐만 아니고 楮貨의 법도 있습니다. 지금 만약 楮貨를 사용한다면 백성들도 편리하게 여길 것이니 대신에게 의논하여 시행하게 하소서." 하였다.[22]

---

20) 대체로 일기에서 다양한 종류의 布로 매매되고 있기에 편의상 5升 이상의 질 좋은 布를 正布로, 4升 이하의 포를 常布라 칭하였다. 그 외 3승 미만의 麤布가 있다.

21) 특히 1550년 이전에 사용된 常布의 경우 품질이 매우 조악하였던 것으로 보인다. 그것은 이문건이 母喪을 당하여 棺을 구입하려고 관청에 신청했을 때 그 가격이 면포 110필이나 되었으며, 또한 관청에서는 지불했던 면포가 품질이 조악하다고 받지 않았다는 기록을 통해서도 짐작할 수 있다 ("姑問其價 則二同十匹云云 又以木品不好不受 不得爲之吾所望 棺亦不得見品者 故不能爲" 1535년 11월 2일자).

22) 『明宗實錄』 권11, 明宗 6년 5월 乙未(8).

위와 같이 1550년(명종 6)에 정세호는 채소·과일과 같은 소소한 물품이 惡布 대신에 시중에서 쌀로 교역되는 실정을 전하면서 악포의 禁斷을 위해 저화의 유통을 주장하고 있다.

다음으로 묵재일기에서 보이는 노역과 서비스 제공에 따른 화폐지불 실태를 살펴보자. 노역·서비스 내역은 대체로 각종 匠人들의 筆·扇·屛風·冊紙 등 제작, 書籍의 粧冊, 僧侶 등의 각종 물품 사여나 서비스에 대한 대가[23] 등으로 대별할 수 있다.

〈표 2〉 노역·서비스에 있어 지불수단의 사용 내역(『묵재일기』)[24]

시기 \ 수단	綿布 他		米 他	綿布+米	鹽·醬	기타	미상	합
	正布	常布						
1536~1537년		4	1					5
1546~1548년	1	3	29			4	7	44
1551~1567년	4	2	126	2	50	20	526	730
건수 (%)	5 (0.6%)	9 (1.2%)	156 (20.0%)	2 (0.3%)	50 (6.4%)	24 (3.1%)	533 (68.4%)	779 (100%)

이처럼 노역·서비스에 있어 화폐사용 실태를 보면 지불수단을 알 수 없는 경우(68.4%)를[25] 제외하면 米를 사용한 경우(20%)가 가장 많은 수를 점하고 있다.

---

23) 『묵재일기』의 노역·서비스 내역을 보면 각종 匠人들 외에 安峯寺나 海印寺 등 주변 사찰의 승려들이 李文楗家를 수시로 방문하면서 종이, 채소·과일, 두부, 땡감 등 각종 물품을 제공하거나 집안의 大小事에 많은 도움을 주고 있다. 안봉사의 경우는 이문건 집안의 願刹이었기 때문에 특히 이곳 승려들의 왕래가 빈번하였다. 이문건은 승려들의 각종 물품이나 노역 제공에 대하여 일부 대가를 지불하기도 하지만 대부분은 무상으로 제공받고 있으며, 그 대신 각종 청탁이나 官役 등을 면제해 주는 등 승려들의 후견인 역할을 하고 있다.

24) 『묵재일기』의 노역·서비스 내역은 779回에 이를 정도로 너무 많기 때문에 지면 관계상 부득이 그 내용을 정리하여 부록에 첨부하지 못하고 그 결과만을 위의 <표 2>로 나타내었다. 성주 지역의 장인층이 이문건에게 제공한 노역·서비스 내역에 대한 자세한 내용은 李正守, 「『默齋日記』를 통해 본 지방 匠人들의 삶」, 『지역과 역사』 18, 2006 참조.

25) 지불수단을 알 수 없는 경우가 거의 70%에 이를 정도로 많은 이유는 대체로 다음과 같은 추론이 가능하다. 우선 이문건의 정치·사회적 영향력으로 인해 각종 노역·서비스의 제공을 무상으로 받은 경우가 많았을 것이라 점, 그리고 일기의 1563년 7월 4일~567년 2월 16일까지 3년 2개월분의 기록은 일기 내용을 요약 정리한 요약본이기 때문에 대가를 생략하였을 경우가 있었을 것이라는 점을 들 수 있다. 하지만 기록의 생략일 경우보다는 무상으로 제공받은 경우가 많았기 때문이라고 생각된다.

그 외 醬·鹽으로 지불된 경우가 6.4%, 면포로 지불된 경우가 1.6%, 기타가 3.1% 정도이다. 이처럼 노역·서비스의 지불수단은 면포는 거의 없고 대체로 米가 주류를 이루고 있음을 알 수 있다. 특히 1536~1537년의 경우, 물론 그 횟수는 적지만 5번 가운데 4차례나 常布로 지불되었는데, 그 이후부터는 거의 米로 지불되고 있음을 확인할 수 있다. 그리고 면포를 사용한 경우 1550년 이전에는 正布에 비해 常布를 많이 사용하였으나 그 이후에는 正布를 다수 사용하고 있음을 확인할 수 있다. 이것은 16세기 중반 이후에 노역·서비스의 경우도 앞의 물품구매와 같이 常布보다는 正布로, 소액거래는 綿布보다는 米로 결제한 경우가 일반적이었음을 알 수 있다.

2) 『미암일기』의 경우

『미암일기』는 柳希春(1513~1577)이 고위관료로 在官과 在地에 있으면서 약 10년간(1567, 선조 즉위~1577, 선조 10)의 생활을 기록한 일기이다. 이를 통해 16세기 중·후반 민간의 화폐사용 실태를 구체적으로 확인할 수 있다.

<표 3> 물품 구매 시 지불수단의 사용 내역(『미암일기』)[26]

시기 \ 수단	綿布 他		米 他	綿布+米	銀 他	人蔘	기타	미상	합
	正布	常布							
1567~1570년	11	6	13	4			6	1	39
1571~1577년	10	2	7	2	1	5	2	4	35
건수 (%)	21 (28%)	8 (11%)	20 (27%)	6 (8%)	1 (1%)	5 (7%)	8 (11%)	5 (7%)	74 (100%)

당시 유희춘家에서는 각종 물품을 여러 곳의 구매처에서 매입하고 있었는데, 그 구매 물품의 종류는 대체로 몇 가지 부류로 정리해 볼 수 있다(뒤의 <부록

26) 이 <표 3>은 뒤의 <부록 표 2>를 지불수단의 내역별, 시기별로 간략히 정리한 것이다. 이하 <표 4>도 내용은 동일하다(<부록 표 3> 정리).

표 2> 참조). 田畓, 서적 · 종이류, 곡물류 · 포목류, 魚物類, 藥材類, 기타 생활용품류(皮物, 鐵物, 草鞋 外) 등이다.[27] 田畓은 6차례에 걸쳐 구매했는데 대가로 지불한 것을 보면, 綿布 등으로 3차례, 米 등으로 3차례 각각 지불하고 있다. 서적 구매의 경우 국내 서적(5차례)은 綿布, 米, 白紙로 지불하였고, 중국 서적은 6차례 가운데 5차례를 人蔘으로 지불하고 있다. 기타 생활용품류는 지불수단이 다양하지만 대체로 米와 綿布를, 약재류의 경우도 米와 綿布로 각 1차례씩 지불하고 있다.

이처럼 유희춘家에서 각종 물품을 구매하면서 사용한 지불 수단은 중국 수입 서적을 제외하고는, 대체로 綿布(약 39%)와 米(약 27%)가 주류를 이루고 있음을 확인할 수 있다. 여기에 면포+미(8%)로 결제한 것을 포함할 경우 결제수단이 확인 가능한 전체 물품거래의 약 84%가 면포와 미로 이루어졌음을 알 수 있다. 다만 여기서 사용된 綿布의 질은 3升布, 3升連尺布, 4升布, 5升布, 祿布, 贖布, 選上布, 回捧布, 細布[28] 등으로 다양하였다. 米로 대표되는 곡물의 경우도 米, 稻, 祿米, 白米, 中米, 太, 麥으로 다양하였다. 특히 지불의 형태에서 주목되는 것은 祭需, 祭器, 長獨席, 西瓜 등과 같은 소액의 생활용품 거래에는 綿布보다는 주로 米를 사용하였다는 사실이다.

특히 면포를 지불수단으로 한 경우에는 추포는 없고 4升 이상의 布가 주로 사용되었으며, 가능한 3승포, 4승포, 5승포, 회봉포 등으로 사용된 면포의 질을 구체적으로 명기하고 있다. 또한 시기적으로 보면 1570년 이전에는 正布보다는 적지만 常布도 지불수단으로 혼용되고 있으나 1571년 이후부터는 상포는 급격히 줄고 5승 이상의 정포가 주류를 이루고 있음을 확인할 수 있다.

다음으로 미암일기에서 보이는 노역과 서비스 제공에 따른 화폐지불 실태를 살펴보자. 노역 · 서비스 내역은 대체로 奴婢 朔料, 書籍의 書寫와 粧冊, 筆 · 冠 · 耳掩 등 제작, 木手 · 瓦工 등의 품삯으로 대별할 수 있다.

---

27) 柳希春家의 물품 구매 내역에 관한 자세한 사항은 李成妊의 글이 참조된다(앞의 논문, 1998).
28) 3升布~升布는 常布, 5升布~細布는 正布에 해당한다.

〈표 4〉 노역·서비스에 있어 지불수단의 사용 내역(『미암일기』)

수단 / 시기	綿布 他		米 他	綿布+米	기타	미상	합
	正布	常布					
1567~1570년	3	1	13		1	9	27
1571~1577년		1	4	4	4	12	25
건수 (%)	3 (6%)	2 (4%)	17 (33%)	4 (8%)	5 (9%)	21 (40%)	52 (100%)

이처럼 노역·서비스에 있어 화폐사용 실태를 보면 지불수단을 알 수 없는 경우(40%)를 제외하면 米를 사용한 경우(33%)가 가장 많은 수를 점하고 있다. 그 외 면포로 지불된 경우가 10%, 기타가 9% 정도임을 알 수 있다. 그 내역을 좀 더 구체적으로 보면 노비 삭료는 4차례 모두 米로 지급되고 있으며, 書籍의 書寫와 粧冊의 경우는 手工料가 확인되는 10차례 가운데 8차례를 米로 지급하고 있다. 그리고 筆·冠·耳掩 등 제작은 특히 筆의 경우가 19차례로 다수를 점하는데 수공료가 확인되는 4차례 가운데 2차례를 米로 지급되고 있으며, 木手나 瓦工의 품삯은 綿布와 米가 중심이 되고 있다.

이처럼 물품의 구매와 같이 노역·서비스의 지불수단도 대체로 綿布와 米가 주류를 이루고 있지만 상대적으로 米의 사용이 많다는 특징을 보인다. 이것은 앞의 물품구매 경우와 같이 소액거래의 지불수단으로는 면포보다는 米의 사용이 많았음을 알 수 있다.

3) 『쇄미록』의 경우

『쇄미록』은 吳希文(1539 ~ 1613)이 주로 임진왜란으로 피난하던 중의 생활상을 기록한 일기(1592, 선조 25 ~ 1601, 선조 34)로 양반 사족의 생활상을 구체적으로 기록하고 있다.[29]

29) 『쇄미록』과 『병자일기』는 戰亂이라는 특수한 시기의 일기이기 때문에 이들 자료의 해석을 통해 당시의 화폐사용 실태로 일반화하기에는 무리가 있다. 하지만 이들 자료는 당시의 사회·경제적 상황을 구체적으로 이해하는 데 크게 유용하리라 생각된다.

피난 기간 동안 오희문家는 長水에서 3개월(1592년 7 ~ 9월), 洪州에서 8개월(1592년 10월 ~ 1593년 5월), 林川에서 3년 10개월(1593년 6월 ~ 1597년 1월), 平康에서 4년 1개월(1597년 2월 ~ 1601년 2월) 정도를 거주하게 된다.[30] 이때 그는 가계에 필요한 각종 생활품을 인근의 場市를 통해 구입하였다.

〈표 5〉 지방에서의 물품 구매 시 지불수단의 사용 내역(『쇄미록』)[31]

수단 / 시기	綿布 他			米 他	綿布+米	魚鹽	기타	미상	합
	正布	常布	麤布						
1592~1593년	1	0	3	9	2	0	3	2	20
1594~1601년	13	15	0	37	6	16	21	7	115
건수 (%)	14 (10%)	15 (11%)	3 (2%)	46 (34%)	8 (6%)	16 (12%)	24 (18%)	9 (7%)	135 (100%)

오희문家의 물품거래 내역은 크게 지방과 서울의 경우로 나누어 볼 수 있다.[32]

우선 지방에서 물품을 거래한 내역을 보자. 인근의 場市를 통해 각종 물품을 구매하였는데, 이를 정리해 보면 대체로 布木·穀物類, 魚物·肉類·海産物類, 牛·馬, 기타 일상생활용품 등으로 분류할 수 있다(뒤의 <부록 표 4> 참조). 이들 각종 물품을 구매하고 지불한 수단을 보면 앞의 유희춘 가와 비슷하게 綿布와 米가 주류를 이루고 있다. 특히 소액의 물품을 구매할 경우에는 米로 결제한 경우가 많다. 결제한 면포의 종류는 正布, 7升布, 正6升布, 好布, 5升布, 次布, 中布, 麤布 등이며, 米로 대표되는 곡물의 경우도 正米, 粒米, 粗米, 粟米, 米, 租, 太, 皮牟, 牟, 豆, 赤豆 등으로 다양하였다.

지방에서의 거래 내역을 좀 더 구체적으로 보면, 결제수단으로 米(약 34%)를 사용한 경우가 綿布(약 21%)에 비해 더 많다. 특히 임진왜란이 발발한 초기 2년간(1592 ~ 1593년) 즉 민간의 고통이 가장 심했을 것으로 생각되는 시기의 거래에는

30) 이성임, 앞의 논문, 1999, 45쪽.

31) 이 <표 5>는 뒤의 <부록 표 4>를 지불수단의 내역별, 시기별로 간략히 정리한 것이다.

32) 吳希文家의 물품 거래에 대한 자세한 사항은 이성임의 글이 참조된다.(앞의 논문, 1999).

면포보다는 米의 사용이 많았으며, 또한 正布보다는 麤布가 많이 사용되었음을 확인할 수 있다.[33] 하지만 1594년 이후부터는 면포를 지불수단으로 하는 경우 正布와 常布 이외에 추포의 사용은 볼 수 없다. 이는 戰亂이라는 특수 사정으로 인해 일시 추포가 사용되었지만 곧 米가 그 기능을 대체한 것으로 짐작되는데, 그것은 1594~1601년 사이에 米가 지불수단으로 가장 많이 사용되었음을 통해서도 알 수 있다.

〈표 6〉 서울에서의 물품 거래 시 지불수단의 사용 내역(『쇄미록』)[34]

시기 \ 수단	綿布 他		米 他	銀他	銀+木 銀+米	미상	합
	正布	常布					
1596~1597년	0	1	2	0	0	2	5
1598~1600년	4	7	1	16	6	9	43
건수 (%)	4 (8%)	8 (17%)	3 (6%)	16 (33%)	6 (13%)	11 (23%)	48 (100%)

다음으로 오희문家의 서울에서 물품거래 내역을 보자. 지방의 거래에서는 결제수단으로 綿布와 米가 중심이었던 것에 반해 서울에서는 銀이 주로 사용되고 있음이 주목된다. 서울에서 각종 물품을 구매(28차례 거래)하고 판매(20차례 거래)하였을 때 결제한 내용을 보면 전체 48차례의 거래에서 결제내역을 확인할 수 있는 경우가 37차례이다. 그 가운데 22차례(銀+米, 銀+木의 경우도 포함)에 걸쳐 銀他(약 46%)로 지불되고 있다. 이는 면포로 결제한 경우가 12차례(약 25%), 米의 경우가 3차례(약 6%)인 경우와 비교해 볼 때 특히 많은 횟수임을 알 수 있다. 이로써 16세기 말~17세기 초에 걸쳐 서울에서는 銀貨가 주요 결제수단으로 기능했음을 짐작할 수 있다.

---

33) 앞의 묵재일기와 미암일기를 통해서 본 바와 같이 16세기 중반 이후에 麤布의 역할이 米로 점차 대체되고 있는데, 이때 추포가 일시 사용된 것은 전란기라는 특수 상황과 관련이 있을 것으로 생각된다.

34) 이 <표 6>은 뒤의 <부록 표 5>와 <부록 표 6>을 지불수단의 내역별, 시기별로 간략히 정리한 것이다.

당시 銀貨의 유통 실태는 다음의 사료를 통해서도 짐작할 수 있다.

> 호조가 아뢰기를, "… 근래 와서 酒肉·豆泡·鹽醬·柴草 등의 소소한 값들은 모두 銀子를 사용하고 있는데, 中外의 백성들이 오히려 그 德으로 생계를 꾸려간다고 합니다. 그것을 처음에는 중국군을 상대로 매매할 때 시도해 보았는데 오래 시행하고 나서 이미 습속이 되어 술 팔고 땔감 파는 사람들이 살 사람을 만나면 반드시 먼저 銀子가 있는지 물어본다고 합니다. 그것은 다름이 아니라 이익이 있기 때문입니다. …" 하였다.[35]

이처럼 銀貨는 임진왜란을 거치면서 평안도 등 상업이 발달한 일부 선진 지역을 중심으로 일부 품목의 거래에 사용되다가, 점차 酒肉·柴草 등 소액상품의 거래에까지 통용되고 있는 실정을 전하고 있다. 이는 기존 연구 성과에서도 언급된 것처럼 임란 중에 明軍 지원군이 들어온 이후에 銀이 화폐로서 널리 유통되었음을 지적한 내용과도 일치한다.[36]

하지만 쇄미록을 통해 보면 銀이 본격적으로 사용된 것은 전쟁의 후반기경인 1598년(선조 31) 이후부터임을 확인할 수 있다. 明의 지원군은 1592년 말경에 이미 조선에 들어와 軍糧과 軍需物資 조달 비용 등 전쟁 수행에 필요한 모든 물자를 銀으로 조달하고 있었지만, 실제 明軍이 들어온 지 5년 정도 이후가 되어서야 시중에서는 銀이 사용되고 있음을 알 수 있다. 하지만 서울과는 달리 지방 거래에서는 銀의 사용이 보이지 않는데, 이는 당시 銀의 유통이 서울, 경기를 벗어나 전국으로까지 확대된 것은 아니었음을 짐작할 수 있다.

이러한 사정은 다음의 사료를 통해서도 짐작할 수 있다.

> 근래 우리나라에서는 약간의 銀子를 주고 어렵게 매매가 이루어지고 있습니다.

35) 『宣祖實錄』 권99, 宣祖 31년 4월 壬戌(8).
36) 韓明基, 앞의 논문, 1992.

하지만 외방에서는 그 사용하는 방법을 모르기 때문에 무지한 小民들은 銀을 그다지 중요하게 여기지 않습니다. 그러므로 그것을 서울에서 사용한다면 가능할지 모르나 외방에서는 그 값어치가 현저히 낮아질 것입니다.[37)]

이것은 당시 明나라가 조선 정부에 지급한 1만냥의 銀子로써 戰馬를 구입하는 문제에 대한 이정구의 견해로, 서울에서는 銀子로 매매가 이루어지고 있지만 지방은 그와 달리 銀子로 매매하기가 어려울 것임을 지적한 것이다. 이를 통해, 이 시기 銀의 화폐로서의 기능과 역할을 너무 확대 해석하기에는 무리가 있음을 알 수 있다.

이상 오희문家의 물품 거래에서의 화폐사용 실태를 보면, 지방의 경우 지불수단으로 米(약 34%)가 綿布(약 21%)보다 많이 사용되었음에 비해 서울에서는 銀貨(약 46%)와 면포(약 25%)에 비해 米(약 6%)의 사용이 매우 적은 것을 알 수 있다. 이는 서울과 지방의 화폐유통의 차이를 보여 줄 뿐 아니라 장거리 교역 시 米의 운반상의 불편함으로 인하여 보다 가볍고 편리한 은화나 면포가 지불수단으로 선호되었던 이유도 작용했을 것으로 생각된다.

4) 『송간일기』와 『병자일기』의 경우

『송간일기』는 李庭檜(1542~1612)가 약 35년 동안(1577년, 선조 10~1612년, 광해군 4)의 在地士族 생활을 기록한 일기로, 16세기 말・17세기 초의 사회 상황을 이해하는 데 큰 도움이 된다.

송간일기의 물품거래 내역을 보면, 앞의 미암일기나 쇄미록과 같이 일반 생활용품들도 다수 있지만 거래횟수에 비해 田畓, 牛馬, 奴婢, 家舍 등과 같은 고가 거래 내역이 다수를 차지하고 있음이 특징이다. 하지만 거래 내역에 대한 지불수단을

37) 『宣祖實錄』 권99, 宣祖 31년 4월 癸酉(19).

구체적으로 확인할 수 있는 경우는 34차례 거래 가운데 6차례에 불과하다(뒤의 <부록 표 7> 참조). 이 가운데 綿布로 4차례, 米로 1차례, 牛馬로 1차례 각각 결제되고 있다. 그리고 노역·서비스의 내역을 보면 筆과 笠, 鞍의 제작 의뢰가 다수를 점하는데, 이것도 지불수단을 확인할 수 있는 것은 2차례뿐이다(뒤의 <부록 표 8> 참조). 이 두 차례 모두는 면포로 지불되고 있다.

『병자일기』는 南以雄의 부인이었던 南平 曺氏(1574~1645)가 1636년(인조 14) 丙子胡亂이 일어난 후 피난길에 올라 약 4년간 실제 겪은 일을 중심으로 기록한 일기이다.

병자일기의 물품거래 내역을 보면 穀物, 紙, 魚物 등의 생활품을 주로 구매하고 있는데 8차례의 거래를 확인할 수 있다(뒤의 <부록 표 9> 참조). 그 가운데 지불수단을 확인할 수 있는 경우가 5차례인데, 綿布와 麻가 3차례, 米가 2차례이다.

이처럼 두 일기에서는 앞의 묵재일기, 미암일기나 쇄미록에 비해 물품 거래 내역에 대한 정보가 질이나 양적으로 매우 소략하여 당시의 화폐유통 실태를 파악하는데는 부족한 점이 많다. 여기서도 앞의 일기들과 비슷하게 田畓이나 牛馬, 奴婢, 일반 생활물품들을 주로 구매하였으며 결제수단으로는 綿布와 米가 주로 사용되었음을 짐작할 수 있다.

4. 전답매매 명문을 통해 본 화폐사용

현존하는 고문서 자료 가운데 가장 다수를 차지하는 것이 전답매매 명문이다. 이것은 해당 시기의 화폐사용 실태를 구체적으로 확인할 수 있는 매우 유용한 자료이다.

각 지방의 여러 가문에서 소장한 문서가 다수 있지만 여기서는 16~17세기의 가장 양질의 자료를 다수 소장한 가문을 대상으로 분석하고자 한다. 특히『慶北地方古文書集成』에 실려 있는 경북 지방의 月城郡 孫東滿氏家, 安東郡 李容純氏家, 盈德郡

李根華氏家, 醴泉郡 權滄龍氏家의 4가문과 전남 지방의 海南 尹氏家의 소장 자료들은 당시의 화폐사용 실태를 구체적으로 확인할 수 있는 양질의 자료라고 생각된다.

1) 경북지방의 경우

여기서 분석한 경북지방 자료는 『경북지방고문서집성』에 실려 있는 전답매매 明文 중에서,[38] 상평통보가 통용화폐로 유통되기 前인 16~17세기의 자료를 정리한 것이다. 여기에서 살펴볼 16~17세기 전답매매 명문은 손동만家 소장 자료가 143건, 이근화家의 것이 29건, 이용순家의 것이 21건, 권창용家의 것이 18건으로 총 211건이다.[39] 이것은 자료의 수가 많고 소장 가문이 분명한 일괄적인 자료이며, 경북지방에 집중된 것이고 특히 16~17세기의 전반적인 田畓價의 변동 등 전답매매 실태를 구체적으로 파악할 수 있다는 점에서 자료적 가치가 높다.

이하의 표에서는 전답매매에 있어 화폐사용 실태를 확인하기 위해서 상평통보를 결제수단으로 본격적으로 이용하기 전인 1693년까지의 경우를 분석하였다. 전답거래 시 결제로 사용한 수단은 綿布, 米, 銀, 기타로 크게 나눌 수 있다. 綿布는 回捧布, 細布, 大同布, 正布, 5升布, 綿布로 질적으로 다양하였는데, 이를 앞의 경우와 같이 회봉포, 세포, 대동포, 정포, 5승포는 正布로, 그 외 면포로 결제한 경우는 常布로 나누었다. 특히 16세기 중반 이후부터는 正布나 回捧布, 大同布와 같은 양질의 면포로 결제된 경우가 증가하고 있다. 그리고 米로 대표되는 곡물의 경우도 租, 太, 米 등으로 다양한데 米로 나타냈다.

---

38) 『古文書集成』에 실려 있는 전답매매(還退, 賭地, 相換 포함) 明文은 16세기의 것이 171건, 17세기의 것이 57건 그리고 18세기 이후의 것이 197건이다. 단 18세기 이후의 전답매매 명문은 孫東滿氏家, 李根華氏家, 權滄龍氏家의 세 가문에서 소장한 것이 178건이고, 기타 19건(安東 太華洞 金俊植氏家 8, 河回洞 永慕閣 3, 權五赫氏家 1, 玉山書院 5, 醴泉郡 竹林洞 權榮基氏家 1, 嶺南大博物館 1)이다(李樹健編, 『慶北地方古文書集成』, 嶺南大出版部, 1981, 636~747쪽).

39) 이들 가문의 소장 전답매매 명문 가운데 15세기의 것은 전혀 없고 16세기 이후의 것이 많이 남게 된 것은 훼손이나 망실 등의 이유보다는 16세기 이래 私的 토지소유 관념의 발전과 함께 田畓賣買가 상당히 성행하였던 것에 연유하는 것으로 생각된다.

〈표 7〉 田畓 거래 시 지불수단의 사용 내역(경북지방)[40]

시기 \ 내용	綿布他		米 他	銀 他	기타 (牛·馬)	합
	正布	常布				
1기(1511~1550년)	1	57	4		1	63
2기(1551~1560년)	13	18	11		2	44
3기(1561~1654년)	14	24	3		3	44
4기(1655~1693년)	11	3		2		16
건수 (%)	39 (23%)	102 (61%)	18 (11%)	2 (1%)	6 (4%)	167 (100%)

위의 <표 7>을 통해 경북지방의 전답 거래에 있어서 화폐사용 실태를 보면 대체로 몇 가지의 점을 확인할 수 있다. 우선 16~17세기 경북지방 전답 거래에 있어 결제수단으로 압도적으로 많이 사용된 것은 면포(84%)이며, 다음으로 米(11%)와 牛馬(4%), 銀(1%) 등의 수단이 사용되었다. 그리고 면포를 결제수단으로 사용한 경우 正布(23%)보다는 常布(61%)가 2.5배 정도로 다수를 차지하였음을 알 수 있다.

경북지방의 전답매매를 통한 해당 시기의 화폐사용 실태에 대해 좀 더 구체적으로 살펴보면, 대체로 4시기로 나누어 몇 가지의 경향성을 볼 수 있다.

제1기(1511~1550년)에는 전답 거래에 있어서 米나 다른 수단보다는 면포가 주로 결제수단으로 사용되고 있다. 그 가운데서도 正布는 거의 사용되지 않고 常布가 대부분을 점하고 있음을 알 수 있다.

제2기(1551~1560년)에는 면포가 결제수단으로 다수를 점하고 있으나 1기에 비해서 正布의 사용이 뚜렷이 증가하고 있다. 특히 正布 외에 米의 사용이 늘어나고 있는 현상이 주목된다. 이런 현상은 16세기 중반에 들어와 대일무역이 점차 소강상태에 들어감과[41] 동시에 면포의 추포화가 급격히 진행되면서 추포의 화폐적 가치가

40) 이 <표 7>은 경북지방 네 가문의 전답 거래 시 지불수단이 명확히 확인되는 것을 표시한 뒤의 <부록 표 10>을 지불수단의 내역별, 시기별로 간략히 정리한 것이다. 이하 <표 8>도 내용은 동일하다(<부록 표 11> 정리).

41) 이정수, 앞의 논문, 1998.

점차 상실되는 가운데, 米가 그 기능을 대신하는 경향과 관련이 깊을 것으로 생각된다. 이처럼 16세기 중반 이후의 결제수단으로서 米 사용의 증가는 앞의 묵재일기, 미암일기 그리고 쇄미록에서도 비슷한 경향을 확인할 수 있다.

제3기(1561 ~ 1654년)에는 결제수단으로 면포가 주로 사용되며 正布보다는 常布가 다수를 점하고 있다. 제2기에 결제수단으로 점차 증가했던 米의 비율은 점차 축소되고 있음을 확인할 수 있다. 이는 16세기 중반 ~ 17세기 중반에 걸쳐 법정의 5升 35尺에 못 미치는 升尺 減縮布가 민간에서 널리 유통되었던 사정과[42] 깊은 관련이 있다고 생각된다. 그래서 전답매매와 같이 고액거래의 경우에도 正布 대신 常布가 많이 사용된 것으로 이해할 수 있다.

제4기(1655 ~ 1693년)에도 결제수단으로 여전히 면포가 주류를 이루고 있지만 3기와는 달리 常布 대신 正布의 사용이 급증하고 있다. 이는 17세기 중반 이후의 동전 유통 시도의 본격화와 은화 유통에 따른 常布의 화폐로서의 기능 약화 문제와[43] 밀접하게 관련이 있을 것으로 생각된다. 결국 화폐제의 변동기에 위험 회피를 위해 常布보다는 正布가 안전 자산으로 판단되어 선호한 결과가 아닌가 생각된다.

2) 전남지방의 경우

전남지방의 경우는 『古文書集成 - 海南尹氏篇』의 전답매매 명문 자료를 이용하였다. 해남 윤씨가의 전답 매매 자료는 16세기의 것이 5건, 17세기의 것이 500건, 그 이후의 것이 156건으로 총 661건에 달한다.[44] 경북지방의 경우 16세기 자료가

42) 『備邊司謄錄』 권14, 孝宗 1년 7월 30일: “啓曰 我國本不行錢幣之法 惟以綿布 爲市上行用之貨 從前木品 自有定式 京外民庶 以此貿遷之外 製爲衣裳 近年以來 人心漸巧 木品極麤 … 宜令曉諭于中外 村家行用常布 必以過三十尺者爲準織成 前日麤惡之木 盡爲改織 自明年正月 依前仍用麤木者 一切痛斷 如有犯禁者 繩以重律宜當”

43) 『備邊司謄錄』 권15, 孝宗 3년 2월 12일: “修理都監啓曰 赴役僧軍 齊訴于都監曰 單身遠來 不能齎粮 以木疋持來 而近日市上非錢 則不得貿米 欲以木換錢而貿米 則此非僧人之所可能 而出入閭家有某役事遲滯有罰 行橐已空 計設奈何 雖欲竭力服役 飢困之中 亦不可得 極以爲悶云”

44) 韓國精神文化硏究院, 『古文書集成 3 -海南尹氏篇』, 1986.

풍부한 것에 비해 전남지방은 17세기 이후의 자료가 풍부하여 상호 보완할 수 있다는 점에서 매우 유익하다.

여기서도 경북지방과 마찬가지로 이곳의 전답매매에 있어 화폐사용 실태를 확인하기 위해서 상평통보를 본격적인 결제수단으로 이용하기 전인 1707년 이전까지의 경우를 분석하였다. 전답 결제로 사용한 수단은 綿布, 米, 銀으로 크게 나눌 수 있다. 여기서 사용된 綿布는 正布, 6升布, 5升布, 4·5升布, 4升布, 綿布, 常布 등으로 질적으로 다양하였다.[45] 그리고 米로 대표되는 곡물의 경우도 租, 太, 米 등으로 다양한데 米로 나타냈다. 특히 전답 결제에 사용된 면포가 전남지방은 경북지방에 비해 보다 세부적으로 구분되어 있음을 알 수 있다. 경북지방에서는 크게 5승 이상의 正布와 4승 이하의 常布로 구분할 수 있었는데 반해, 전남지방에서는 정포와 상포 사이에 4·5승포, 4승포로 결제한 경우도 다수 볼 수 있다. 따라서 여기서는 면포의 지불수단을 5승 이상의 정포, 4승과 4·5승의 4·5승포, 그리고 그 외는 常布로 구분하였다.

〈표 8〉 田畓 거래 시 지불수단의 사용 내역(해남 윤씨가)

내용 / 시기	綿布			米 他	銀 他	합
	正布	4,5升布	常布			
1기(1591~1679년)	60	29	197	3		289
2기(1680~1694년)	28	1	2	68		99
3기(1695~1706년)				22	1	23
건수 (%)	88 (21%)	30 (7%)	199 (49%)	93 (23%)	1 (0%)	411 (100%)

16세기 말~18세기 초의 전남지방 전답 거래에 있어서 화폐사용 실태는 몇 가지 점을 지적할 수 있다.

우선 전남지방의 전답 거래에 있어 결제수단으로 가장 많이 사용된 것은 경북지

45) <표 5>에서 분석한 해당 시기 해남 윤씨가의 전답 매매 내역을 보면 면포 외에 常布라는 명목으로 거래한 경우가 1659년(효종 10) 1차례, 1671년(현종 12) 1차례, 1672년 1차례 도합 3차례를 확인할 수 있다. 대체로 면포와 상포는 질적으로 비슷할 것으로 생각되어 여기서는 이 둘을 합쳐서 常布라고 표기하였다.

방과 마찬가지로 면포(77%)가 압도적이며 다음으로 米(23%)가 다수 사용되었다. 그런데 면포의 경우 전남에서는 경북과 달리 정포와 상포와의 중간 정도의 질에 해당한다고 생각되는 4·5승포가 다수 사용되고 있는 점이 주목되며 또한 경북에 비해 상대적으로 米의 사용이 보다 활발하였음을 확인할 수 있다. 그리고 면포를 결제수단으로 사용한 경우 正布보다는 4승 이하의 布가 2배 이상 많이 사용되고 있음을 볼 수 있다. 이러한 화폐사용 실태의 차이는 양 지역 간의 산업구조 등과도 밀접히 관련이 있을 것으로 생각된다.

전남지방의 전답매매를 통한 해당 시기의 화폐사용 실태에 대해 좀더 구체적으로 살펴보면, 대체로 3시기로 나누어 몇 가지의 경향성을 볼 수 있다.

제1기(1591년~1679년)에는 전답 거래에 있어 면포가 주요한 결제수단으로 사용되고 있으며, 그 가운데서도 正布나 4·5升布에 비해 常布가 많이 사용되고 있음을 확인할 수 있다.

제2기(1680년~1694년)에는 이전과 달리 면포를 결제수단으로 사용한 경우 常布 보다는 正布의 사용이 급격히 늘어나는 역전 현상이 나타나고 있다. 특히 米의 사용이 급증하면서 米가 면포보다 더욱 보편적인 결제수단으로 사용되고 있음이 주목된다.

제3기(1695년~1706년)에는 1697년에 銀貨의 결제가 1번 있었지만 그 외는 모두 米로만 거래가 이루어졌음을 알 수 있는데,[46] 이는 매우 특이한 현상이다.

여기서 주목되는 것은 1680년 이후에 와서 이전과 달리 면포에 비해 米의 사용이 급증하고 있다는 사실이다. 제1기를 제외한 1680년 이후 제2~3기의 총 122회 거래 가운데 90회(약 74%)에 米를 사용하였다. 특히 그 가운데서도 제3기인 1695년

---

46) 이러한 현상은 해남 윤씨가 이외 전남의 다른 집안의 田畓賣買明文에서도 동일하게 보이고 있다. 扶安 金氏家의 경우 1679년~699년의 8차례 전답매매 모두에서, 그리고 南原·求禮 朔寧 崔氏家의 경우 1679년~708년의 4차례 전답매매 모두에서 오로지 米로만 결제하고 있다(韓國精神文化研究院, 『古文書集成 2 -扶安 扶安金氏篇』, 1998, 686~94쪽; 『古文書集成 72 -南原·求禮 朔寧崔氏篇(1)』, 2004, 387~90쪽). 따라서 전남지방에서 17세기 말~8세기 초의 전답매매에 米를 사용하는 경향은 해남 윤씨가의 경우에만 해당되는 것이 아니라 좀 더 보편적인 현상으로 생각된다.

~1706년에는 布貨가 전혀 사용되지 않고 米로만 결제가 되었다. 이런 현상은 이 시기에 전남지방에서는 아직 상평통보가 유통되지 않았지만 수도권 지역을 중심으로 동전이 유통되어 점차 본격적으로 전국에 확산되었기 때문에 그로 인해 전답 결제에서 布貨가 거부된 것으로 생각할 수 있다. 이는 곧 화폐 변동기에 있어 米가 면포보다는 위험을 회피할 수 있는 안전한 수단으로 인식되었으며, 면포 내에서는 常布보다는 正布가 선호된 현상과 밀접한 관련이 있다고 생각된다.

3) 영・호남 지방의 화폐사용 비교

앞에서 경북지방과 전남지방의 전답매매에 있어 화폐사용의 실태에 대해 검토해 보았다. 여기서는 두 지방의 화폐사용에 있어서의 특징을 서로 비교하여 봄으로써 당시의 화폐유통 실태를 좀 더 구체적으로 살펴보고자 한다.

첫 번째, 銀의 사용 문제이다.

서울 지역에서는 이미 16세기 말・17세기 초에 지불수단으로 銀이 다수 사용된 것과 달리, 이들 두 지방에서는 이 시기에 銀이 전혀 사용되지 않다가 17세기 말에 와서야 전답 거래에 銀이 경북지방 2차례, 전남지방 1차례 사용되고 있다. 이를 통해 17세기 말까지는 서울과 달리 지방에서는 銀의 화폐로서의 역할이 매우 미미했음을 짐작할 수 있다.

두 번째, 면포 사용상의 특징과 차이이다.

경북지방에서는 17세기 중반인 1655년부터 常布보다는 正布를 田畓 거래의 지불수단으로 다수 사용했는데 비해, 전남지방에서는 그보다 25년 정도 늦은 1680년경부터 상포 대신 정포를 거래에 사용하였다. 화폐제의 변동기라 할 수 있는 17세기 후반에, 위험 회피 수단으로 경북지방에서는 常布 대신 正布를 선호한데 비해 전남지방에서는 오히려 米를 가장 선호하였음을 알 수 있다.

세 번째, 米 사용상의 특징과 차이이다.

경북지방에 비해 전남지방에서는 전답 거래의 지불수단으로 米의 사용이 2배

이상으로 많다. 특히 전남지방에서는 1680년 이후 면포보다는 米 사용이 급증하였다. 그리고 경북지방에서는 상평통보가 주요 지불수단으로 정착되기 시작한 1695~1706년 사이에 전남지방에서는 지불수단으로 면포는 전혀 사용하지 않고 오로지 米만 사용하고 있다. 따라서 전남지방의 17세기 후반~18세기 초반은 경북지방과 달리 米 경제권으로 볼 수 있다.

네 번째, 동전 유통상의 특징과 차이이다.

경북지방에서는 상평통보가 주조된 지 10여 년이 지난 1695년경 田畓 거래에 있어 동전을 본격적으로 사용하였음에 비해, 전남지방의 경우는 그보다 10년 정도 늦은 1705년 전후에[47] 동전을 본격적으로 사용하고 있다.

그런데 전라도는 경상도에 비해 일반적으로 場市가 더욱 발달하였을 뿐 아니라 해상이나 육상의 교통 측면에서도 중앙과의 연계성이 뛰어난 편이었다. 그런데 화폐유통이나 사용에 있어서는 좀 더 보수적 측면을 보이는 것은 어떤 이유일까? 그것은 중앙 정부의 화폐유통 정책이 전남지방보다 경북지방에서 먼저 추진되었으며 더욱 강력하게 추진되었기 때문은 아닐까? 또는 경북지방이 전남지방에 비해 중앙 정부의 화폐 정책을 쉽게 수용할 수 있는 사회·정치적 조건이었던 것은 아닐까 등과 같은 추측도 가능하다. 하지만 이러한 두 지방의 화폐사용 실태의 차이는 좀 더 깊은 천착과 다른 지역에 대한 폭넓은 조사가 이루어질 때 보다 명확해질 것으로 생각된다.

이상을 통해 약간의 시차는 있지만 18세기에 들어와 기존의 布·米穀 등 실물화폐 경제에서 명목화폐 경제로의 전환이 본격적으로 진행되었음을 알 수 있다. 또한 중앙의 경제 동향이 이전에 비해 지방경제와 보다 밀접하게 연동될 수 있는 조건이 진전되었음을 짐작할 수 있다.

---

47) 全南 求禮의 文化柳氏 소장의 田畓賣買明文에서도 田畓 매매에 銅錢이 본격적으로 사용되는 시기는 1705년(숙종 31) 전후였다(韓國精神文化硏究院, 『古文書集成 38 -求禮文化柳氏篇(Ⅱ)』, 1998, 43~581쪽).

5. 맺음말

16세기 중반~18세기 초는 綿布·米 등이 주로 유통되는 실물화폐경제에서 상평통보로 대표되는 명목화폐경제로 이행하는 과도기로, 화폐경제사에 있어 매우 중요한 위치를 점하는 시기이다. 하지만 현재까지는 해당 시기의 화폐유통사에 대한 여러 문제들이 충분히 해명되었다고 볼 수 없다. 따라서 여기서는 이 시기의 일반상품 거래와 노역·서비스, 田畓 거래 등에 있어서의 화폐유통 실태를 『묵재일기』, 『미암일기』, 『쇄미록』, 『송간일기』, 『병자일기』 등의 생활일기류와, 경북과 전남 지방의 전답매매 明文을 중심 자료로 이용하여 검토하였다.

우선 당시의 사회상을 잘 담고 있는 생활일기류를 통해서 16세기 중반~17세기 중반의 화폐사용 실태를 구체적으로 확인할 수 있었다.

첫째, 이 시기 상품거래에서 결제수단으로 가장 일반적으로 사용된 것은 綿布와 米였다. 기존의 일반적 이해와는 달리, 대체로 보통거래에는 綿布가, 소액거래에는 麤布 대신 米가 일반적으로 사용되었다.

둘째, 16세기 중·후반의 상품거래 내역은 『묵재일기』와 『미암일기』를 통해 구체적으로 살펴볼 수 있었다. 이 시기 결제수단으로 麤布는 거의 사용되지 않았고 4升 이상의 布가 주로 사용되었으며, 가능한 3승포, 4승포, 5승포, 회봉포 등 면포의 질을 구체적으로 명기하고 있다. 또한 시기적으로 보면 1550년 이전에는 正布에 비해 常布가 지불수단으로 많이 사용되었으나 그 이후부터는 常布는 점차 줄고 5승 이상의 正布가 주류를 이루고 있음을 확인할 수 있다. 이는 16세기 이래 면포의 추포화 현상이 급격히 진행되면서 추포의 자산가치에 대한 신용이 점차 상실되고, 그것이 가진 소액화폐로서의 기능과 역할이 米로 轉移되는 과정을 보여 주는 것으로 생각된다.

셋째, 16세기 말의 지방과 서울에서의 상품거래 내역을 『쇄미록』을 통해 구체적으로 살펴볼 수 있었다. 이 시기 지방에서는 결제수단으로 綿布와 米가 주로 사용되고 있으나 그 가운데서도 상대적으로 米(약 34%)가 綿布(약 21%)에 비해 좀 더 많이 사용되었다. 반면 서울에서는 銀貨(약 46%)를 주요 지불수단으로 하였으며 다음으로 면포(약 25%)가 사용되었지만 米(약 6%)의 사용은 매우 미미하였다. 이는 서울과 지방의 화폐유통의 차이를 보여줄 뿐 아니라 장거리 교역 시 米의 운반상의 불편함으로 인하여 보다 가볍고 편리한 은화나 면포가 지불수단으로 선호되었던 이유도 작용했을 것으로 생각된다.

넷째, 16세기 말~17세기 중반의 상품거래 내역을 『송간일기』와 『병자일기』를 통해 살펴보았다. 이 두 일기는 지불수단을 확인할 수 있는 자료가 부족하여 당시의 화폐사용 실태를 구체적으로 파악하는 데는 어려움이 있지만 이를 통해서도 대체로 해당 시기에 綿布와 米가 주로 사용되었음은 짐작할 수 있다.

다음으로 경북과 전남 지방의 田畓賣買明文 분석을 통해서 16세기 초~18세기 초의 지역간, 지역과 중앙간의 화폐유통 실태의 특징을 살펴볼 수 있었다.

첫째, 田畓 거래에 있어 결제수단으로 가장 많이 사용된 것은 綿布이며 다음으로 米가 사용되었다. 그리고 면포의 경우는 正布보다는 常布가 배 이상 많이 사용되었다. 다만 전남의 경우 경북지방에 비해 상대적으로 米의 사용이 좀 더 활발한 편이었다.

둘째, 1551~1560년 사이에는 이전 시기와 달리 常布 대신 正布와 米의 사용이 뚜렷이 증가하였다. 이처럼 16세기 중반 이후 결제수단으로서 米 사용의 증가는 日記類에서도 비슷한 경향을 확인할 수 있다. 이는 추포의 역할을 米가 대체하는 과정과 밀접히 연관되는 것으로 생각된다.

셋째, 17세기 후반에 경북지방에서는 正布의 사용이 급격히 늘어나는 경향을 보였음에 반해 전남지방에서는 면포보다 米 사용이 급증하고 있다. 그리고 경북지방에서 상평통보가 주요 지불수단으로 정착되기 시작한 1695~1706년 사이에 전남지방에서는 지불수단으로 면포가 전혀 사용되지 않고 오로지 米만 유통되고 있다. 따라서 전남지방의 17세기 후반~18세기 초반은 경북지방과 달리 米 경제권의 양상을 보이고 있다. 이런 현상은 이 시기에 전남지역에서는 아직 상평통보가 유통되지 않았지만 수도권을 중심으로 한 동전 유통이 점차 전국적으로 확대되는 추세였기 때문에 그로 인해 전답 결제에서 布貨가 거부된 것으로 생각할 수 있다. 이는 화폐 변동기에 있어 米가 면포보다는 위험을 회피할 수 있는 안전 자산으로 인식되었으며, 면포 내에서는 常布보다는 正布가 선호된 현상과 밀접한 관련이 있다고 생각된다.

넷째, 경북지방에서는 상평통보가 주조된 지 10여 년이 지난 1695년경 田畓 거래에 있어 동전을 본격적으로 사용하였음에 비해서 전남지방의 경우는 그보다 10년 정도 늦은 1705년 전후에 동전을 본격적으로 사용하고 있다.

이러한 두 지방의 화폐사용 실태의 차이는 산업구조나 사회・정치적 상황과도 밀접한 관련이 있을 것으로 생각되기에 앞으로 좀 더 깊은 천착과 다른 지역에 대한 조사가 더욱 필요할 것으로 여겨진다.

요컨대 생활일기류와 전답매매 명문을 통해 볼 때, 상평통보가 전국적으로 유통되기 이전인 15세기~18세기 초의 화폐사용 실태는 대체로 麻布, 正(綿)布, 米 유통기(15세기 말까지) → 常布・麤布, 銀貨 유통기(15세기 말~16세기 중반) → 正布・常布, 米 유통기(16세기 중반~17세기 중반) → 正布, 米, 銀貨 유통기(17세기 중반~18세기 초)의 큰 흐름으로 정리할 수 있겠다.

〈부록 표 1〉 물품구매 내역(『묵재일기』)[48]

번호	구매품	구매가	구매처	년-월-일(冊-p)
1	棺	木綿 105필		1535-11-4(上-1)
2	石灰			1535-12-28(上-13)
3	石灰 30石			1535-12-30(上-13)
4	石灰 20石	租 2石		1536-1-12(上-17)
5	板 2葉	木綿 3필		1536-1-13(上-17)
6	槨板	太 1斗·木綿 1필	漢城府	1536-1-22(上-19)
7	畓	木綿 15필		1536-3-6(上-31)
8	石物	木綿 70필	石手 朴繼尙	1536-3-10(上-32)
9	鞋子			1536-10-2(上-61)
10	笠子			1536-10-2(上-61)
11	常紬 30尺	常木 14.5필		1545-11-28(上-176)
12	家屋	常木 1250필		1545-12-10(上-180)
13	水紬 3필	常木 225필		1545-12-18(上-180)
14	畓 3斗落	木綿 150필	槐山 橐所	1545-12-28(上-185)
15	銅鐥 1	細木 1필·中米 3斗		1546-2-2(上-196)
16	銅鐥		鑄匠	1546-2-13(上-200)
17	常木 40필	白米 20斗		1546-2-18(上-202)
18	末藥·騌篩			1546-3-2(上-206)
19	銅唾盂	租 2斛·常木 8필	鑄匠 思郎孫	1546-3-7(上-207)
20	麻布 38尺	米 6斗·木綿 7필		1546-3-14(上-209)
21	鍮	米 6斗	鍮匠	1546-4-19(上-220)
22	鍮匙筯 각 2	米 1斗·木綿 6필	鍮匠	1546-4-27(上-223)
23	9升木 32尺	米 6斗	姜水達	1546-7-26(上-244)
24	米		高靈場	1546-10-29(上-272)
25	銀口魚	米 1斗	京商 孟强	1546-11-11(上-275)
26	大口	租 3斗	李同	1546-11-29(上-280)
27	老馬	病馬·木綿 13필		1547-1-16(上-296)
28	白米 70斗	回風木 10.5필·苧布 1.5필	湖南	1548-1-17(上-307)
29	田	木綿 350필	權氏	1548-1-26(上-310)
30	黃肉 1筐	租 15斗		1548-5-24(上-335)
31	作耳·鑿子·代佩 등	米 1.5斗·醬 1器	李同	1551-1-29(上-355)
32	畓 10餘斗落	牛隻·租 15石·回俸木 4필	槐山	1551-1-30(上-355)
33	冊紙 10貼·中白紙 5卷	租 13斗·牟 13斗		1551-4-11~12(上-381)
34	畓 2斗落	米	槐山 萬孫	1551-4-16(上-383)
35	雄馬	雌馬·正回風木 3필	里人	1551-6-18(上-401)
36	大銅燭臺 1雙			1551-7-15(上-408)

48) 國史編纂委員會編, 『黙齋日記』 上·下, 韓國史料叢書 41, 1998. 典據의 책과 페이지는 『黙齋日記』 2冊의 책과 페이지를 일컫는 것이다.

37	大燭臺 1雙			1551-7-17(上-409)
38	畓 4斗落	木綿 300필	槐山	1551-9-11(上-426)
39	唐藥材 數十種		賣藥人 李世榮	1552-5-7(上-498)
40	白鞋	牟	山僧	1552-5-21(上-502)
41	木香元 1丸	米 1升2合		1552-6-18(上-509)
42	中少牛	老大牛		1552-7-5(上-514)
43	靈寶藥 6介			1552-7-14(上-516)
44	葳陽子	白紙 1권		1552-8-23(上-527)
45	石首魚 50束	木綿 2필	礪山	1553-4-1(上-606)
46	貂皮	回風木 11필		1553-10-6(上-655)
47	刀 2柄		刀匠	1553-12-27(上-676)
48	田畓	回木 70필	槐山 韓晩貞	1554-1-6(上-678)
49	銅瓷瓶 1事	回木 2.5필		1554-1-6(上-678)
50	雄牛	雌牛・犢牛	場市 교환	1554-1-16(上-682)
51	粧瀇選詩 10冊・精冊紙 12권	米 1斗	畵工 介山	1554-1-25,29(上-684,685)
52	皮楮	木綿 4필		1554-2-14(上-689)
53	米 6斗3升	回風木 5필	場市	1554-2-16(上-690)
54	山谷集	米 2斗	畵工 沈命吉	1554-2-22(上-691)
55	冊	租 6斗・甘醬	畵工 介山	1554-4-8(上-703)
56	藥材	回俸木 4필	京	1554-7-8(上-723)
57	汗於赤	回俸木 1필	氈匠	1554-10-17(上-748)
58	靑魚		大丘場	1554-11-24(上-758)
59	靑魚			1554-11-26(上-759)
60	6升木 1필			1556-1-21(下-94)
61	祭盞臺具 7事	回風木 4필・米 4斗5升	鑄匠	1556-1-26(下-95)
62	小燭臺 1・匙托 1事	米 2斗	鑄匠	1556-2-7,8(下-98)
63	小香爐・甘醬 1器	米 2斗2升	鑄匠	1556-2-15(下-100)
64	石首魚	租 3石	礪山	1556-3-22(下-111)
65	畓 3斗落	大牛 2首	槐山 閏孫	1556-4-3(下-113)
66	貂皮 4	細木 2필		1556-7-24(下-137)
67	粉			1556-8-17(下-144)
68	銅燭臺	米 3斗		1556-8-23(下-145)
69	靑魚			1556-11-8(下-163)
70	田器・祭肉			1557-2-10(下-189)
71	紙	米・麯	畵工 沈命吉	1557-3-8(下-197)
72	鍮箸 2雙			1557-4-11(下-205)
73	黃毛 12條		慶興	1557-5-23(下-215)
74	靑魚			1557-11-19(下-253)

<부록 표 2> 물품구매 내역(『미암일기』)[49]

번호	구매품	구매가	구매처	년-월-일(冊-p)
1	田	木綿 45필	金德濟	1567-12-19(1-75)
2	田	木綿 10필 · 米 4石5升 · 太 2石	李衡	1568-1-7(1-90)
3	事文類聚	祿布 2필 · 白貼扇10柄	燕京	1568-2-12(1-123)
4	7斤衡子	5升木 · 白米 1斗		1568-2-17(1-129)
5	青黍皮 1領	白米 3斗3升		1568-2-30(1-143)
6	5,6升木 5필	麥全 2石		1568-4-23(1-200)
7	赤古里段子 18尺,大紅段子 5尺	祿米 全5石2斗		1568-4-25(1-203)
8	祭需	米 數斗		1568-5-13(1-228)
9	長獨席	麥 7斗		1568-7-18(1-291)
10	針	乾雉 2首		1568-7-26(1-301)
11	禮記	3升木 2필 · 白米 1斗	外校書館	1568-8-24(1-328)
12	裳次藍段子	5升木 25필		1569-5-24(2-4)
13	祭器	米	廣州	1569-5-28(2-7)
14	草鞋	5升木 0.5필		1569-6-3(2-9)
15	笠	木綿 3필 · 尾扇 2柄		1569-6-6(2-13)
16	棺	木綿 25필	歸厚署	1569-6-8(2-15)
17	銀 11냥	木綿 9필	北青判官 金世勤	1569-6-21(2-30)
18	豆錫 5.5斤	木綿 2.5필	倭館	1569-*6-10(2-46)
19	鯊魚皮	5升木 5필		1569-*6-23(2-55)
20	量盆			1569-7-7(2-63)
21	匙 10介	稻 30斗		1569-12-6(2-158)
22	畓 8斗落	6年牛 · 4升木 6필		1569-12-10(2-160)
23	刷子	貼扇 1柄	燕京	1570-5-9(2-198)
24	四書 · 宋鑑	貼扇 20柄 · 笠帽 1事	燕京	1570-5-22(2-235)
25	기와 1訥	3升連尺布 40척 · 白米 2斗	別瓦署	1570-6-6(2-281)
26	白紙堪書冊 6卷	選上木 1필		1570-6-27(2-310)
27	胃苓湯	白米 3斗	許浚	1570-6-30(2-313)
28	白紙 6권	5升木 1필		1570-7-9(2-327)
29	白紙 6권	5升木 1필		1570-7-21(2-343)
30	白紙 7권	選上木 1필		1570-8-10(2-362)
31	裹紬 4필	選上木 8필		1570-8-14(2-366)
32	惺心散 · 小柴胡湯 合10服	米 1斗5升		1570-8-23(2-371)
33	新主櫝白骨	選上木 0.5필	劉都致	1570-8-29(2-375)
34	米 3.7斗	5升木 1필		1570-9-10(2-383)
35	太 14升	柏子 1斗		1570-9-13(2-385)
36	米 · 太 각 1斗	乾魚		1570-9-21(2-392)

49) 朝鮮史編修會編, 『眉巖日記草』 全5冊(朝鮮史料叢刊 第8), 韓國學振興院, 1982. 典據의 책과 페이지는 『眉巖日記草』 全5冊의 책과 페이지를 일컫는 것이다. 이하 <부록 표 3>도 마찬가지이다. <부록 표 2, 3>의 작성에는 李成妊의 글이 많은 참고가 되었다(앞의 논문, 1998).

37	鞍甲	布 0.5필		1570-10-3(2-401)
38	資治通鑑 13권	祿米 3斗・太 3斗	朴元	1570-10-10(2-407)
39	畓 牛	祿米2석・太3石(布=20.5) 米 4石(=5升木 10필)	全億 崔倫會	1570-12-14(2-448)
40	虎皮	稻 1石	金道濟 奴	1570-12-23(2-453)
41	小施郎 3介・鍤 1・耜 1	太 16斗		1571-1-26(3-20)
42	稜盤 1竹	5升木 2필	濟州	1571-2-14(3-34)
43	軟草綠段 26尺半 1필	祿米 全4石・太 平3石 (=5升木 33필)		1571-3-8(3-49)
44	唐藥材	贖木 11필	許浚	1571-6-3(3-103)
45	內紬 2필, 丹木 2근	祿米 24斗, 回捧木 1필		1571-11-11(3-193)
46	鼠皮 2領	祿米 1斗		1571-11-21(200)
47	菁根		綱兀里	1572-9-30(265)
48	百川學海 10冊	人蔘	燕京	1572-11-6(3-301)
49	策學輯略, 策海	人蔘 1냥5전	燕京	1573-1-21(3-363)
50	藁 7同	5升木 1필	西江	1573-2-7(3-383)
51	貂皮, 細布	11升細白木 1필, 8升木		1573-4-30(3-475)
52	四書輯釋・具本歐公集十一家・小說 中 1件	人蔘 8냥	燕京	1573-5-12(3-489)
53	玉機微義	白紙 15권	校書館	1573-6-1(4-3)
54	祭肉	木綿	成均館 奴	1573-6-4(4-7)
55	5升木 14필	白米 70斗	場市	1573-8-23(4-79)
56	歷科壯元 8冊	人蔘	燕京	1573-9-22(4-112)
57	白曆 6事	白紙 2권	觀象監	1573-11-24(179)
58	炭 16石	5升木 1필	豆毛津	1574-3-23(4-308)
59	性理大全	木綿 6필	金應	1574-3-27(4-313)
60	朝服	人蔘 2냥・祿布 3필・細苧布 1필・銀 2냥	燕京	1574-4-27(4-346)
61	杻木 200束		豆毛津	1574-4-27(4-346)
62	朝服	祿布 2필	燕京	1574-5-4(4-355)
63	氷 1塊	白米 5升	內氷庫	1574-8-15(4-476)
64	婚裝笠,帶・紅褓 等	選上木 6필		1575-12-13(5-91)
65	畓 3斗落地	中米 12石	宋求禮	1575-12-25(5-99)
66	畓 4斗落地	米 10石, 牛 1	金蘭玉	1575-12-26(5-100)
67	伐積之木	8升木 40尺	金彦鬲	1576-3-10(5-159)
68	舊木 40條		金彦鬲	1576-3-16(5-164)
69	鹽 3石	贖木 2필	靈光郡	1576-5-8(5-196)
70	大麥 4石	5升木 2필		1576-5-16(5-202)
71	鰟魚 5束		場市	1576-5-18(5-204)
72	鹽 全4石	5升木 2필	咸平	1576-5-29(5-209)
73	石盤床	中米 1斛・5升木 3필	恩津	1576-7-15(5-246)
74	中國 書冊	人蔘 2斤	燕京	1577-1-27(5-301)

〈부록 표 3〉 노역·서비스 내역(『미암일기』)

번호	제작품·서비스 내용	工人	手工料	년-월-일(冊-p)
1	奴婢 朔料		奴 米 5斗, 婢 米 3斗式	1568-1-30(1-112)
2	論語釋 書寫	書寫官 李精		1568-2-22(1-134)
3	筆 20柄·試筆 1柄	筆工 長壽		1568-3-2(1-144)
4	瓦 10積 手功	瓦匠	3,4升 木綿 40필	1568-5-4(1-217)
5	奴婢 朔料		奴 米 5斗, 婢 米 3斗式	1568-6-3(1-246)
6	筆 9柄	筆工 成福	米 2升·魚·扇	1568-5-26(1-238)
7	慕齋集 粧冊	弘文館 粧冊匠	魚·米·扇子	1568-5-28(1-240)
8	古文軌範 2冊 粧冊	粧冊匠	魚·米	1568-6-11(1-257)
9	奴婢 朔料		奴 米 5斗, 婢 米 3斗式	1568-7-7(1-280)
10	筆 14柄	筆工 昌孫		1568-7-11(1-283)
11	書傳旁註 1冊 書寫	書寫官 文瑞麟	笠 ·帽	1568-10-2(1-366)
12	試筆 6柄·抄筆 10柄	筆工 梁嘉屎		1569-*6-27(2-58)
13	古文選 30冊 粧冊	校書館 奴 守石	鹽 1斗·稻 3斗	1569-8-3(2-82)
14	筆 4柄	加陪丘從 昌孫		1570-5-16(2-211)
15	風騷 書寫	李惟一	白米 1斗·乾魚 2尾	1570-5-16(2-211)
16	類合 書寫	李應福	白米 1斗·石首魚 4尾	1570-5-23(2-239)
17	筆 14柄	筆工 梁嘉屎		1570-6-23(2-307)
18	杻籠 1雙	籠匠 靑剛金	糧米 1斗	1570-7-20(2-342)
19	沖靜冠	戶曹工人	5升木 1.5필	1570-8-10(2-363)
20	筆 18柄	筆工 梁嘉屎		1570-8-12(2-364)
21	胡舜申 1冊 書寫	李惟一	米·醬	1570-8-22(2-369)
22	筆 19柄	筆工 梁嘉屎		1570-9-9(2-382)
23	寫冊小筆 24柄	筆工 梁嘉屎	米·扇·乾魚	1570-9-10(2-383)
24	尙書 10冊 粧冊	守石	小豆 5升·醬 1鉢	1570-9-18(2-389)
25	神主櫝漆 2度		5升木 0.5필	1570-9-23(2-393)
26	耳掩	毛工 梁嘉屎		1570-10-26(2-417)
27	獻芹錄 書寫	李精	5升木 1필	1570-11-3(2-425)
28	半修粧功	淡喜 등 4僧	稻 6石·5升木 5필	1571-1-24(3-19)
29	家貰	鄭良	太 10斗·鹽 2斗	1571-1-29(3-22)
30	품삯	木手 祖雲 등 6명	綿布 17필·租 1石·太 2斗	1571-4-28(3-82)
31	奴婢 朔料		奴 米 5斗·小豆 1斗, 婢 米 3斗式	1571-12-1(3-211)
32	空冊 4介	玉堂 粧冊匠		1572-10-12(3-277)
33	筆 21柄	筆工 命元	酒·乾稚 1首	1572-12-8(3-320)
34	筆 24柄	筆工 命元		1573-1-21(3-363)
35	筆 17柄	筆工 命元		1573-2-17(3-396)
36	筆 20柄	樂工 命石		1573-4-4(3-450)
37	(空)冊 2介	校書館		1573-4-5(3-450)
38	書 地圖	李精	白米 1斗	1573-5-2(3-478)
39	筆 15柄			1573-6-7(4-9)
40	空冊	粧冊諸員 全世允		1573-7-9(4-31)

41	筆 22柄	筆工 命世	扇 1 · 乾雉 1	1573-8-9(4-63)
42	筆 16柄	筆工 命石		1573-10-28(4-154)
43	空冊	壽石		1573-12-4(4-189)
44	資治 闕卷 書寫	朴末俊 · 守京		1574-3-10(4-295)
45	筆 27柄	筆工 命元		1574-4-24(4-340)
46	筆 15柄	筆工 命元	鹽 1斗	1574-9-17(4-501)
47	筆 10柄			1576-2-14(5-137)
48	품삯	木手 4명, 瓦工 6명	5升木 9필 · 中米 30斗	1576-3-15(5-162)
49	成造 품삯	木手	5升木 27필 · 中米 20斗 · 白米 3斗(=木32필)	1576-3-15(5-163)
50	품삯	瓦工	綿布 6필	1576-3-15(5-163)
51	3冊 粧冊	石乙屎	笠帽 · 扇子	1576-5-7(5-195)
52	類合 2冊 粧冊	南原 粧冊匠	扇子1柄 · 民魚1尾 · 糧升	1576-7-8(5-241)

〈부록 표 4〉 지방에서의 물품구매 내역(『쇄미록』)[50)]

번호	구매품	구매가	구매처	년-월-일(권-p)
1	木花	米 5斗	茂朱	1592-9-25(상-98)
2	馬	正米 5.5石		1592-10-1(상-100)
3	綿布	米 10斗	大興場	1593-4-21(상-160)
4	牛後脚 1隻·內腸	粒米 1.3斗	隣家	1593-4-28(상-163)
5	鹽 → 牟	正米 1.3斗·正木 1疋	舒川·庇仁 外	1593-5-15(상-315)
6	牟 10斗 苧布 35尺	木 1疋 正木 1疋·皮牟 1斗	靑陽場	1593-6-1(상-177)
7	牟 15斗	正木 1疋	結城	1593-6-15(상-182)
8	9升苧布 40尺,生苧 2斤2兩	米 2.5斗, 米 1斗	林川場	1593-7-1(상-187)
9	苧 2斤	白米 1斗		1593-7-17(상-194)
10	小藿45同·沈古道魚 13介	麤木 3필		1593-7-23(상-196)
11	牛肉	麤木 0.5필		1593-8-12(상-202)
12	肉	麤木 1필		1593-8-23(상-205)
13	租 2斗·豆 3升		隣家	1593-10-20(상-226)
14	米	釀造酒 4升	場市	1593-10-21(상-226)
15	租 8斗·太 3.5斗	枕隅		1593-10-30(상-229)
16	小古道魚 10尾·刀魚55尾	米 4斗		1593-11-5(상-231)
17	馬足鐵 2斤2兩	粗米 1斗	場市	1593-*11-16(상-244)
18	乾柿	米 1斗	長溪場	1593-12-13(상-250)
19	乾柿 2帖			1593-12-15(상-251)
20	木花 37斤, 鐵片 2斤12兩 木花 7斤	米 6.7升, 米 5升 枕隅		1594-1-11(상-276)
21	馬	赤馬·租 13斗·太 1斗·正6升木 1疋	林命守	1594-1-25(상-280)
22	海衣 60貼, 甘苔 25注之	木 1疋, 太 5斗	場市	1594-2-3(상-283)
23	海衣 1斗	太 4升		1594-2-6(상-284)
24	斫刀·鐵	市餠 3圓(=米 4升價)	場市	1594-3-26(상-299)
25	大民魚·生道味 2尾	黃租 1斗		1594-4-1(상-300)
26	米 1斗5合	5升木 1疋	場市	1594-4-21(상-306)
27	皮牟 5斗	刀魚 22介	場市	1594-5-16(상-315)
28	牟 13斗·太 1斗	鹽		1594-5-19(상-316)
29	馬 1	牛 1·貢木 2疋		1594-6-2(상-324)
30	牛頭·脯次肉 3塊·內腸	牟 8斗	隣家	1594-6-15(상-331)
31	1斗鼎	租 2.5斗	場市	1594-7-7(상-338)
32	紬 2疋	木 5疋·牟 3斗	場市	1594-7-18(상-341)
33	苧布 1疋, 靑苧 5斤, 藿 5同	牟 4.5斗, 牟 4斗, 太 1斗	場市	1594-7-21(상-342)

50) 國史編纂委員會編,『瑣尾錄』上·下(韓國史料叢書 第14), 1962. 典據의 권과 페이지는『瑣尾錄』上·下의 권과 페이지를 일컫는 것이다. 이하 <부록 표 5, 6>도 마찬가지이다. <부록 표 4, 5, 6>은 李成妊의 <표 1>, <표 2>, <표 3>, <표 4>를 기본으로 하여 보완하였다(앞의 논문, 1999).

34	衾次 3升兩端	正木 4疋		1594-8-9(상-348)·
35	牛肉	木 2疋		1594-8-12(상-350)
37	木 1.5疋	種牟 7斗		1594-9-21(상-360)
38	內紬 外紬	正木 1疋 · 白米 5斗 正木 2.5疋 · 中米 2斗	場市	1594-10-3(상-364)
39	婢 2명	大卜馬 1필(=木 11필) · 租 全1石(=木 2필)		1594-10-17(상-368)
40	西果	米 2斗	臨陂地	1594-11-1(상-380)
41	舊鉢 1坐	米 1斗	鍮器匠	1595-3-14(상-446)
42	藿 43同	租 2斗		1595-3-23(상-448)
43	生道味 2尾	麤租 2斗	負販者	1595-3-23(상-448)
44	生廣魚 1尾	米 1升		1595-3-24(상-449)
45	米 2斗	木 1端		1595-5-6(상-464)
46	鹽 22斗			1595-5-9(상-464)
47	牟	鹽眞魚 70尾		1595-5-19(상-467)
47	牟 6斗	眞魚		1595-5-22(상-468)
48	葦魚 4尾		場市	1595-6-1(상-470)
49	鞍革	牟 5斗	隣家	1595-6-14(상-474)
50	行擔 · 小古里 2器	木種 1.6斗	柳器匠	1595-6-21(상-476)
51	正米 50斗	赤馬		1595-8-22(상-492)
52	笠 1	租 5斗	笠匠	1595-9-5(상-495)
53	米 2.6斗	牟 4斗	場市	1595-10-2(상-502)
54	牛肉 2片	太 2.5斗	屠牛賣者	1595-10-9(상-503)
55	粗米 31斗	5升木 2疋	場市	1595-12-13(상-517)
56	棺, 棺釘	正木 0.5疋 · 粗米 3斗, 租 2斗	西面, 冶匠	1595-12-17(상-518)
57	生薑, 甘藿	米 1斗, 租 5斗		1595-12-22(상-520)
58	炭 1石 · 沙器各色 1竹8立	米 4.5斗	場市	1595-12-26(상-521)
59	米 16斗	貢木 1疋	場市	1596-1-16(하-4)
60	石花 5大鉢	租 2斗	海人	1596-2-25(하-15)
61	錢魚 1尾 · 刀魚 1尾	米 6升	庇仁場	1596-4-21(하-33)
63	鹽 25斗	米 6斗	安眠島	1596-4-25(하-35)
64	粗米 2.8斗	赤豆 5斗		1596-4-29(하-37)
65	米 15斗	布 1疋	場市	1596-5-3(하-38)
67	8升苧布 40尺	米 22斗		1596-5-9(하-40)
66	米 9.5斗 · 乾柿 10貼 · 布杉 1件	鹽	山縣	1596-5-14(하-41)
68	甘藿	乾柿 5貼	咸悅 熊浦	1596-5-16(하-41)
69	牟 10斗	藿 20同	場市	1596-6-4(하-47)
70	米 13斗	紙筆		1596-7-28(하-66)
71	米 2.6斗 → 箕	鷄 2首	場市	1596-*8-19(하-82)
72	木花 12斤	鹽 7斗 · 大口 20尾 · 多士麻 8注之 · 古刀魚4尾	黃澗 · 永同	1596-9-2(하-85)
73	米 5斗	生鷄 3首	場市	1596-10-19(하-105)
74	石花	米 3升	商女	1596-10-23(하-106)
75	蝦醢 4從子	好租 1斗	商人	1596-10-28(하-108)

76	米 1.8斗·馬太 4斗	生雉 2首	隣家	1596-11-11(하-112)
77	鹽		藍浦	1596-11-22(하-116)
78	米 12.6斗	鹽 13斗		1596-12-9(하-120)
79	米 12.5斗	鹽		1596-12-14(하-122)
80	皮郎笠 35介 米 7斗 → 皮郎笠	米 15斗 黃臘 8兩	韓山場 → 서울	1596-12-16(하-123)
81	石花 3鉢	租 2斗	結城	1597-1-9(하-131)
82	粮	布 1疋		1597-1-19(하-135)
83	米 3.5斗	蠟 5兩	場市	1597-1-20(하-135)
84	米 9斗	布 0.5疋		1597-2-3(하-143)
85			安邊	1597-3-28(하-161)
86		皮郎笠 15介	鐵原場	1597-2-29(하-151)
87	粟 7.5斗	鹽 3斗	伊川場	1597-4-15(하-166)
88	牟 36斗	鹽 12斗	平康北面	1597-5-28(하-180)
89	鹽 → 生麻		通川	1597-5-29(하-181)
90	麻	藿 20注之		1597-6-3(하-182)
91	古刀魚 30尾	粟米 2斗	通川	1597-6-24(하-186)
92	生麻 10丹	鹽 3斗·古刀魚 27尾	伊峽	1597-7-4(하-190)
93	豆 20斗, 豆 6斗	粟米 10斗, 粟米 5斗	平康北面	1597-7-7(하-193)
94	石首魚 17束	皮郎笠 14개		1597-12-7(하-255)
95	木花 60餘斤	奴婢身貢	三陟	1597-12-13(하-257)
97	銀魚 3同, 藿 70同	布 1疋, 布 2.5疋	安邊	1597-12-22(하-259)
98	粟	銀魚 40束	兎山場	1597-12-25(하-259)
99	豆 11斗	銀魚 30束	兎山場	1597-12-27(하-260)
100	豆 17斗·太 5斗	乾銀魚 60冬乙音		1597-12-29(하-261)
101	瓦盆 2坐	太 3斗	安峽甕匠	1598-1-19(하-268)
102	牛	馬·木 1疋·布 0.5疋		1598-2-14(하-275)
104	豆 4.5斗	藿 3同	北里	1598-6-28(하-315)
105	木花 45斤	淸蜜 1.7斗·木 0.5疋	溫陽·牙山	1598-10-16(하-342)
108	乾銀魚 4同	正木 1.5疋	高城	1598-11-29(하-351)
109	乾銀魚 10尾	米 1斗	安邊	1598-12-9(하-354)
110	乾銀魚 2同·藿 4同	布木 3端	高城	1598-12-12(하-354)
111	皮木簟	粟 1.2斗		1599-3-11(하-382)
112	魚物		嶺同	1599-3-15(하-383)
113	楮紙	木 1疋		1599-5-22(하-410)
114	木花 74斤	木 3疋		1599-9-19(하-435)
115	3升布 37疋	淸 5.3斗	咸興府	1599-11-26(하-450)
116	稻米	正木 1疋·次木 1疋	高原	1599-12-23(하-456)
117	牟 5斗	太 3斗		1600-3-7(하-470)
118	芒鞋 4部	太 2斗	浮石寺	1600-3-25(하-476)
119	鹽 3斗, 古刀魚 3尾	太 3斗, 太 1斗	鐵原場	1600-5-12(하-491)
118	芒鞋 485介	正木 5필	浮石寺	1600-6-19(하-497)
120	多大麻 10同	木 1疋	安邊	1600-7-27(하-505)

121	染草 40冬乙音	木 1疋		1600-8-12(하-508)
122	正木 6疋·紬 1疋	雌駒	金億守	1600-8-15(하-509)
123	米 16斗	鹽·木		1600-10-5(하-522)
124	淸1.4斗·眞茸1串·皮郎笠 1介	木 2疋	平康北面	1600-10-17(하-525)
125	稻米 12斗, 方魚 1尾, 乾銀魚 9束	木 2疋, 木 0.5疋, 豆 3斗	鐵原場	1600-11-12(하-530)
127	魚物	正木 3疋	嶺同	1600-11-27(하-533)
128	牛肉 數塊	豆 2斗	隣家	1600-12-11(하-534)
129	鹽·細蝦 4鉢	正木 1疋	海州	1600-12-16(하-536)
130	中米 4斗, 銀魚 7束, 方魚 1條	正木 1疋, 豆 2斗, 豆 1斗	鐵原場	1600-12-23(하-536)
131	生獐	好木 0.5疋		1601-1-29(하-546)
132		淸蜜	江華府	1601-2-8(하-548)
133	皮郎笠	赤豆 2斗		1601-2-11(하-549)
134	米 6斗·皮粟 3斗	鹽		1601-2-18(하-551)
135	米 2斗·皮粟 6.5斗	鹽		1601-2-19(하-551)

〈부록 표 5〉 서울에서의 물품구매 내역(『쇄미록』)

번호	구매품	구매가	구매처	년-월-일(권-p)
1	牛肉	米 1斗		1596-8-21(하-74)
2	染靑長衣 1件 · 去核木花 1斤 · 沈魴魚 1尾 · 糖錫 2升			1596-10-8(하-101)
3	草笠 鹽眞魚 2尾 · 網巾小飾緋丹	末醬 8斗 · 破笠 1 銀錢 0.5		1598-7-10(하-319)
4	馬 1匹	銀 7兩		1598-8-20(하-330)
5	中木 3疋	銀 1兩2錢		1598-10-16(하-342)
6	水銀 · 砂糖 1員			1599-1-9(하-367)
7	藥 · 靑魚 3尾 · 3升長衣 2疋			1599-1-11(하-368)
8	鴉靑 3升 2疋 鴉靑 3升 1疋 · 半靑 3升 2疋 半靑 3升 1.5疋	正木 3疋 鷄兒 23首 木獵皮 1領		1599-1-20(하-370)
9	馬 1匹	木 16疋		1599-*4-28(하-402)
10	中甕 2坐, 鹽 17斗 小鏡 2圓	中木 1疋, 麤木 2疋 銀子 8分	西江	1599-5-7(하-405)
11	沈醬 2瓮			1599-5-8(하-406)
12	唐木梳			1599-6-1(하-412)
13	雌馬	銀 4兩3錢半		1599-6-16(하-414)
14	木花 14斤	好木 1疋		1599-8-17(하-427)
15	網巾 長衣紫色紬 飾丹 2次, 紅緞	銀 2錢 · 米 2升 銀 1錢 米 2升, 豆 1.5斗		1599-11-21(하-448)
16	篩 1介 沙鉢 3介 · 貼是 4介 · 保兒 2介	白米 1.2斗 · 惡米 2升 白米 3升 · 惡米 5升		1599-11-22(하-449)
17	笠子 1 破笠 1	銀子 4錢 · 中木 2疋 銀子 3錢		1600-2-14(하-465)
18	大口 2尾, 牛肉 1塊	米 5升, 錢 1錢		1600-2-21(하-466)
19	烹肉 1塊	木 0.5疋		1600-2-27(하-467)
20	方魚 2條 食器	足巾布 本鐵 1斤 · 銀子 4錢		1600-2-27(하-467)
21	白米 2.2斗 田米 2.8斗	銀 1.5錢~2.2錢 銀 1錢3分		1600-2-28(하-468)
22	紫色緋緞遮首 單衾次布 1疋, 分之 去核木花 2斤, 匙箸 沙器 6介	銀 5錢 銀 4錢, 銀 4.5錢 銀 2錢, 銀 1錢 銀 4分		1600-3-18(하-473)
23	名紙 3丈 米 4.1斗 · 田米 3.5斗	銀 3錢 木 2疋		1600-6-27(하-498)
24	鹽		龍山	1600-8-23(하-512)
25	白米 4斗, 鹽眞魚 11尾	銀, 木 0.5疋		1600-8-26(하-513)
26	紬, 鹽	正木 2疋, 木 0.5疋	京市	1600-10-24(하-527)
27	馬	銀子 5兩8錢		1600-11-8(하-529)
28	外紬 1疋	正木 2疋		1600-11-16(하-531)

〈부록 표 6〉 서울에서의 물품판매 내역(『쇄미록』)

번호	판매품	판매가	판매처	년-월-일(권-p)
1	乾棗 · 皮郎笠 外	米		1597-1-3(하-129)
2	生獐 · 淸			1597-2-8(하-145)
3	生麻 12丹	木 1.5疋		1597-7-9(하-193)
4	末醬 8斗	笠子		1598-6-24(하-314)
5	牛, 豹皮 1領	銀 7兩, 銀 2兩3錢		1598-8-20(하-330)
6	銀魚 1同 · 獺皮 1			1598-12-20(하-356)
8	銀魚 4同		畿內場	1598-12-9(하-353)
7	熊皮	中木 4疋	京商人	1598-12-25(하-358)
9	鷄 24首 · 弟家鷄 20首 · 木 3疋	3升木		1599-1-11(하-368)
10	虎皮	木 7疋		1599-3-11(하-382)
11	末醬 30斗			1599-*4-28(하-402)
12	斗麴 5員半, 淸 2升 中文魚 2尾	銀 7錢, 銀 2錢 銀 2錢半		1599-5-3(하-403)
13	牛	銀 7兩		1599-5-5(하-404)
14	大鷄 5首	銀 3錢半		1599-11-20(하-448)
15	鷄兒 10首, 豆 5斗	靑布 2疋, 鹽 6.5斗		1600-1-21(하-461)
16	沈醬瓮 1坐 母鷄 6首	銀子 1.4兩(木 4-5疋) 銀子 3錢		1600-2-14(하-464)
17	醬甕 2坐 綿布 12疋 馬 1匹	銀 2兩8錢 疋당 銀 2錢2分-2錢 銀 2兩6錢5分		1600-2-28(하-468)
18	布 16疋	木		1600-3-24(하-476)
19	芒鞋	木 10疋		1600-6-27(하-498)
20	老雄牛 1 染草 · 木朴 · 大盤 等物	銀 7兩3錢 銀錢		1600-8-21(하-511)

<부록 표 7> 물품구매 내역(『송간일기』)[51]

번호	구매품	구매가	구매처	년-월-일 (p)
1	笠	木 2필	李彦起	1578-1-19 (18)
2	軸	18필	軸匠 銀伊	1578-4-8 (22)
3	換鹽 28斗		李蘅	1578-6-6 (26)
4	陶器			1578-7-19 (28)
5	釜			1578-11-1 (33)
6	田	大牛	權元從	1579-1-5 (36)
7	貿鹽, 貿藿	米 6斗, 米 1斗		1579-2-1 (38)
8	祭肉		禮安場	1579-12-25 (52)
9	鹽			1580-*4-12 (58)
10	婢		琴德龍	1580-10-25 (67)
11	太 11斗			1580-12-4 (69)
12	酒肉			1581-8-15 (84)
13	畓		恩郎孫	1581-11-11 (88)
14	藥	1.5필		1582-4-13 (96)
15	牛胸			1582-8-11 (102)
16	馬		鄭年	1583-1-18(1-111)
17	畓			1583-3-11(1-115)
18	畓	木 30疋		1583-3-17(1-115)
19	牛			1583-5-11(1-117)
20	牛			1584-1-29(1-128)
21	草 10同			1584-11-9(1-140)
22	草 5同			1585-3-4(1-146)
23	牛		權彦芳	1585-12-6(1-163)
24	草 7同			1586-2-16(1-167)
25	奴			1586-5-26(1-173)
26	浮布		場市	1590-5-18(2-207)
27	馬			1590-9-9(2-215)
28	馬		場市	1590-11-16(2-216)
29	木		金遷	1592-3-17(2-243)
30	奴		李約	1593-12-7(2-274)
31	鷹			1605-2-9(3-306)
32	家舍			1605-3-11(3-307)
33	豹皮			1607-1-10(3-334)
34	鷹			1608-4-13(4-339)

51) 韓國精神文化硏究院編, 『松澗日記』(韓國學資料叢書 18), 1998. 典據의 페이지는 『松澗日記』의 페이지를 일컫는 것이다. 이하 <부록 표 8>도 마찬가지이다.

〈부록 표 8〉 노역 · 서비스 내역(『송간일기』)

번호	제작품 · 서비스 내용	工人	手工料	년-월-일 (p)
1	印冊	冊匠 李億千	木疋	1577-1-10 (18)
2	席	席匠 玉丁		1579-4-13 (41)
3	筆	筆工 龍伊		1582-1-5 (91)
4	筆			1582-2-6 (93)
5	鞍	鞍子匠		1582-2-10 (93)
6	筆	筆工		1585-1-13 (144)
7	靴	靴工		1586-3-16 (169)
8	筆			1586-5-6 (171)
9	筆			1586-8-9 (177)
10	鞍	鞍子匠 姜漢民	木 3필	1589-7-21 (194)
11	鞍	鞍子匠		1589-8-13 (196)
12	鞍	鞍子匠		1589-8-19 (196)
13	鞍	鞍子匠		1590-5-12 (206)
14	鞍	鞍子匠		1591-12-13 (238)
15	笠	笠匠		1603-12-2 (285)
16	冒笠			1608-2-11 (336)

〈부록 표 9〉 물품구매 내역(『병자일기』)[52)]

번호	구매품	구매가	구매처	년-월-일 (p)
1	大麥 5필		場市	1637-6-3 (91)
2	綿布 23필	絲麻	서울	1637-7-19 (103)
3	紙		瑞山	1638-3-1 (193)
4	新主櫝	布 11필		1638-3-13 (197)
5	石首魚 180마리, 鹽 6斗	布 2필, 布 1필	서울	1638-3-28 (205)
6	燒酒 9복자 · 鴨卵 10개	米 1斗	利安 효신 어미	1638-4-20 (215)
7	海帶 117同 · 大口 36마리	稻 4石	江陵	1638-5-13 (227)
8	豆			1639-1-28 (293)

52) 全鎣大 · 朴敬伸 譯註, 『譯註 丙子日記』, 예전사, 1991. 典據의 페이지는 『譯註 丙子日記』의 페이지를 일컫는 것이다.

〈부록 표 10〉 田畓 거래 시 지불수단의 사용 내역(경북지방)[53]

번호	내용 / 연대	綿布他		米他	銀他	기타 (牛·馬)
		正布	常布			
1	1511(중종 6)		1			
2	1520(중종 15)		1			
3	1521(중종 16)		1			
4	1523(중종 18)		1			
5	1524(중종 19)		2			
6	1525(중종 20)		2			
7	1526(중종 21)		1			
8	1530(중종 25)		2			
9	1531(중종 26)		1			
10	1532(중종 27)		2			
11	1533(중종 28)		2			
12	1534(중종 29)		1	2		
13	1536(중종 31)		5			
14	1537(중종 32)		1			
15	1538(중종 33)		2			
16	1539(중종 34)		2			
17	1540(중종 35)		2			
18	1541(중종 36)		2			
19	1542(중종 37)		5			
20	1543(중종 38)		2			
21	1544(중종 39)		1			
22	1546(명종 1)		1			
23	1547(명종 2)		5			
24	1548(명종 3)		3	1		
25	1549(명종 4)	1	2			1
26	1550(명종 5)		7	1		
27	1551(명종 6)	1	1	1		
28	1552(명종 7)		5	2		
29	1553(명종 8)	2	5	2		
30	1554(명종 9)	1	4	2		1
31	1555(명종 10)	4		3		
32	1556(명종 11)	1	2	1		
33	1558(명종 13)	1				1
34	1559(명종 14)	2				
35	1560(명종 15)	1	1			
36	1563(명종 18)		1			
37	1564(명종 19)		1			

53) 李樹健編, 『慶北地方古文書集成』, 嶺南大出版部, 1981. <부록 표 10>은 경북지방(孫東滿氏家, 李根華氏家, 李容純氏家, 權滄龍氏家 네 가문)의 16세기 초~17세기 말의 田畓 거래 시 화폐사용 내역을 연도별로 정리한 것이다.

38	1565(명종 20)		1			
39	1566(명종 21)			1		
40	1567(명종 22)			1		
41	1570(선조 3)		1			
42	1572(선조 5)	4	1			
43	1578(선조 11)		1			
44	1579(선조 12)		1			
45	1580(선조 13)		1			
46	1582(선조 15)		1			
47	1584(선조 17)		1			
48	1585(선조 18)		1			
49	1588(선조 21)		1			1
50	1590(선조 23)	1				
51	1591(선조 24)	1				
52	1594(선조 27)	1	3			
53	1595(선조 28)	1				
54	1596(선조 29)					1
55	1604(선조 37)	1				
56	1605(선조 38)		1			
57	1608(선조 41)	1				
58	1614(광해 6)	2				
59	1615(광해 7)		2			
60	1616(광해 8)	1	1			
61	1618(광해 10)		1			
62	1619(광해 11)		1			
63	1620(광해 12)		1			
64	1621(광해 13)		1			
65	1625(인조 3)	1		1		
66	1629(인조 7)		1			
67	1654(효종 5)					1
68	1665(현종 6)	1				
69	1667(현종 8)	1				
70	1670(현종 11)	1				
71	1671(현종 12)	1				
72	1672(현종 13)	1	1			
73	1673(현종 14)	1				
74	1675(숙종 1)	1				
75	1678(숙종 4)	1				
76	1680(숙종 6)	1				
77	1683(숙종 9)		1			
78	1685(숙종 11)	1				
79	1688(숙종 14)	1				
80	1692(숙종 18)		1		1	
81	1693(숙종 19)				1	
	총 계 (%)	39 (23%)	102 (61%)	18 (11%)	2 (1%)	6 (4%)

〈부록 표 11〉 田畓 거래 시 지불수단의 사용 내역(해남 윤씨가)[54)]

번호	내용 / 연대	綿布			米 他	銀 他
		正布	4,5升布	常布		
1	1591(선조 24)			1		
2	1593(선조 26)		1			
3	1594(선조 27)		1	1		
4	1595(선조 28)			1		
5	1604(선조 37)	1				
6	1605(선조 38)	1				
7	1607(선조 40)	1	1	1		
8	1609(광해 1)	1		1		
9	1612(광해 4)			1		
10	1613(광해 5)			1		
11	1618(광해 10)	1		1		
12	1619(광해 11)	1	1			
13	1624(인조 2)	3		1		
14	1625(인조 3)	1		3		
15	1626(인조 4)	1		1		
16	1628(인조 6)	1				
17	1629(인조 7)	5		2		
18	1630(인조 8)	1	1	1		
19	1631(인조 9)			2		
20	1632(인조 10)	2		2		
21	1633(인조 11)	2				
22	1634(인조 12)	4				
23	1635(인조 13)	1		1		
24	1636(인조 14)	2	1		1	
25	1637(인조 15)	1		1		
26	1638(인조 16)	2		1		
27	1639(인조 17)		1			
28	1640(인조 18)		1			
29	1641(인조 19)	1				
30	1644(인조 22)	1				
31	1645(인조 23)			1		
32	1646(인조 24)			1		
33	1647(인조 25)	3				
34	1649(인조 27)		2			
35	1650(효종 1)	1	1	1		
36	1651(효종 2)	1	3	1		
37	1652(효종 3)	1	3	1		
38	1653(효종 4)		1		1	

54) 韓國精神文化硏究院, 『古文書集成 3 -海南尹氏篇』, 1986. <부록 표 11>은 해남 윤씨가의 16세기 말~18세기 초의 田畓 거래 시 화폐사용 내역을 연도별로 정리한 것이다.

39	1654(효종 5)			2		
40	1655(효종 6)	2		4		
41	1656(효종 6)		1	5		
42	1657(효종 7)	2	2	8		
43	1658(효종 9)		1	10		
44	1659(효종 10)	5	4	58	1	
45	1660(현종 1)		1	5		
46	1661(현종 2)			1		
47	1662(현종 3)			3		
48	1663(현종 4)		1	2		
49	1664(현종 5)		1			
50	1665(현종 6)			1		
51	1666(현종 7)			2		
52	1667(현종 8)	1		4		
53	1668(현종 9)			3		
54	1669(현종 10)	2		3		
55	1670(현종 11)	1		6		
56	1671(현종 12)	2		22		
57	1672(현종 13)			4		
58	1673(현종 14)	3		7		
59	1674(현종 15)			2		
60	1675(숙종 1)			5		
61	1676(숙종 2)			7		
62	1677(숙종 3)	1				
63	1678(숙종 4)	1		2		
64	1679(숙종 5)			3		
65	1680(숙종 6)	9				
66	1681(숙종 7)	12		1	2	
67	1682(숙종 8)	1			3	
68	1683(숙종 9)		1	1	11	
69	1684(숙종 10)	3			6	
70	1685(숙종 11)				11	
71	1686(숙종 12)				1	
72	1687(숙종 13)	2			11	
73	1688(숙종 14)				3	
74	1689(숙종 15)				1	
75	1690(숙종 16)				6	
76	1691(숙종 17)				6	
77	1692(숙종 18)				4	
78	1693(숙종 19)				3	
79	1694(숙종 20)	1				
80	1695(숙종 21)				4	
81	1696(숙종 22)				5	
82	1697(숙종 23)				5	1

83	1698(숙종 24)				3	
84	1699(숙종 25)				1	
85	1704(숙종 30)				1	
86	1705(숙종 31)				2	
87	1706(숙종 32)				1	
	총 계	88(21%)	30(7%)	199(49%)	93(23%)	1(0%)

제5장 朝鮮後期 貨幣量과 錢荒

1. 문제 시각

이 장에서는 법정화폐(상평통보)가 도입되어 통용되는 시기인 1689년부터 화폐가 남발되기 시작하는 1821년까지, 여러 사료를 이용하여 화폐량의 장기시계열을 추정하였다. 이 때는 실물교환경제에 화폐가 처음 도입되는 시기이어서 화폐량의 추정은 이 시기 국민경제와 시장의 발달을 살펴볼 수 있는 중요한 경제적 의미를 제공하고 있다. 특히, 이 연구는 화폐도입 시기의 화폐량을 정부의 화폐 주조량과 본원통화를 의미하는 銅 수입에 의한 화폐량으로 구분하여 모두 측정하였다.

17세기 후반은 유통산업의 확대와 명목화폐의 도입으로 실물화폐경제에서 명목화폐경제로 이전되는 시기였다. 이 시기의 화폐는 銅을 주원료로 주조되었는데, 동은 한국에서는 거의 생산되지 못하고 일본에서의 수입으로 충당되었다. 동의 수입에 대한 결제는 銀으로 이루어졌으며 銀은 한국의 주산물인 인삼이나 중국에서 수입한 白絲 등을 일본으로 수출하여 한국으로 유입되었다. 따라서 조선후기 화폐제도의 특징은 첫째, 동 본위제이긴 하지만 엄격한 의미에서 동과 은을 동시에 본원통화로 하는 복수 화폐본위제(bimetalizm)의 형태를 가지는 것이며, 둘째, 다른 나라와 달리 자체 귀금속의 생산 없이 화폐가 유통되기 시작했다는 점이다. 이러한 화폐제도의 특징은 화폐량의 측면에서 아주 중요한 의미를 갖는다.

유통시장이 발달하기 시작하고 인구가 급증하면서 시장거래량은 급속히 증가하는 데 반해, 화폐의 원료를 외국수입에 의존하는 경우 그 공급은 상당히 제약적이 된다. 이 경우 경제에는 거래에 필요한 교환수단이 충분하지 못해서 화폐가 부족하고 화폐의 초과수요가 상존하면서 화폐의 실질가치는 상승하게 된다. 이 錢荒 현상은 조선후기 사회 전반에 아주 심각한 영향을 끼쳤으며, 조선 사회경제는 상평통보의 유통으로 촉진된 농업생산양식의 변화와 사회의식 변화를 거치게 된다.

정부가 이 시기에 화폐공급을 늘리면 전황이 일시적으로 완화되나 일정기간 후 다시 반복하여 전황이 나타난다. 이것은 이 시기 거래량에 못 미치는 화폐공급량 때문에 발생한다. 이러한 장기적인 전황현상은 18세기 후반 들어 경제에 화폐량이 충분히 존재하기 시작하면서 점차 해소되어 화폐가치가 하락하고 물가는 상승하기 시작했다.[1] 이미 이 전황현상은 일찍부터 연구자들의 주목을 받았다. 대체로 전황에 대한 기존 연구 시각은 크게 두 가지로 나눌 수 있다. 하나는 전황의 원인을 화폐의 수요와 공급의 불일치에서 찾고자 하는 화폐 수량적 입장이다. 여기서는 정부의 동전 발행의 억제 정책과 동전의 原料難, 銀 유통량의 감축과 동전의 퇴장 등으로 인해 전황이 발생하였으며, 이는 다량의 동전이 주조되면서 해소되었다고 파악하고 있다.[2] 다른 하나는 전황을 조선후기 상품화폐경제 발전의 산물로 파악하는 입장이다. 화폐경제의 확대에 따른 지주, 상인(특히 대외무역 상인), 조세청부업자 등의 동전과 은의 蓄藏(18세기 전반)과 私商의 화폐 주도권 장악에 따른 貢市人의 자금난(18세기 후반)으로 인해 전황이 나타났으며, 두 시기를 관통하는 전황 문제의 본질을 富의 쏠림 현상 때문으로 파악하고 있다.[3]

---

1) 18~19세기 한국의 물가에 대한 연구는 아래의 연구가 참조된다.
李憲昶, 「肅宗-正祖朝(1678~1800년간) 米價의 變動」, 『經濟史學』 21, 1996; 全成昊, 「18세기 米價推移와 米穀政策에 관한 연구」, 『史學研究』 52, 1996; 「18~19세기 物價趨勢(1744~1862) -全羅道 靈巖 場巖里 南平文氏 古文書 分析」, 『朝鮮時代史學報』 2, 1997; 「朝鮮後期 米價史 研究(1725~1875)」, 성균관대 박사학위논문, 1998; 安達義博, 「朝鮮後期の物價變動」, 『朝鮮學報』 132, 1989; 이영훈 편, 『수량경제사로 다시 본 조선후기』, 서울대출판부, 2004.

2) 元裕漢, 『朝鮮後期 貨幣史研究』, 한국연구원, 1975; 「朝鮮後期 貨幣流通에 대한 一考察 -錢荒問題를 중심으로-」, 『韓國史研究』 7, 1972; 宋贊植, 『李朝의 貨幣』, 한국일보사, 1975; 崔虎鎭, 『韓國貨幣小史』, 瑞文堂, 1974.

이 장에서는 조선후기 화폐량의 장기시계열을 구축하고 특징적인 경제 현상인 전황이 가지는 사회 경제학적 의미를 살펴보고자 한다. 화폐량은 기록에 나타난 정부의 공식 화폐 주조량과 동의 수입량, 두 가지 변수를 모두 측정하였다. 화폐 주조량을 화폐공급량으로 사용하는 경우 화폐주조가 이 시기에 간헐적으로(약 7년 ~ 10년) 이루어지고 있으며 개인에 의한 사주나 협주가 다수 행해지고 있어서 정확한 주전량을 측정하는 것이 불가능하다. 따라서 본원통화를 의미하는 동의 수입량을 화폐단위로 환산한 화폐량을 측정하여 화폐공급량의 대용변수로 하였다.

2. 조선후기 화폐원료인 銅과 銀의 수입량

17세기에 들어와 조선에서는 시장경제가 확대되고 거래량이 증가하면서 同價·同質의 기능을 갖춘 화폐를 필요로 하였다. 기존의 布貨(면포)는 질적 하락과 단일한 가치 구현의 미비 등의 한계로 인해 발전된 유통경제 하에서 화폐의 기능을 상실하게 되고 銀貨가 기존의 布貨를 대신하였다. 銀貨는 16세기 후반에 평안도 등 상업이 발달한 일부 지역을 중심으로 사용되다가 점차 전국적인 교환수단으로 확대되었다.[4] 하지만 銀貨 또한 통용화폐로서 기능의 한계점을 가지고 있었다. 즉, 銀貨의 원료가 되는 銀을 지속적으로 대량 확보해야 하는 문제와 고액의 상품 거래에는 편리하나 소액 거래에는 불편한 문제가 있었으며, 또한 당시 中國에서 銀貨가 통용화폐로 유통되는 현실에서 조선에서 銀貨를 통용화폐로 할 경우에 발생할 수 있는 정치, 경제상의 문제도 있었다. 이처럼 布貨와 銀貨가 갖는 화폐기능의 한계로

3) 장국종, 「18세기 동화주조와 전황문제」, 『력사과학』 1, 1963; 방기중, 「17·18세기 前半 金納租稅의 成立과 展開」, 『東方學志』 45, 1984; 「19세기 前半 租稅收奪構造의 特質과 基盤」, 『국사관논총』 17, 1990; 이재윤, 「18世紀 貨幣經濟의 發展과 錢荒」, 『學林』 18, 1997; 成伯鏞, 「17~18세기 전반 동전유통구조의 성립과 錢荒」, 부산대 석사학위논문, 1996.

4) 『宣祖實錄』 권93, 宣祖 30년 10월 庚午(13).

인해 정부는 1625년부터 적극적인 銅錢 유통 정책을 시도하게 되었으며 계속적인 鑄錢과 통화 관리를 하게 되었다.

銅錢 주조의 주요한 원료는 銅과 含錫이었다.[5] 銅의 대부분은 일본에서 수입되었고, 함석은 일본보다 값이 저렴한 중국을 통해 들여왔다.[6] 따라서 동전 원료인 동과 함석은 일본과 중국과의 公·私 무역을 통해 수입해야 했기에 당시 국제 결제통화였던 銀貨의 확보가 필요했다. 물론 국내 광산에서 鑛銀·生銅이 개발되기는 하였지만 이들의 개발은 15세기 이래 정부에 의해 억제되고 있었기 때문에 국내 銅과 銀의 산출액은 적은 수에 불과했다. 이에 반해 일본의 金銀 鑛山은 16세기 중엽부터 본격적으로 개발되어 그 산출량이 많고 가격도 저렴하여 일본에서 銀과 銅을 수입하는 것이 안정적이었다.[7] 따라서 당시 국내에서 유통되고 있던 銀貨와 銅錢의 원료는 주로 일본에서 수입된 倭銀·倭銅이었다.[8] 일본과의 사무역에 의한 은과 동의 수입량은 <표 1>에 자세히 나타나 있다.

倭銀의 수입량은 <표 1>에 나타나 있는 것처럼 1702년을 전후하여 2,000貫 정도를 유지하였으나 그후 급격하게 감소하여 1,000貫 이하로 떨어졌다.[9] 1714년을 전환점으로 倭銀의 수입량은 다시 증가하여 1732년까지는 1,010~1,950貫 정도 수준을 유지하였지만 그 이후에는 급격하게 감소하여 1752년 이후 더 이상 기록상으로 나타나지 않게 되었다. <표 1>에서 倭銅의 수입량은 1613년 '己酉約條'의 체결로 公貿易의 조약이 제정되어 銅이 公貿易의 품목에 포함되어 매년 2만 6천~2만 9천 斤이 수입되었다. 하지만 1678년에 상평통보가 주조되면서 銅의 소비량이 급격하게 증가되고 公貿易을 통한 수입량으로는 동의 확보가 절대적으로 부족하였기 때문에 많은 부분이 私貿易으로 충당되었다.[10]

---

5) 19세기 초의 鑄錢式에 의하면 銅錢은 生銅 73%, 含錫 13.5%, 常鑞 13.5%의 비율로 合成, 鑄造되었다(『萬機要覽』 財用篇 4, 鑄錢式).
6) 『備邊司謄錄』 권91, 英祖 8년 3월 26일.
7) 小葉田淳, 『金銀貿易史の研究』, 法政大出版局, 1969; 『貨幣と鑛山』, 思文閣出版, 1999.
8) 『英祖實錄』 권76, 英祖 28년 4월 戊戌(7).
9) 은의 무게를 나타내는 1貫을 동의 무게를 나타내는 근으로 표시하면 6.25斤과 같다.
10) 銅의 公貿易 규정은 4차례 개정을 거치는데, 첫째, 1613(광해군 5)~1650년(효종 1)까지는 매년

〈표 1〉 조선후기 日本 銀의 수입량(貫)*과 銅의 수입 추정량(斤) – 사무역의 경우[11)]

年度	銀輸入	동수입	年度	銀輸入	동수입	年度	銀輸入	동수입	年度	동수입
1684	1,938	169,749	1709	940	56,796	1734	770	30,000	1770	164,600
1685	2,007	91,142	1710	620	72,150	1735	950	45,000	1771	72,105
1686	2,887	315,015	1711	620		1736	430	85,000	1772	20,900
1687	2,044	264,235	1712	525		1737	485		1773	170,850
1688	2,487	188,577	1713	950	100,000	1738	770		1774	139,000
1689	1,995	181,732	1714	1,956	100,000	1739	595		1775	130,500
1690	2,231	587,969	1715	1,580	200,000	1740	910		1776	38,000
1691	2,731	437,669	1716	1,410	100,000	1741	750		1777	86,900
1692	2,437	421,874	1717	1,360		1742	450		1778	100,000
1693	2,274	681,387	1718	980	100,000	1743	110		1779	100,000
1694	2,579	692,353	1719	580	200,000	1744	500	23,428	1780	100,000
1695	2,449	372,252	1720	765	200,000	1745	250	23,428	1781	100,000
1696	2,440	628,348	1721	1,132		1746	260	23,428	1788	70,000
1697	2,405	1,436,000	1722	1,630		1747	270	23,428	1789	12,000
1698	1,400	26,453	1723	1,490	100,000	1748	100	23,428	1790	37,000
1699	1,980	626	1724	700		1749	310	23,428	1791	80,000
1700	1,565	1,100	1725	410	230,000	1750	196	23,428	1792	70,000
1701	2,730	4,456	1726	700	100,000	1751	110		1793	23,000
1702	1,807	24,726	1727	1,280	240,000	1752	10		1820~1826	150,000
1703	730	300	1728	1,100	100,000	1763		69,798	1827	200,000
1704	1,350	5,251	1729	1,350	100,000	1764		112,433	1828~1835	150,000
1705	1,078	5,351	1730	1,450		1765		103,000	1836~1844	161,000
1706	1,300	55,200	1731	1,590	100,000	1767		40,300	1845~1847	150,000
1707	927	3,426	1732	1,010	100,000	1768		55,000	1848~1854	161,000
1708	980	4,008	1733	700	100,000	1769		52,300	1855~1866	211,000

* 1710년까지의 수입량은 정확한 수치이고, 1711년 이후부터는 최저 수입량을 기록함.

倭銅의 수입은 1613년 이후 지속적으로 증가하다가 1697년에 140여만 냥을 정점으로 급격히 감소하여 그 후 연간 8만 냥 미만으로 떨어졌다. 하지만 1713년부터 다시 조금씩 증가하여 1730년대 초반까지는 대체로 매년 10만 냥~20만 냥 수준을 유지하다가 그 후 급감한 후 1760년대 초반부터 1780년 후반까지 다시 증가하였다. 하지만 그 이후부터는 다시 감소하였으나, 1820년대 이후에는 재차 증가하는 양상이었다.[12)]

29,073斤 54匁, 둘째, 1651년(효종 2)~1702년(숙종 28)까지는 매년 29,373斤 54匁, 셋째, 1703년(숙종 29)~1808년(순조 8)까지는 매년 27,900斤, 마지막으로 1809년(순조 9)~1866년(고종 3)까지는 매년 26,900斤을 한도액으로 하였다(田代和生, 『近世日朝通交貿易史の硏究』, 創文社, 1981).

11) <표 1>의 倭銅과 倭銀의 수입량은 다음의 田代和生의 연구를 바탕으로 작성하였다.
田代和生, 『近世日朝通交貿易史の硏究』, 創文社, 1981; 「對馬藩の朝鮮輸出銅調達 −幕府の銅統制と日鮮銅貿易の衰退」, 『朝鮮學報』66, 1973; 「德川時代における銀輸出と貨幣在庫」, 『日本經濟の發展 −近世から近代へ』, 日本經濟新聞社, 1976.

12) 田代和生, 앞의 책, 1981; 앞의 논문, 1973.

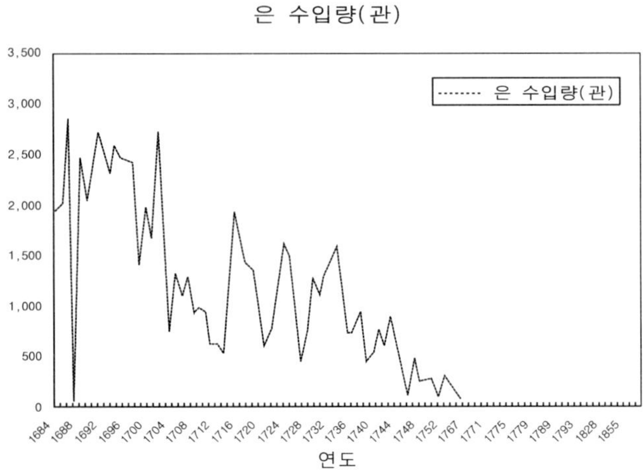

〈그림 1a〉 동의 수입량(단위: 근)

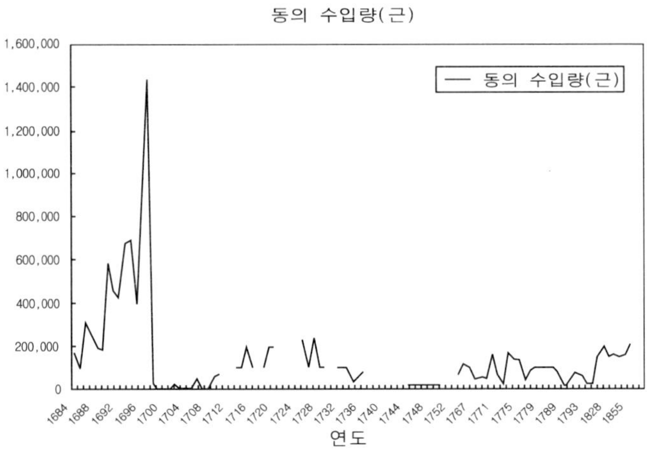

〈그림 1b〉 은의 수입량 (단위: 관)

이상과 같이 倭銅·倭銀의 수입량은 1700년 전후의 시기에 최고점을 이룬 후 급격히 감소하였다가 1714년경 조금씩 증가하였다. 그리고 1730년대 중반부터 1750년 전후와, 1780년대 말부터 1810년 전후에 감소하였다가 다시 1820년대 이후에는 증가하는 양상이었다.[13] 은과 동의 수입량의 시기별 추세는 <그림 1>에 나타나 있다. 물론 1731년 전후에 일본으로부터 은과 동의 수입량이 점차 감소하고 공급도 불안정하게 되자 정부와 상인들은 국내 銅鑛의 채굴에도 관심을 갖게 되었다. 1731년의 安邊銅鑛의 채굴을 시작으로 1741년에는 遂安銅鑛,[14] 1828년 함경도의 甲山銅鑛이 개발되었는데, 본격적인 국내 銅鑛의 채굴은 1828년 갑산동광의 개발 이후에 이루어졌다.[15]

자체의 귀금속 생산 없이 화폐를 주조하는 시기에 화폐량을 추정하는 데 국제 결제통화인 은과 동전주전의 원료가 되는 동의 수입량 모두 사용할 수 있다. 수입된 동은 검정기간 동안 일부가 그릇이나 무기 제조 등의 용도로 사용되었을 경우도 있지만, 이 시기는 대외 전쟁이 없었던 평화 시기였고 또한 동의 가격이 고가였기에 그릇 제조에 사용된 銅이 많지 않았을 것으로 추정된다. 따라서 수입된 동은 거의 모두 화폐 주조에 사용되었을 것으로 보인다. 하지만 銀은 銅의 수입에 사용되는 국제 결제통화인 동시에 다른 상품무역에도 사용되었기 때문에 銀의 수입량을 통화량에 포함시킬 경우 통화량을 과대하게 추정할 우려가 있다. 하지만 여기에서는 정확한 국내 통화량의 추정을 위해서 본원통화를 의미하는 동과 은의 수입량을 모두 합한 화폐량을 기준으로 하는 것이 현실적이다. 참고로 동의 수입량을 이용한 구체적인 화폐량 측정은 다음 절의 <표 5>에 자세히 나타나 있다.

이처럼 조선후기 화폐의 주전 원료는 거의 전적으로 외국무역에 의존하였고 그 공급량도 제약적이었다. 이에 반해 유통시장은 급속히 확대되고 인구가 증가하면서 거래량(화폐수요)이 급속히 늘었고 화폐의 초과수요(錢荒 현상)가 상존하게 되었다. 이러한 화폐 부족현상이 화폐의 실질가치를 높이게 되면서 조선후기 여러 경제적인 문제를 가져왔는데 다음에서 자세히 살펴본다.

---

13) 幕府는 銅의 대외무역에 대한 영향력을 점차 강화시켰는데, 우선 1701년(숙종 27)에는 對馬島主의 무역 자율권을 제한하여 막부 통제 하에 두었고, 1713년에는 對馬島主의 銅調達高를 허가제로 하였으며, 나아가 1716년(숙종 42)에는 對朝鮮 輸出高를 매년 10萬 斤으로 규정하였다(田代和生, 앞의 논문, 1973).

14) 『備邊司謄錄』 권81, 英祖 3년 윤3월 6일, 『備邊司謄錄』 권108, 英祖 17년 2월 16일.

15) 『日省錄』 純祖 28년 9월 5일.

3. 조선후기 화폐량 추정

여기에서는 조선후기 여러 자료를 이용하여 화폐량을 추정하여 본다. 추정기간의 시작인 1689년은 법정화폐인 상평통보가 공식적으로 주조되어 전국적으로 유통되기 시작한 시기이며 마지막 추정기간인 1821년은 화폐발행이 남발되고 이자율의 급격한 변화가 있기 바로 이전의 시기였다.

1) 화폐량의 측정

화폐공급량을 측정하기 위해 기록에 보이는 정부의 공식 화폐 주조량과 동의 수입량을 모두 사용하였다. 앞에서 언급하였듯이 국제 결제통화인 은의 수입량으로 화폐를 추정할 경우 화폐량을 과다하게 추정할 우려가 있으나 본원통화로서 은의 역할 때문에 은을 포함하여 화폐량을 추정하였다.[16] 조선 정부의 화폐 주조량의 통계는 『朝鮮王朝實錄』, 『備邊司謄錄』, 『承政院日記』 등의 관찬 사료에서 기록된 것을 중심으로 했으나 富商 등에 의한 사주・협주나 기록상의 문제 등으로 인한 누락분이 발생할 수 있다. 화폐 주조량에 대한 기타 자료는 『潛谷遺稿』와 『龍湖間錄』, 『秋官志』 등에서 발췌하였다. 국가의 공식 화폐 주조량과 화폐량은 <표 2>에 자세히 나타나 있다. 화폐 주조량이 화폐량의 증가분을 나타내므로 화폐(공급)량은 누적 화폐 주조량으로 계산하였다.

여기에서 흥미로운 사실은 화폐도입 초기에 화폐가 많이 주조되었지만 그 이후(1695~1729년) 약 30년간 화폐의 주조가 억제되었다. 화폐 주조가 억제된 주요한 원인으로 지적할 수 있는 것은 그 당시 왕을 포함하여 다수 위정자들은 화폐경제가 가져오는 봉건신분제의 동요, 상업의 발달, 국가 지배이념의 훼손 등을 우려했던

16) 조선시대의 화폐 주조량에 대한 것은 다음의 연구가 참조된다.
元裕漢, 『朝鮮後期 貨幣史硏究』, 한국연구원, 1975; 宋贊植, 『李朝의 貨幣』, 한국일보사, 1975; 李憲昶, 「1678~1865년간 貨幣量과 貨幣價値의 推移」, 『經濟史學』 27, 1999.

것 같다.[17] 그러나 화폐경제가 파급되어 전국적으로 화폐가 상용되고 상업거래가 활발하게 전개되면서 위정자들이 동전의 주조를 억제하는 명분보다는 그로 인해 발생하는 전황현상이 사회경제적으로 미치는 해악이 훨씬 컸었다. 따라서 1729년 이후에는 전황으로 인한 사회문제를 해결하기 위하여 국가적 차원에서 여러 가지 타개책을 모색하는 가운데, 동전주조를 확대해 나갔다.

〈표 2〉 정부의 화폐 주조량과 화폐량 **

년	화폐주조량 (천냥)	공식 화폐량 (천냥)	년	화폐주조량 (천냥)	공식 화폐량 (천냥)
1678-1681	50	50	1793	60	5,599
1684	0	50	1794	60	5,659
1686	20	70	1797	100	5,759
1690	18	88	1798	100	5,859
1695	550	638	1807	300	6,159
1729	700	1,338	1814	326	6,485
1731	350	1,688	1825	367	6,852
1732	280	1,968	1830	933	7,785
1742	500	2,468	1832	784	8,569
1750	164	2,632	1840	200	8,769
1751	607	3,239	1855	1,571	10,340
1765	330	3,559	1857	916	11,256
1772	100	3,669	1867	16,000	27,256
1774	640	4,309	1874	4,000	31,256
1775	500	4,809	1883	310	31,566
1785	670	5,479	1884	500	32,066
1791	60	5,539	1888	1,000	33,066

* 자료 출처: 『朝鮮王朝實錄』, 『備邊司謄錄』, 『承政院日記』, 『增補文獻備考』, 『萬機要覽』, 『潛谷遺稿』, 『龍湖問錄』, 『秋官志』.

** 화폐량: 정부의 누적 화폐 주조량을 의미함.

17) 원유한, 앞의 책, 1975.

〈표 3〉 조선후기 화폐의 주전비율: 동전 1냥당 동과 은의 무게 변화율

년	동전 1냥의 동 무게		은의 화폐가치	
	1냥의 동 무게**	무게 감소율(%)	1냥에 해당하는 은 무게	무게 감소율(%)
1678-1704	175전	--	0.40냥	--
1705-1742	140전	20.0	0.38냥	5.0
1743-1752	119전	15.0	0.20냥	47.3
1753-1780	93전	21.8	0.37냥	[-85.0]a
1781-19세기 초반	84전	9.6		
전 기간 평균	122전	16.6	0.33냥	

* 자료출처: 『萬機要覽』

** 상평통보 화폐단위 1냥=10전=100푼. 동의 무게 1전=37.5g. a)는 음(-)의 부호를 나타냄.

동과 은의 수입량을 본원통화량의 대용변수로 사용하는 경우 다음과 같이 계산하였다. 먼저 화폐 1푼의 가치에 해당하는 동전의 무게는 1689 ~ 1704년까지 2.5전, 1701 ~ 1742년까지 2.0전, 1742 ~ 1752년까지 1.7전, 1753 ~ 1780년까지 1.34전, 1781 ~ 1800년까지 1.2전으로 하였다. 이 시기 동전주조 비율에 따라 동전의 무게에서 동의 함유량을 73%로 하여 화폐 1푼당 동의 무게를 시기별로 1.75전, 1.4전, 1.19전, 0.93전, 0.84전으로 환산하였다. 그 다음 수입된 동의 무게에서 화폐 1푼에 해당하는 동의 무게를 나누어 주면 동의 수입량을 화폐 가치로 환산할 수 있다.[18] 이 시기 동전 1냥에 포함된 동과 은의 무게는 <표 3>에 나타나 있다.

흥미로운 사실은 <표 3>에서 화폐 1냥당 동의 무게는 점차 감소하고 있다는 것이다. 이는 화폐도입 후 국가가 동전의 주조를 억제하다가 전황현상이 심각해지면서 부작용을 최소화하기 위해 1729년 이후 동전주조를 늘리기 시작했기 때문이다. 하지만 화폐의 원료인 동의 수입이 외국무역으로 제한되면서 동전에 포함된 동의 무게를 감소시켜서 화폐 주조량을 증가시켰다. 銀의 수입량을 기준으로 화폐량을 추정할 경우 銀과 銅錢의 교환비율이 1684 ~ 1689년 사이에는 은 1냥 = 동전 2.5냥, 1690 ~ 1699년에는 은 1냥 = 동전 2.6냥이었으며, 1700 ~ 1731년에 은 1냥

18) 동전의 무게에 대한 것은 元裕漢, 「18世紀에 있어서의 貨幣政策 -銅錢의 鑄造事業 중심-」, 『史學研究』 19, 1967, 73쪽 참조. 1800년대 초반 주전식에 의하면 동전은 생동 73%, 함석 13.5%, 상납 13.5%의 비율로 주조되었다(『萬機要覽』 財用篇 4, 鑄錢式).

=동전 5냥, 그리고 1732~1752년 사이에 은 1냥=동전 2.65냥이었다. 수입된 은의 기본 단위가 貫이며 1관은 은의 무게 10냥에 해당한다.

동의 수입량은 公·私 貿易을 모두 합한 것이며 검정기간 동안 동의 채광이 국내에서 억제되었기 때문에 국내 채광량은 배제되었다. 그리고 수입된 동이 모두 화폐 주조에 사용되었다고 가정하였다.[19] 물론 수입된 동의 일부가 그릇이나 무기 제조 등 용도로 사용되었을 경우도 있지만, 검정기간 동안 대외 전쟁이 없었던 평화 시기였고 또한 동의 가격이 고가였기에 그릇 제조에도 사용된 銅이 많지 않았을 것으로 추정된다. 동과 은의 수입량을 화폐가치로 나타낸 본원통화량에 비교하여 실제 주전된 화폐량의 상대적 비율은 <표 4>에 자세히 나타나 있다. <표 4>에서 동과 은의 수입량을 화폐가치로 환산한 본원통화량은 조선후기 잠재적 화폐공급량을 나타내는 반면, 화폐 주조량은 수입한 동을 주전하여 실제 시장에서 유통되고 있는 화폐공급량을 나타낸다. 일반적으로 금본위제도나 은본위제도하에서 본원통화량 대비 화폐 주조량의 비율은 정확하게 1이 되어야 하나, 조선후기 이 비율은 1보다 훨씬 작게 나타나고 있다. 이는 본원통화량에 은의 수입량을 포함하면서 은 수입량의 화폐가치가 과대평가 되었기 때문이다. 하지만 동의 수입량으로 환산한 화폐공급량과 주전량을 비교하여 보면 그 비율이 화폐도입 초기(1689~1728년)에는 1보다 작다가 1729년부터 갑자기 증가하였다. 전 기간 동안 동의 수입량 대비 주전량의 평균 비율은 2.07이었다.

〈표 4〉 화폐 주조량/본원통화 비율

기간	화폐주조량/본원통화1 비율*	기간	화폐주조량/본원통화2 비율**
1684-1704	0.99	1684-1704	0.33
1705-1750	1.44	1705-1750	0.38
1705-1728	0.86	1705-1728	0.24
1729-1750	2.08	1729-1750	0.53
1751-1796	3.29	1751-1796	0.96
1684-1796	2.07	1684-1796	0.60

* 본원통화1 비율은 동의 수입량 대비 주전량의 비율을 의미함.
** 본원통화2 비율은 동과 은의 수입량을 합친 주전량의 비율을 의미함.

19) 동의 수입량에 대한 것은 田代和生, 앞의 논문, 1973, 1981 참조.

이는 조선후기 국가가 수입한 동과 은의 원료보다 더 많은 화폐를 만들어 유통시켰다는 것을 의미한다. 흥미로운 사실은 이러한 본원통화량 대비 화폐 주조량 비율은 정확하게 물가의 변동 행태와 유사하다는 것이다. 일반적으로 화폐가 도입되고 난 후 1750년까지 본원통화 대비 주전량 비율은 0.9 ~ 1.4로 작게 나타나며 물가가 지속적으로 하락하는 디플레이션(deflation) 기간이었다. 하지만 이 비율이 증가하는 1750 ~ 1793년 사이에는 물가가 상승하는 인플레이션(inflation) 기간이었다. 동 수입량에 의한 화폐 추정량과 정부의 화폐 주조량에 대한 시계열 자료는 아래 <표 5>에 나타나 있다.

〈표 5〉 조선후기 화폐량과 실질거래량

연도	화폐 주조량	동 수입량	동 수입의 화폐추정량	실질생산	실질소비	인구수	비고
	M1(냥)	(근)	M2(냥)	Y(석)	Y(석)	(천명)	
1692	514,000	468,001	1,735,830	52,835,679	6,091,020	16,029	
1695	1,064,000	558,966	2,294,796	32,000,567	5,878,980	15,471	
1698	1,064,000	664,051	2,958,847	53,209,629	5,574,220	14,669	
1701	1,064,000	28,738	2,987,585	51,348,254	5,436,660	14,307	
1704	1,064,000	34,735	3,022,320	48,649,680	5,485,680	14,436	
1707	1,064,000	45,005	3,067,325	54,697,054	5,626,660	14,807	
1710	1,064,000	66,027	3,133,352	65,301,584	5,808,300	15,285	
1713	1,064,000	55,984	3,189,336	36,649,817	6,000,580	15,791	
1716	1,064,000	147,413	3,336,749	37,394,924	6,162,460	16,217	
1719	1,064,000	116,937	3,453,686	47,999,455	6,247,200	16,440	
1722	1,064,000	86,460	3,540,146	43,113,703	6,318,640	16,628	
1725	1,064,000	126,080	3,666,226	31,439,369	6,447,080	16,966	
1728	1,064,000	159,603	3,825,829	43,489,292	6,614,280	17,406	
1731	2,114,000	86,460	3,912,289	17,884,265	6,708,520	17,654	
1734	2,394,000	95,603	4,007,892	48,761,663	6,665,960	17,542	
1737	2,394,000	65,127	4,073,019	33,698,553	6,654,560	17,512	
1740	2,394,000	25,508	4,098,527	54,971,595	6,756,400	17,780	
1743	2,894,000	31,885	4,130,412	23,910,639	6,897,000	18,150	
1746	2,894,000	58,660	4,189,072	43,864,881	7,012,520	18,454	
1749	2,894,000	58,660	4,247,732	48,572,456	7,075,220	18,619	
1752	3,665,000	40,810	4,288,542	55,350,008	7,089,280	18,656	은 수입소멸
1755	3,665,000	37,512	4,326,054	50,266,844	7,027,720	18,494	
1758	3,665,000	37,512	4,363,566	70,944,026	6,865,460	18,067	
1761	3,665,000	37,512	4,401,078	76,092,141	6,761,340	17,793	
1764	3,665,000	119,183	4,520,261	47,253,657	6,726,760	17,702	
1767	3,995,000	101,735	4,621,996	39,301,330	6,721,820	17,689	
1770	3,995,000	159,372	4,781,368	20,807,085	6,748,420	17,759	
1773	4,095,000	155,766	4,937,134	40,199,026	6,794,780	17,881	
1776	5,235,000	175,327	5,112,461	49,911,581	6,841,140	18,003	

연도	화폐 주조량	동 수입량	동 수입의 화폐추정량	실질생산	실질소비	인구수	비고
	M1(냥)	(근)	M2(냥)	Y(석)	Y(석)	(천명)	
1779	5,235,000	166,094	5,278,555	38,649,212	6,877,240	18,098	
1782	5,235,000	162,694	5,441,249	31,074,934	6,917,140	18,203	
1785	5,905,000	48,000	5,489,249	43,115,123	6,961,980	18,321	
1788	5,905,000	88,142	5,577,391	20,826,352	6,960,840	18,318	
1791	5,955,000	121,978	5,699,369	94,611,477	6,898,520	18,154	
1794	6,055,000	101,333	5,800,702	97,116,815	6,904,600	18,170	
1797	6,159,000	48,000	5,848,702	44,775,638	6,954,380	18,301	
1800	6,259,000	48,000	5,896,702	78,760,843	7,008,340	18,443	
1803	6,259,000	53,142	5,949,844	113,905,494	7,044,440	18,538	
1806	6,259,000	53,142	6,002,986	113,322,858	7,067,620	18,599	
1809	6,555,000	52,506	6,055,492	20,645,735	7,015,180	18,461	
1812	6,555,000	51,238	6,106,730	56,128,316	6,828,980	17,971	
1815	6,881,000	51,238	6,157,968	104,000,669	6,468,360	17,022	
1818	6,881,000	51,238	6,209,206	110,409,674	6,258,980	16,471	
1821	6,881,000	78,447	6,287,653	110,992,310	6,162,460	16,217	

* 자료출처: 화폐 주조량-『朝鮮王朝實錄』,『備邊司謄錄』,『承政院日記』,『潛谷遺稿』등.
일본 동의 수입량- 田代和生(1973).
실질소비와 진휼곡 분급액(1일)-『萬機要覽』,『牧民心書』,「居官大要」,「四政考」.
실질생산, 토지생산성-『漆谷廣州李氏古文書』, 김건태(1996)에서 재인용.
인구- 권태환・신용하(1977)에서 재인용.

2) 실질거래량(화폐수요) 측정

조선후기 시장에서 거래되는 매매량은 실질 화폐수요로 볼 수 있으며 실질소비와 실질생산을 대용변수로 사용하였다. 실질소비를 구하기 위해 진휼곡에 명시된 하루 일인당 최소 소비량을 기준으로 하였으며, 최소 소비량은 남자 장년은 5홉, 여자 장년은 4홉, 남녀 노인은 4홉, 그리고 남녀 아동은 3홉이었다. 5인 가족을 기준으로 남자 장년 1인, 여자 장년 1인, 남녀 노인 1인, 남녀 아동은 2인으로 가족을 구성하였을 때 전체의 인구에서 각 남녀 노소의 비율을 구할 수 있고, 이들의 최소 소비량을 가중치로 사용하면 실질 총소비량을 얻을 수 있다.

남녀 연령별 진휼곡 분급액(1일)의 자료는『萬機要覽』財用篇 荒政과『牧民心書』賑荒六條,「居官大要」賑政(『朝鮮民政資料 牧民篇』),「四政考」(『朝鮮民政資料叢書』)에서 발췌하였다. 조선시대 인구에 대한 자료는 현재 한국의 역사인구학의 방법론상 많은 논란이 있을 수 있겠지만, 본 연구에서는 권태환・신용하의 연구 결과를[20] 그대로 이용하였다.

조선후기 실질생산은 토지 1결당 생산량에 전국 토지 경작면적(1689 ~ 1719년: 1,395,333결, 1719 ~ 1769년: 1,411,990결, 1770 ~ 1821년: 1,456,592결)을 곱한 값이며 토지 1결당 20두락을 기준으로 했다.[21] 토지 생산량은 경북 지역의 생산량이며 경북 지역이 전국에서 중간 정도의 토지 비옥도를 가지고 있어서 이들 자료를 전국 토지의 평균 생산량으로 추정해도 큰 무리가 없었다. 토지 생산량에 대한 자료는 李瀞柱家의 『漆谷廣州李氏古文書』에서 발췌하였으며 3년을 한 기간으로 3년 평균값을 사용하였다.[22] 실질거래를 나타내는 실질생산, 실질소비, 인구에 대한 자료는 <표 5>에 나타나 있다.

4. 조선후기 전황현상

1) 전황의 원인과 문제점

조선후기 상평통보가 도입된 이후, 처음에는 동전이 서울과 경기 지역 인근에서 유통되다가 1720년대에는 이미 북쪽으로는 회령, 서쪽으로는 의주, 남으로는 동래, 제주도에 이르기까지 전국적으로 유통되기 시작했다. 또한 18세기 들어 단순히 동전의 지역적 유통범위가 확대된 것뿐 아니라 농업생산을 위주로 하던 실물교환경제에서 화폐경제로 생산과 경제양식이 아주 광범위하게 전이되고 있다는 사실을 살펴볼 수 있다.[23] 이러한 화폐사용의 증가는 국가의 재정 지출과 수입 규모에서도 잘 볼 수 있는데, <표 6>은 호조의 재정 수입과 지출 상황을 나타내고 있다.

---

20) 權泰煥・愼鏞廈, 「朝鮮王朝時代 人口推定에 관한 一試論」, 『東亞文化』 14, 1977.

21) 8道의 土地結數 변동 중 1689~1719년과 1719~1769년의 수치는 『增補文獻備考』 권142 田賦考 2(1719년, 숙종 45)와 同書 권149 田賦考 9(1769년, 영조 45)에서, 1770~1821년의 수치는 『萬機要覽』 財用編 2 田結條(1807년, 순조 7)의 기록을 근거로 하였다.

22) 토지 1두락당 생산량에 대한 연구는 金建泰, 『16~18世紀 兩班地主層의 農業經營과 農民層의 動向』, 성균관대 박사학위논문, 1996 참조.

23) 『承政院日記』 권716, 英祖 6년 12월 26일.

〈표 6〉 호조의 재정 수입과 지출액(냥)

연도	재정수입(냥)	재정지출(냥)	년도	재정수입(냥)	재정지출(냥)
1700	84,260	81,850	1749	169,790	
1723	115,026	106,674	1785	219,830	
1727	118,300	127,000	1792		274,890
1731		198,790	1807	306,986	323,338

* 출처: 『萬機要覽』 財用篇, 호조 1년 경비, 원유한(1972, 502쪽)에서 재인용.

이처럼 화폐유통이 전국적으로 확대되고 화폐경제의 발전은 점차 심도가 깊어지고 있는 데 반해, 동전 공급은 상당히 제약되면서 시장에서 화폐가 항상 부족한 전황현상이 나타나게 되었다. 전황현상은 시장에서 거래량은 늘어나는데 화폐량이 부족하여 화폐가치가 상승하고 상품가치가 하락하는 현상이다. 전황현상은 18세기 100여 년간 오랫동안 지속되다가 19세기 들어 전황으로 인한 사회문제는 점차 사라지게 되었다.[24] 이는 19세기 들어서 화폐의 주전 원료인 동과 은의 광산 개발(갑산동광 개발) 등이 본격화되면서 화폐원료 부족이 많이 해소되었기 때문이다. 이 시기 동전 주조는 전황으로 인한 동전부족을 해소하기 위한 것이기보다는 구민정책이나 정부 공사 등 특정한 재정지출의 목적이었던 것으로 보인다.

전황의 화폐 경제적 원인은 앞에서 언급하였듯이 기본적으로는 명목화폐가 도입되면서 시장이 발달하고 거래량은 확대되는 데 반해, 화폐공급량이 제약적이어서 화폐의 가치가 귀하게 된 것이지만 여기에는 다른 여러 사회경제적 요인들이 복합적으로 작용하고 있었다.[25]

첫째, 화폐경제가 확대되면서 전통적인 사회질서가 변질되고 모든 가치가 화폐가치로 구분되어 나타나는 병폐로 인해 다수 위정자들은 화폐유통에 반감을 가지고 있었다.[26] 왕을 포함한 위정자들의 이러한 태도는 동전 발행을 극도로 억제하는 정책으로 나타나 1698년부터 1729년까지 한차례의 주전도 실행되지 않았다. 하지

24) 원유한, 앞의 논문, 1972; 이재윤, 앞의 논문, 1997.

25) 아래 서술한 전황 발생의 여러 사회경제적 요인과 그것이 미친 사회적 영향에 대해서는 원유한의 글을 많이 참조하였다(원유한, 앞의 논문, 1972).

26) 『承政院日記』 권614, 영조 2년 4월 12일.

만 화폐도입 이후 시장이 발달되면서 동전이 부족해서 발생하는 전황현상이 심각한 사회문제로 대두되자 위정자들은 동전 발행을 다시 증가시키기 시작한다.

둘째, 조선 정부는 소비의 사치 성향, 상공업의 발달, 농민의 토지이탈 등 여러 문제를 염려하여 동과 은의 광산 개발에 대해 억제정책을 실시하였다. 이로 인해 동전의 주조원료인 동과 함석은 국내에서 거의 공급되지 못하고 해외의 수입에 의존할 수밖에 없었다. 따라서 동전의 원료 난으로 인해 鑄錢은 제한을 받았다. 한편, 상인들은 해외 무역을 독점하면서 동의 수입에 대해 매점을 통한 폭리를 꾀하면서 원료 난을 더욱 가중시켰다.[27)]

셋째, 화폐도입과 더불어 시장이 발달하고 상업 활동이 증가하면서 화폐경제가 생활에 깊이 침투되었고 화폐의 사용(수요)이 증가하였다.[28)] 이러한 화폐수요의 증가는 이 시기 전황현상을 심화시켰다.

넷째, 17세기 중반까지 교환수단으로 은의 사용이 확대되었다.[29)] 그러나 17세기 후반 이후 은의 유통량이 줄어들면서 대체적인 교환수단으로서 동전의 유통이 확대되었다.[30)] 이러한 동전의 사용 확대는 동전 주조가 억제되는 시기에 전황현상을 가중시켰다.

다섯째, 중앙과 지방의 각 관청과 군영에서 세금 등으로 들어온 동전을 퇴장시킴으로써 전황현상에 일조하였다.[31)] 관청이 연간 수입에서 퇴장시킨 동전의 비율이 약 80~90%가 넘었다는 기록으로 볼 때[32)] 이러한 국가 기관의 퇴장 행위는 심각했던 것으로 보인다.

여섯째, 영리를 추구하는 상인이나 지주층은 상업 이윤이나 미곡 등 토지 산물을 판매하여 동전을 받은 후 그것을 퇴장시켜서 고리대 자본으로 활용하는 경우가

27) 원유한, 「18世紀에 있어서의 貨幣政策」, 『史學研究』 19, 1967; 성백용, 앞의 논문, 1996.

28) 『備邊司謄錄』 권102, 英祖 13년 9월 26일: "又所啓 北關之端川以北 西路之江邊各邑 使不得行錢法禁至嚴 盖出於謀國之長慮 近來江邊 莫不行錢."

29) 『宣祖實錄』 권93, 宣祖 30년 10월 庚午(13).

30) 『萬機要覽』 財用編 金銀銅鉛.

31) 『備邊司謄錄』 권165, 正祖 6년 11월 7일.

32) 『經濟野言』 <錢貨變通之議>; 『日省錄』 正祖 12년 8월 17일.

많았다.[33] 이러한 고리대업은 농업 생산이나 상업 활동의 이윤보다 훨씬 커서 심지어 5~6배의 높은 이윤을 가져왔다고 할 정도였다.[34]

마지막으로, 화폐경제가 발달하면서 토지의 매매가 활발하게 되고 그것을 통해 토지를 집중화한 대지주는 농업생산을 독점하면서 농산물의 유통 또한 장악하여 막대한 농산물의 유통 이익을 얻게 되었다. 하지만 이 시기 지주나 상인층에게 퇴장된 동전을 다시 시장으로 還流시킬 수 있는 경제 순환이나 국가적 차원의 제도적 장치가 미비하여 동전 퇴장과 전황현상은 더욱 가속화되었다.

이러한 전황현상은 당시의 사회 전반에 다방면의 영향을 주었다고 보이는데, 그 가운데 주목되는 것으로는 대체로 다음과 같은 것을 들 수 있다.

첫째, 화폐가 귀해지면서 지주나 상인층들이 富의 축적 수단으로 화폐를 퇴장시키는 계기가 되었으며, 화폐의 퇴장은 화폐 부족을 가속화시키는 악순환을 초래했다.

둘째, 상인이나 지주 나아가 관청에서조차 춘궁기 때 농민에게 화폐로 빌려주었다가 가을 수확기에 그에 상응하는 미곡으로 되돌려 받는 고리대에 열중하였는데,[35] 화폐부족 현상이 지속되는 시기에 화폐가치는 상승하나 물가나 재화의 화폐가격은 하락하게 되어 농민은 고리이자에다 물가의 하락폭까지 추가적으로 부담해야 했었다. 이 같은 화폐가치의 상승(물가의 하락)은 농민계층의 분해를 심화시키고 이렇게 농업에서 반발된 농민들은 유통산업 부분으로 유입되어 시장경제의 확대를 가속화시키는 결과를 가져왔다.

셋째, 미곡 등의 거래를 중심으로 했던 船商이나 시전·공인층의 富가 주전 원료를 매개로 한 대외무역 상인들에게 점차 이동되는 등 富의 재분배 현상도 초래했다.[36]

마지막으로, 전황은 전통적 가치관의 변화를 초래했다. 양반계층은 이전에 천한 행위로 치부하던 상행위를 통해 富의 축적에 적극 참여하였으며, 모든 일에 富가

---

33) 『星湖僿說』 人事門 錢害; 『備邊司謄錄』 권165, 正祖 6년 11월 7일.

34) 『肅宗實錄』 권29, 肅宗 21년 12월 무술(10): "鄕曲土豪 當靑苗穀貴之時 以穀貿錢 假貸貧戶 及秋而取其子母息 還以換穀 富戶以此坐收五六倍之利 而貧者益不能支."

35) 『備邊司謄錄』 권102, 英祖 13년 9월 28일.

36) 이재윤, 앞의 논문, 1997 ; 『備邊司謄錄』 권163, 正祖 5년 12월 25일.

곧 貴한 것으로 인식되기도 했다. 이러한 가치관의 변화는 봉건적 신분제를 동요시키는데 큰 역할을 하였다.

2) 화폐시장 측면에서의 전황

여기에서는 錢荒을 주로 화폐 경제적인 측면에서 설명하고자 한다. 화폐 경제적 측면에서 전황현상이 나타나는 주요 원인은 첫째, 화폐의 원료인 동이 국제무역에 조건적으로 제약되기 때문에 화폐공급이 제한적이었고 둘째, 화폐도입으로 시장거래가 발달하면서 화폐의 수요와 사용이 급격히 증가하여 화폐 부족현상이 상존하는 전황현상이 발생하게 되었다.

먼저, 조선후기 화폐공급을 나타내는 화폐량의 변화는 화폐 주조량(M1)과 동 수입량(M2)에 의한 본원통화량 변화로 구분하여 <그림 2>에 나타나 있다.

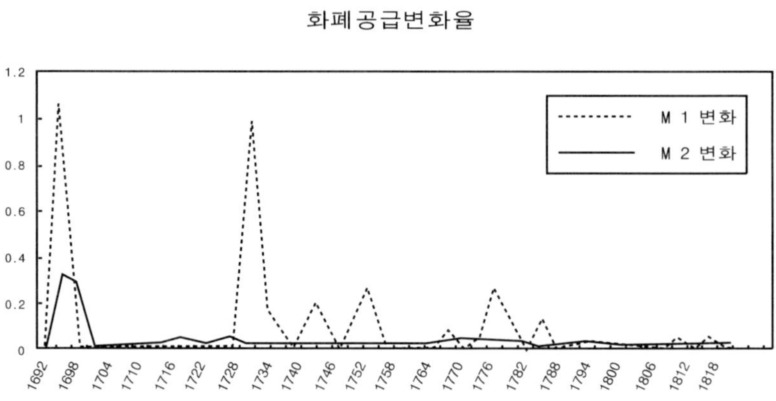

<그림 2> 화폐 주조량(M1)과 동 수입량(M2)

화폐 주조량(M1)과 본원통화량(M2)은 상당히 유사하게 변화하고 있지만 본원통화량이 화폐 주조량보다 포괄적인 의미를 가지고 있다. 이는 정부에 의한 화폐주전이 상당히 간헐적으로 나타나고 있는 것에 반해, 동과 은의 수입은 지속적으로

발생하고 있어서 경제적 현상을 설명하는 데 훨씬 많은 정보를 가지고 있기 때문이다. 앞의 <표 5>에서 나타난 바와 같이 화폐가 도입되는 초기인 1692년에는 화폐 주조량(M1)과 본원통화에 의한 화폐추정량(M2)이 각각 51만 냥, 174만 냥으로 큰 차이가 나고 있으며, 1776년 이후부터는 그 격차가 감소하기 시작하여 1821년에는 화폐 주조량과 동 수입량에 의해 추정된 화폐공급량의 격차가 크게 축소된 것으로 나타났다. 이러한 화폐 주조량(M1)과 동 수입량에 의한 화폐 추정량(M2) 간의 관계는 <그림 2>에 잘 나타나 있다. 화폐량이 시장 거래량에 비해 상대적으로 작아서 화폐의 초과수요가 상존하는 전황현상을 보기 위해 화폐량과 거래량, 그리고 물가의 관계를 <그림 3>에 나타내었다. 전황현상은 화폐가 부족한 시기에 화폐가치가 상승하고 물가가 하락하는 현상을 가져오며 주로 1710~1750년 디플레이션(deflation) 기간에 나타났다.

시장에서 거래되는 재화의 수량은 농업경제에서 주로 생산되는 미곡 또는 곡물 소비량과 같게 된다. 따라서 이 시기 거래량을 추정하기 위해 실질생산과 실질소비를 그 대용변수로 사용하였으며 실질 화폐수요를 나타낸다. 하지만 실질소비를 실질거래량의 대용변수로 사용한 경우 그 변화가 거의 없어서 분석에서 제외하였으며 실질생산은 비교적 이 시기 실질거래량을 잘 나타내고 있다.

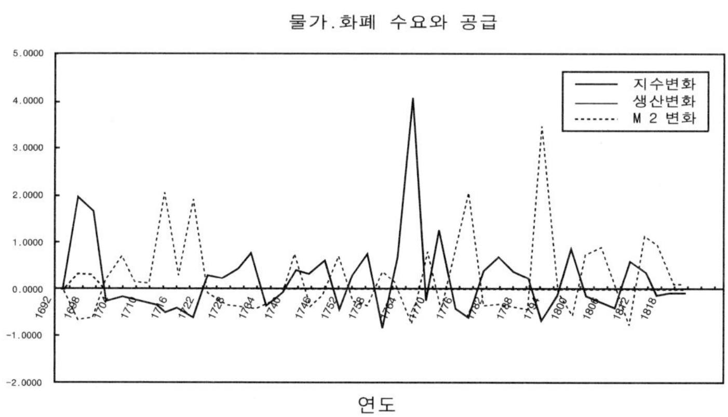

<그림 3> 물가지수, 화폐량(M2)과 실질생산

조선후기 농업경제에서는 미곡을 중심으로 하는 농업이 주요 산업이므로 미곡가격은 물가를 나타낸다고 볼 수 있다. 따라서 물가의 대용변수로서 미곡가를 사용하였다.[37] 미곡가에 대한 자료는 주로 관찬사료에서 발췌하였는데, 관찬사료는 흉년과 같이 미곡가의 급격한 변동이 있을 때에만 미곡가에 대한 기록을 가지고 있다. 따라서 米穀價는 주로 흉년일 때의 자료이며 자료의 일관성을 유지하기 위해 서울・경기를 중심으로 한 중부지역 자료를 기준으로 했다. 미곡가에 대한 자세한 자료는 다음 장에서 언급하기로 하고 물가자료의 출처는 관찬사료로서『朝鮮王朝實錄』,『備邊司謄錄』,『承政院日記』, 일기류로서 具尙德의『勝聰明錄』, 黃胤錫의『頤齋亂藁』, 그리고 기타 사료로서 禹禎圭의『經濟野言』등과 같다.

물가는 화폐적 현상이며 화폐량과 화폐수요인 실질생산 또는 거래량에 따라 변화한다. 하지만 화폐가 도입되는 초기 화폐경제에서는 경제의 공급교란인 기후, 전쟁, 생산요소가격 등에 의해 변화될 수도 있다. 앞에서 예측한 바와 같이 실질거래량이 증가하면 제약된 화폐량에서 화폐수요가 증가하고 화폐가치는 상승하게 된다. 그 결과 물가는 하락한다. 이는 조선후기 물가 변화를 분석하는 데 있어서 화폐의 공급측면과 더불어 실질 화폐수요 측면이 동시에 고려되어야 한다는 것을 보여준다.[38] 이 시기 유통시장의 확대, 인구증가 그리고 화폐도입으로 인한 거래량은 증가하는 데 비해 화폐량은 제약적이다. 따라서 화폐도입 이후 처음 10년간은 경제에 외부 유동성이 팽창하여 물가가 일시적으로 상승하게 되나 곧 실질거래량이 급증하여 화폐의 전황현상이 나타나고 화폐가치가 상승하게(물가의 하락압력) 된다. 이에 정부가 다시 화폐 주조량을 늘리면 전황현상은 일시적으로 사라지나 거래

37) 조선후기의 米價에 대한 연구는 李憲昶, 앞의 논문, 1996; 全成昊, 앞의 논문, 1996; 安達義博, 앞의 논문, 1989; 이영훈 편, 앞의 책, 2004 참조.

38) 岩橋勝과 山崎隆三은 17세기 이후 일본의 물가 상승의 요인을 '인구증가'로 보아, 人口(수요)는 이전에 비해 2.5배가 증가하였지만 米生産(공급)은 1.5배만 증가하였기에 '人口壓'이 발생함으로써 미가가 상승했다고 보았다(岩橋勝,『近世日本物價史の研究』, 大原新生社, 1981 ; 山崎隆三,『近世物價史研究』, 塙書房, 1983). 하지만 宮本又郎은 17세기 인구 증가의 주요인이 평균 수명의 연장과 乳兒 사망률의 저하, 즉 생활수준의 개선으로 인한 것이었다고 볼 때, 생활수준의 저하를 의미하는 '인구압'에 의한 米 소비량의 감소는 논리가 맞지 않으며 오히려 金銀貨와 각종 手形 등 예금 통화적인 화폐량 증가가 미가 상승을 초래했다고 보고 있다(宮本又郎,「江戸時代物價史: フアインデイソグスと問題點」,『大阪大學經濟學』32-2・3, 1983).

량이 급속히 확대되는 경제 상황에서 화폐부족 현상(전황)이 장기적으로 상존하게 된다.

조선후기 농업경제는 재화(곡물)와 화폐 시장의 2부분 경제모형이다. 2부분 경제에서 화폐수요는 재화의 거래량(실질생산)에 상호 의존적이다. 재화 거래량은 인구변화 등의 수요적 요인과 전쟁과 질병, 기후조건 등의 공급측면의 요인들에 따라 결정된다. 화폐가 도입되는 시기에 화폐량은 주로 외국의 화폐원료 수입에 의존해야 하므로 제약적인 반면 화폐수요는 거래량의 급증에 따라 증가한다. 따라서 경제에서는 거래량에 비해 상대적으로 화폐가 부족한 현상인 전황이 발생한다. 이 경우 화폐가치는 하락하고 2부분 경제에서 화폐로 표시한 재화가격(물가)은 하락하게 된다.

전황으로 인한 현실 경제의 문제들은 정부의 廢錢 논의(1697 ~ 1730년)를 야기하게 되었으며, 화폐공급이 제약적인 현실에서 그 대안으로 조세를 실물화폐인 布納으로 복귀하는 '純木令'을 3차에 걸쳐 시도하였다. 이것은 화폐경제의 확대보다는 기존의 布貨를 주축으로 하는 실물화폐경제를 통해 부족한 정부 재원을 회복하려는 의도에서 나왔다.[39] 또한 관청, 상인, 지주 등에게 고리대를 위한 동전 퇴장을 억제하기 위하여 年 이자율을 국채의 경우 1할 이하, 사채의 경우 5할 이하로 받게 하는 조치를 취하기도 했다.[40] 하지만 이러한 정부의 시도는 시장경제가 확대되는 가운데 현실성이 결여되었고 결국 동전의 주조를 늘려 화폐공급을 늘리게 되는데, 이것이 18세기 중반 이후에 나타나는 고액전 주조 논의나 청전 수입통용 논의 등이다.[41] 이러한 고액전에 대한 논의는 나아가 동전의 중량을 낮추어 동전을 주조하는 加鑄로 진행되었다. 하지만 실용성 측면에서 그 당시 지배계급이 화폐의 액면가치를 허용하지 못하는 관습으로 인해 현실화되지 못했다.

결국, 錢荒은 정부의 여러 가지 비현실적인 대책보다는 화폐 경제적인 측면에서

39) 방기중, 「17 · 18세기 前半 金納租稅의 成立과 展開」, 『東方學志』 45, 1984.
40) 『備邊司謄錄』 권71, 肅宗 44년 9월 16일, 『承政院日記』 권510, 肅宗 44년 9월 15일.
41) 최호진, 앞의 책, 1974; 원유한, 앞의 책, 1975.

볼 때 화폐의 주전 원료인 동과 은의 광산 개발(갑산동광 개발) 등이 본격화되어 화폐원료 공급이 늘어나면서 19세기에 와서 점차 사라지게 되었다.

5. 맺음말

이상에서 조선후기 명목화폐(상평통보)가 도입되어 전국적으로 통용되기 시작하는 시기인 1689년부터 화폐남발이 일어나는 1821년까지의 자료를 이용해 화폐량을 측정하여 화폐량의 장기시계열 자료를 구축하고, 이를 이용하여 화폐가 부족하게 되는 전황현상을 살펴보았다. 이 시기는 실물화폐경제에서 명목화폐경제로 이전되는 시기이므로 거시경제학에서 가장 오랜 논쟁 중의 하나인 물가와 화폐의 관계를 분석하는 데 실험적 공간을 제시하고 있다. 특히 이 연구는 지금까지 밝혀지지 않았던 화폐도입 시기의 화폐공급량과 화폐수요를 측정하였다. 화폐량의 대용변수로 기록에 나타난 정부의 공식 화폐 주조량과 본원통화를 의미하는 동과 은의 수입에 의한 화폐량을 모두 사용하였고 실질거래량 또는 화폐수요의 대용변수로 실질생산과 실질소비를 측정하였다.

농업생산물과 화폐의 2재화만 존재하는 2부분 경제에서 화폐수요는 재화의 실질거래량(실질생산과 소비)에 따라 많은 영향을 받게 된다. 화폐가 도입되는 시기에 화폐량은 주로 외국의 화폐원료 수입에 의존해야 하므로 제약적인 반면, 화폐수요는 인구와 거래량의 급증으로 증가하게 되었다. 따라서 경제에서 거래량에 비해 상대적으로 화폐가 부족하게 되는 전황현상이 발생한다. 이 경우 화폐가치는 하락하고 2부분 경제에서 화폐로 표시한 재화가격(물가)은 하락하게 된다. 화폐부족을 해결하기 위해 정부가 화폐 주조량을 늘리게 되면 물가가 일시적으로 상승하고 화폐가치가 하락하나 곧 실질거래량이 다시 증가하여 전황현상이 재차 나타나서 화폐가치는 다시 상승하게(물가의 하락압력) 된다. 이에 정부가 주전량을 늘리면 전황은 일시적으로 사라지나 거래량이 급속히 확대되고 있는 경제에서 화폐부족

현상(전황)이 장기적으로 상존하게 된다. 이러한 장기적 전황은 조선후기 사회경제에 구조적인 문제를 그대로 노정시키는 결과를 가져왔다. 그 가운데 주목되는 것으로는 대체로 다음과 같은 것을 들 수 있다.

첫째, 화폐가 귀해지면서 지주나 상인층들이 富의 축적 수단으로 화폐를 퇴장시키는 계기가 되었으며, 화폐의 퇴장은 화폐 부족을 가속화시키는 악순환을 초래하게 되었다.

둘째, 화폐 부족 현상이 지속되는 시기에 화폐가치는 상승하나 물가나 재화의 화폐가격은 하락하게 되어 농민은 고리이자에다 물가의 하락폭까지 추가적으로 부담해야 했었다. 이 같은 화폐가치의 상승(물가의 하락)은 농민계층의 분해를 심화시키고 이렇게 농업에서 반발된 농민들은 유통산업 부분으로 유입되어 시장경제의 확대를 가속화시키는 결과를 가져왔다.

셋째, 미곡 등의 거래를 중심으로 했던 船商이나 시전・공인층의 富가 주전 원료를 매개로 한 대외무역 상인들에게 점차 이동되는 등 富의 재분배 현상도 초래했다.

마지막으로, 전황은 전통적 가치관의 변화를 초래했다. 양반계층은 이전에 천한 행위로 치부하던 상행위를 통해 富의 축적에 적극 참여하였으며, 모든 일에 富가 곧 貴한 것으로 인식되기도 했다. 이러한 가치관의 변화는 봉건적 신분제를 동요시키는데 큰 역할을 하였다.

결국 전황은 비경제적인 다른 대책보다는 화폐 경제적인 측면에서 볼 때 화폐의 주전 원료인 동과 은의 광산 개발(갑산동광 개발) 등이 본격화되어 화폐원료 공급이 늘어나면서 19세기에 와서 점차 사라지게 되었다.

제6장 朝鮮後期 貨幣量과 物價變動

1. 문제 시각

이 연구는 한국에서 법정 명목화폐가 도입되어 전국적으로 통용되기 시작하는 시기인 1689년부터 화폐가 남발되는 1821년까지 화폐량의 장기시계열 자료를 이용하여 물가의 주기적 변동을 분석하였다. 이 시기는 현물교환경제에서 화폐경제로 이전되는 시기이므로 거시경제학에서 가장 오랜 논쟁 중의 하나인 물가와 화폐의 관계를 분석하는 데 실험적 공간을 제시하고 있다. 특히 이 연구는 지금까지 밝혀지지 않았던 화폐도입 시기의 화폐의 공급과 수요를 추정하였으며, 화폐량의 대용변수로는 화폐 주조량과 본원통화를 의미하는 동 수입에 의한 화폐량을 사용하였고 화폐수요의 변수로 실질생산과 실질소비를 추정하였다.

17세기 후반은 유통시장의 발달과 명목화폐의 도입으로, 실물교환경제에서 화폐경제로 이전되는 시기였다. 이 시기 화폐는 銅을 주원료로 주조되었는데 동은 한국에서는 거의 생산되지 못하고 일본에서의 수입으로 충당되었다. 동의 수입에 대한 결제는 銀으로 이루어졌으며 이러한 銀은 조선의 주산물인 인삼이나 중국에서 수입한 白絲 등을 일본으로 수출하여 국내로 유입되었다.

따라서 조선후기의 화폐제도는 첫째, 동 본위제이긴 하지만 엄밀히 말해 동과 은을 동시에 본원통화로 하는 bimetalizm의 형태를 띠며, 둘째, 다른 나라와 달리 자체 귀금속의 생산 없이 화폐가 유통되기 시작했다. 이러한 화폐제도의 특징은 화폐 공급과 수요의 측면에서 모두 중요한 의미를 갖는다.

유통시장이 발달하고 인구가 급증하면서 거래량(화폐수요)은 급속히 증가하는 데 반해 외국무역에 의존하는 화폐의 공급은 상당히 제약적일 수밖에 없다. 이 경우 경제에는 화폐의 초과수요가 상존하고 화폐의 실질가치가 상승하며(전황현상) 화폐단위로 표시한 재화가격과 물가는 하락 압력을 받게 된다. 정부가 일정한 시기에 화폐의 공급을 늘리게 되는 경우 전황현상과 물가의 하락압력이 완화되어 일시적으로 화폐공급의 증가는 물가를 상승시키는 것처럼 보이게 되나 일정기간 후 다시 전황과 물가하락 현상이 나타난다. 중・장기적으로 화폐공급량과 물가 변화간의 관계를 살펴보면 다음과 같다. 화폐공급량이 증가하면 일시적으로 물가가 상승하며 화폐량과 물가는 정(+)의 관계를 보이게 된다. 하지만 화폐의 공급이 이루어지지 않거나 또는 화폐공급량이 화폐수요보다 상대적으로 적게 증가하는 경우, 전황으로 물가가 하락하게 되어 중장기적으로 화폐량과 물가는 서로 독립적으로 보이거나 오히려 부(−)의 관계를 보이게 된다. 따라서 17세기 후반부터 물가 변화를 분석하는 데 있어서 화폐수요를 제외한 화폐의 공급측면에 의존한 실증적 연구는 물가와 화폐의 관계를 편향적으로 나타내게 되며 실증분석에 있어서도 화폐와 물가의 관계가 유의적이지 않게 나타난다.[1)]

여기서는 조선후기 화폐의 초과수요를 이용하여 물가의 주기적 변동 현상을 분석하고자 한다. 화폐공급량은 화폐 주조량과 동의 수입량, 두 가지 대용변수를 모두 사용하였다. 화폐량을 두 가지 대용변수로 사용하는 이유는 이 시기 화폐 주조가 아주 간헐적으로 이루어지고 있어서 물가 변동의 원인을 추론하는 데 충분하고 정확한 정보를 제공하지 못하기 때문이다. 또한 주전량은 정부의 공식기록에 나타난 화폐 주조량임에 반해 개인적으로 화폐가 주조되는 경우(사주, 협주)가 많이 있어서 실제 유통되고 있던 화폐 주조량을 정확하게 추정하는 데 한계가 있다.

---

1) 18~19세기 한국의 물가에 대해서는 아래의 연구를 참조하기 바람.
李憲昶, 「肅宗-正祖朝(1678-1800년간) 米價의 變動」, 『經濟史學』 21, 1996; 全成昊, 「18세기 米價推移와 米穀政策에 관한 연구」, 『史學硏究』 52, 1996; 「18-19세기 物價趨勢(1744-1862) -全羅道 靈巖 場巖里 南平文氏 古文書 分析」, 『朝鮮時代史學報』 2, 1997; 安達義博, 「朝鮮後期の物價變動」, 『朝鮮學報』 132, 1989; 이영훈 편, 『수량경제사로 다시 본 조선후기』, 서울대출판부, 2004.

따라서 화폐 주조량 대신에 본원통화를 의미하는 동의 수입량을 화폐단위로 환산하여 화폐량의 대용변수로 사용하였다.

실질 화폐수요(실질거래량)의 대용변수로는 실질생산, 실질수요, 그리고 일인당 생산을 각각 사용하였다. 실질생산은 토지생산성을, 실질수요는 인구 변화와 밀접한 관계가 있으며 일인당 실질생산량은 이 시기 인구압력(인구 수요변화-생산변화)을 의미한다. 따라서 이들 실질생산, 실질수요와 일인당 생산이 화폐수요로서 물가에 미치는 효과는 상당히 중요한 의미를 가진다. 이 시기 조선은 농업중심 경제이므로 산업생산에서 농업이 차지하는 비중이 커서 미곡을 대표 소비재와 생산재로 볼 수 있다. 곧, 미곡 생산이 현대적 의미의 총 생산량에서 차지하는 비중이 커서(전체 물가지수에서 미곡이 차지하는 비중이 커서) 미곡의 화폐가격(미곡가)을 물가의 대용변수로 사용하였다.

2. 화폐와 물가에 대한 실증분석

앞 장에서 분석한 조선후기 화폐량의 장기시계열 자료를 이용하여 화폐량과 물가의 관계를 실증적으로 살펴본다. 검정기간은 자료 수집의 수월성에 따라 결정되었는데, 1689년은 법정 화폐인 상평통보가 공식적으로 주조되어 전국적으로 유통되기 시작한 시기이며 1821년은 화폐의 발행이 남발되고 이자율의 급격한 변화가 있기 이전의 시기였다.

1) 물가와 화폐 수요에 대한 자료

검정기간 동안 한국은 농업중심 경제이므로 산업생산에서 미곡은 대표 소비재와 생산재의 성격을 갖기에 물가의 대용변수로서 미곡가를 사용하였다.[2] 미곡가에 대한 자료는 주로 관찬사료에서 발췌되었는데 관찬사료는 흉년과 같이 미곡가의 급격한 변동이 있을 때에만 미곡가에 대한 기록을 가지고 있다.

따라서 米穀價는 주로 흉년일 때의 자료이며 자료의 일관성을 유지하기 위해 서울·경기를 중심으로 한 중부지역 자료를 기준으로 했다. 미곡가에 대한 자세한 자료는 <부록 표 1>에 나타나 있다. 물가자료의 출처는 관찬사료로서 『朝鮮王朝實錄』, 『備邊司謄錄』, 『承政院日記』, 일기류로서 具尙德의 『勝聰明錄』, 黃胤錫의 『頤齋亂藁』, 그리고 기타 사료로서 禹禎圭의 『經濟野言』 등과 같다. 물가는 3년을 한 기간으로 하여 3년 평균 물가를 이용하였으며 물가지수는 물가의 변화가 비교적 안정적이었던 1740년을 100으로 하여 물가지수를 산정하였다. 자료 부족으로 물가지수를 산출할 수 없는 경우 탈락자료(missing values)의 이전 기간과 이후 기간의 물가지수를 산술 평균하여 사용하였다.[3] 물론 탈락자료(missing values)를 추정하는 방법 중에는 de Boor의 비선형 곡선(non-linear cubic spline curves)을 이용한 자료추정이나 Box-Jenkins의 시계열 분석을 통한 시계열 자료 추정 방법이 있으나[4] 일정 제약조건과 여러 차례의 시도를 거쳐 가장 알맞은 시계열을 찾아내는(rule of thumb) 기법이 필요하다.

화폐수요의 대용변수로 실질거래량을 사용하였으며 고전적 경제에서 거래량은 생산 또는 소비량과 일치한다. 실질소비를 구하기 위해 진휼곡에 명시된 하루 일인당 최소 소비량을 기준으로 하였으며 최소 소비량은 남자 장년은 5홉, 여자 장년은 4홉, 남녀 노인은 4홉, 그리고 남녀 아동은 3홉이었다. 5인 가족을 기준으로 남자 장년 1인, 여자 장년 1인, 남녀 노인 1인, 남녀 아동 2인으로 가족을 구성하였을 때, 전체의 인구에서 각 남녀 노소의 비율을 구할 수 있고, 이들의 최소 소비량을 가중치로 사용하면 실질소비량을 얻을 수 있다. 인구변수와 실질소비량은 3년을

---

2) 조선시대의 米價에 대한 연구는 李正守, 「朝鮮前期의 米價變動」, 『부대사학』 17, 1993; 李憲昶, 앞의 논문, 1996; 全成昊, 앞의 논문, 1996; 安達義博, 앞의 논문, 1989 참조.

3) 미곡가의 missing values는 다음과 같다: 1701, 1707, 1713, 1716, 1722, 1740, 1785, 1809, 1815, 1818년.

4) Box, G.E. and M. Jenkins., "Time Series Analysis: Forecasting and Control", revised ed, San Francisco: Holden-Day, 1976; De Boor, C., "Practical Guide to Splines" N.Y, Springer-Verlag, 1981.

한 기간 단위로 하여 3년 평균값을 이용하였다. 남녀 연령별 진휼곡 분급액(1일)의 자료는 『萬機要覽』 財用篇 荒政과 『牧民心書』 賑荒六條, 「居官大要」 賑政(『朝鮮民政資料 牧民篇』), 「四政考」(『朝鮮民政資料叢書』)에서 발췌하였다. 조선시대 인구에 대한 자료는 현재 한국의 역사인구학의 방법론상 많은 논란이 있을 수 있겠지만, 여기에서는 권태환・신용하의 연구 결과를[5] 그대로 이용하였다.

이 시기 실질생산량은 토지 1결당 생산량에 전국 토지 경작면적(1689 ~ 1719년: 1,395,333결, 1719 ~ 1769년: 1,411,990결, 1770 ~ 1821년: 1,456,592결)을 곱한 값이며 토지 1결당 20두락을 기준으로 했다.[6] 토지생산량은 경북지역의 생산량이며 경북지역이 전국에서 중간 정도의 토지 비옥도를 가지고 있어서 이들 자료를 전국 토지의 평균 생산량으로 추정해도 큰 무리가 없었다. 토지생산량에 대한 자료는 李弼柱家의 『漆谷廣州李氏古文書』에서 발췌하였으며 3년을 한 기간으로 3년 평균값을 사용하였다.[7] 자료부족으로 토지생산량을 얻지 못한 경우 토지의 가격을 이용하여 그것을 추정하였다.[8] 즉, 농업경제에서 토지의 거래가 효율적으로 이루어진다면 토지 1두락의 가격(지가)은 그 토지를 사용하여 얻을 수 있는 미래의 총수입(Σ토지생산량*미곡가)의 현재 할인가치와 같다. 미래의 무한한 기간 동안 현재와 동일한 토지의 수입이 지속적으로 발생한다고 예상한다면 地價는 토지생산량에 미곡가를 곱한 다음 이자율로 나누어준 값이 된다. 따라서 토지생산량은 지가에서 역으로 추정될 수 있다.

지가 자료는 경상지방에서 『慶北地方古文書集成』의 전답매매 명문, 전라지방에서 『古文書集成 -海南尹氏篇』의 전답매매 명문 등 경상지방과 전라지방 두 종류의 자료를 얻을 수 있었는데, 지역 간 지가의 차이를 제거하기 위해 두 지역 간 지가의

---

5) 權泰煥・愼鏞廈, 「朝鮮王朝時代 人口推定에 관한 一試論」, 『東亞文化』 14, 1977.

6) 8道의 土地結數 변동 중 1689~1719년과 1719~1769년의 수치는 『增補文獻備考』 권142 田賦考 2(1719년, 숙종 45)와 同書 권149 田賦考 9(1769년, 영조 45)에서, 1770~1821년의 수치는 『萬機要覽』 財用編 2 田結條(1807년, 순조 7)의 기록을 근거로 하였다.

7) 토지 1두락당 생산량에 대한 연구는 金建泰, 『16~18世紀 兩班地主層의 農業經營과 農民層의 動向』, 성균관대 박사학위논문, 1996 참조.

8) 토지생산량의 missing values는 다음과 같다: 1758, 1761, 1788, 1791, 1794, 1797, 1800, 1803, 1806, 1809, 1812, 1815, 1818, 1821년.

산술 평균값을 대표 지가로 사용하였다.[9] 분석의 편의상 두 지역의 지가 자료 중 田은 제외하고 畓의 경우만을 분석 대상으로 하였으며 畓價의 기준은 1斗落地에 대한 가격이다. 이자율은 시기나 지역에 따라 차이가 있겠지만 私債인 경우는 全 기간을 통해 대체로 年 50% 이상이었으므로 할인율로 연 50%의 고정 이자율을 적용하였다.[10] 고정 이자율을 적용한 이유는 검정기간(1689 ~ 1821년)이 화폐의 남발로 인해 이자율의 급격한 변화가 있기 전의 시기이고 일정 기간과 일부 지역에 대한 이자율 자료를 확인할 수 있었으나 장기적인 시계열 자료를 확보하는 데는 어려움이 많기 때문이다. 이자율에 대한 사료는 『大丘月村丹陽禹氏文書』를 참조하였다.[11] 실질 총생산량에 인구수를 나누어 주면 일인당 실질 생산액의 대용변수를 얻을 수 있다.

미곡가, 화폐 주조량, 동의 수입량과 동 수입량에 의한 화폐추정량, 토지생산량, 실질 생산, 실질소비, 일인당 실질생산, 지가에 대한 3년 평균자료는 아래 <표 1>에 나타나 있다. 다음에서는 조선후기 물가와 화폐량과의 관계를 실증적으로 분석한다.

2) 물가와 화폐의 초과수요에 대한 실증분석

검정기간 동안에 화폐의 수요와 공급이 물가에 미치는 효과를 살펴보기 위해 실질소득으로 표시한 화폐의 교환 방정식(MV=PY)을 사용하였으며 추정식은 다음

---

9) 지가에 대한 연구는 李正守, 「16세기 土地價格의 變動 -경북지방 田畓賣買 明文을 중심으로-」, 『古文書硏究』 12, 1997; 「18세기~19세기 土地價格의 變動 -경북과 전남 지방의 田畓賣買 明文을 중심으로-」, 『釜大史學』 23, 1999 참조. 경북지방의 地價 자료는 月城郡 孫東滿氏家 소장의 田畓賣買明文을, 전라지방의 지가 자료는 海南尹氏家 소장의 전답매매 명문을 이용하였다.

10) 조선시대 利子率에 대한 것은 다음의 연구가 참조된다.
徐吉洙, 「朝鮮前期의 貸借關係 및 利子에 관한 硏究」, 『國際大學論文集』 10, 1982; 「朝鮮後期 貸借關係 및 利子에 관한 硏究(1) -法定利子率의 變遷과 行錢의 影響을 중심으로-」, 『경제학연구』 31, 1983; 崔承熙, 「朝鮮後期의 古文書를 통해 본 高利貸의 實態」, 『韓國文化』 19, 1997; 김재호 · 박기주, 「농촌 이자율의 장기변동, 1742~1953 -靈巖 지방 契 利子率을 중심으로-」, 『수량경제사로 다시 본 조선후기』, 서울대출판부, 2004.

11) 金炫榮편, 『大丘月村丹陽禹氏文書』, 한국고문서학회, 1994.

과 같다. 식(1)은 화폐 방정식을 각 변수의 변화율로 나타낸 것이며, 식(2)는 식(1)에 (a1=−a2)의 제약을 둔 것으로, 화폐의 초과공급(−초과수요)이 물가에 미치는 효과를 나타낸다. 검정기간 동안 화폐의 유통속도는 일정하다고 가정한다.

〈표 1〉 조선후기 화폐량, 물가, 실질생산, 실질소비

연도	미가	인구수	화폐 주조량	동수입량	동수입의 화폐추정량	1두락 생산	총생산	소비량	1인생산	지가
	P(냥)	(명)	M1(냥)	(근)	M2(냥)	(석)	Y(석)	Y(석)	Y(석)	(냥)
1692	2.5	16,029,000	514,000	468,001	1,735,830	1.8933	52,835,679	6,091,020	3.296	6.7
1695	7.5	15,471,000	1,064,000	558,966	2,294,796	1.1467	32,000,567	5,878,980	2.068	7.23
1698	20	14,669,000	1,064,000	664,051	2,958,847	1.9067	53,209,629	5,574,220	3.627	7.5
1701	15	14,307,000	1,064,000	28,738	2,987,585	1.84	51,348,254	5,436,660	3.589	6.8
1704	12.5	14,436,000	1,064,000	34,735	3,022,320	1.7433	48,649,680	5,485,680	3.370	9.8
1707	10	14,807,000	1,064,000	45,005	3,067,325	1.96	54,697,054	5,626,660	3.694	9
1710	7.5	15,285,000	1,064,000	66,027	3,133,352	2.34	65,301,584	5,808,300	4.272	7.6
1713	4.2	15,791,000	1,064,000	55,984	3,189,336	1.3133	36,649,817	6,000,580	2.321	13.16
1716	2.6	16,217,000	1,064,000	147,413	3,336,749	1.34	37,394,924	6,162,460	2.306	10.34
1719	1	16,440,000	1,064,000	116,937	3,453,686	1.72	47,999,455	6,247,200	2.920	11.56
1722	1.32	16,628,000	1,064,000	86,460	3,540,146	1.5267	43,113,703	6,318,640	2.593	13.92
1725	1.63	16,966,000	1,064,000	126,080	3,666,226	1.1133	31,439,369	6,447,080	1.853	12.52
1728	2.32	17,406,000	1,064,000	159,603	3,825,829	1.54	43,489,292	6,614,280	2.499	11.09
1731	4.17	17,654,000	2,114,000	86,460	3,912,289	0.6333	17,884,265	6,708,520	1.013	11.44
1734	2.63	17,542,000	2,394,000	95,603	4,007,892	1.7267	48,761,663	6,665,960	2.780	4.54
1737	2.25	17,512,000	2,394,000	65,127	4,073,019	1.1933	33,698,553	6,654,560	1.924	3.18
1740	3.25	17,780,000	2,394,000	25,508	4,098,527	1.9466	54,971,595	6,756,400	3.092	8.23
1743	4.26	18,150,000	2,894,000	31,885	4,130,412	0.8467	23,910,639	6,897,000	1.317	6.75
1746	7	18,454,000	2,894,000	58,660	4,189,072	1.5533	43,864,881	7,012,520	2.377	9.82
1749	3.8	18,619,000	2,894,000	58,660	4,247,732	1.72	48,572,456	7,075,220	2.609	9.2
1752	5	18,656,000	3,665,000	40,810	4,288,542	1.96	55,350,008	7,089,280	2.967	8.56
1755	9	18,494,000	3,665,000	37,512	4,326,054	1.78	50,266,844	7,027,720	2.718	9.81
1758	1.3	18,067,000	3,665,000	37,512	4,363,566	2.5122	70,944,026	6,865,460	3.927	2
1761	2.2	17,793,000	3,665,000	37,512	4,401,078	2.6945	76,092,141	6,761,340	4.277	3.63
1764	11.25	17,702,000	3,665,000	119,183	4,520,261	1.6733	47,253,657	6,726,760	2.669	5.25
1767	7.85	17,689,000	3,995,000	101,735	4,621,996	1.3917	39,301,330	6,721,820	2.222	6.69
1770	18	17,759,000	3,995,000	159,372	4,781,368	0.7368	20,807,085	6,748,420	1.172	8.12
1773	10	17,881,000	4,095,000	155,766	4,937,134	1.3799	40,199,026	6,794,780	2.248	8.45
1776	4	18,003,000	5,235,000	175,327	5,112,461	1.7133	49,911,581	6,841,140	2.772	10.44
1779	5.75	18,098,000	5,235,000	166,094	5,278,555	1.3267	38,649,212	6,877,240	2.136	9.64
1782	10	18,203,000	5,235,000	162,694	5,441,249	1.0667	31,074,934	6,917,140	1.707	11.67

연도	미가	인구수	화 폐 주조량	동수입량	동수입의 화폐추정량	1두락 생산	총생산	소비량	1인생산	지가
	P(냥)	(명)	M1(냥)	(근)	M2(냥)	(석)	Y(석)	Y(석)	Y(석)	(냥)
1785	13.75	18,321,000	5,905,000	48,000	5,489,249	1.48	43,115,123	6,961,980	2.353	10.42
1788	17.5	18,318,000	5,905,000	88,142	5,577,391	0.7149	20,826,352	6,960,840	1.137	7.69
1791	5.38	18,154,000	5,955,000	121,978	5,699,369	3.2477	94,611,477	6,898,520	5.212	10.7
1794	4.58	18,170,000	6,055,000	101,333	5,800,702	3.3337	97,116,815	6,904,600	5.345	9.35
1797	8.5	18,301,000	6,159,000	48,000	5,848,702	1.537	44,775,638	6,954,380	2.447	8
1800	7.2	18,443,000	6,259,000	48,000	5,896,702	2.7036	78,760,843	7,008,340	4.271	11.92
1803	5.1	18,538,000	6,259,000	53,142	5,949,844	3.91	113,905,494	7,044,440	6.144	15.83
1806	3	18,599,000	6,259,000	53,142	6,002,986	3.89	113,322,858	7,067,620	6.093	9.27
1809	5	18,461,000	6,555,000	52,506	6,055,492	0.7087	20,645,735	7,015,180	1.118	2.71
1812	7	17,971,000	6,555,000	51,238	6,106,730	1.9267	56,128,316	6,828,980	3.123	8.26
1815	6	17,022,000	6,881,000	51,238	6,157,968	3.57	104,000,669	6,468,360	6.110	13.8
1818	5.5	16,471,000	6,881,000	51,238	6,209,206	3.79	110,409,674	6,258,980	6.703	13.9
1821	5	16,217,000	6,881,000	78,447	6,287,653	3.81	110,992,310	6,162,460	6.844	13.95

$$\Delta P = a_0 + a_1 \Delta M + a_2 \Delta Y \quad (1)$$

$$\Delta P = b_0 + b_1 (\Delta M - \Delta Y) \quad (2)$$

여기서 P는 물가지수의 자연로그이며 M은 화폐공급량의 자연로그이다. Δ는 차분 operator이며 변수의 변화율을 나타낸다. Y는 실질소득의 자연로그이며 실질거래량(실질화폐수요)을 나타낸다. 식(1)에서 화폐공급이 증가할 경우 물가는 상승하므로 a1은 정(+)의 효과이며 화폐수요인 실질거래량(실질소득)이 증가하면 물가는 하락한다. 따라서 a2는 부(-)의 효과를 나타낸다. a0는 화폐의 유통속도이며 고정이라 가정한다. 식(2)에서 b1은 화폐의 초과공급(-초과수요)이 물가가 미치는 효과이며 화폐의 초과공급(수요)이 증가(감소)할수록 물가가 상승하므로 정(+)의 효과를 가지게 된다.

식(1)과 (2)에서 차분변수를 사용하는 이유는 화폐량(stock)과 물가의 관계를 해석하는 데 있어서 다음과 같은 이론적, 실증적 이점이 있기 때문이다. 첫째, 화폐방정식은 화폐량과 물가가 일정한 비율적인 관계라는 것을 나타내기보다는 화폐량의 변화(또는 성장율)가 물가와 실질소득의 변화에 미치는 효과를 나타낸다고 보아야 하며 둘째, 물가는 안정적인(stationary) 시계열을 가지고 있는 반면 화폐공급량과 실질소득은 불안정적인(non-stationary) 시계열을 가지고 있다.[12] 이 경우 안정적인 종속변수와 불안정적인 독립변수 간의 OLS 분석은 가성회귀(spurious regression)의 문제를 안고 있어 실효 추정결과를 얻을 수 없다. 따라서 독립변수들의 시계열을 안정적인 시계열로 변화시키고 실효추정 결과를 얻기 위해 차분변수를 사용한 OLS 분석을 하였다. 또한 식(1)과 (2)의 검정에서 화폐공급량(M)의 대용변수로 화폐 주조량(M1)과 동의 수입량(M2)을 각각 나누어 분석하였으며, 실질소득(Y)의 변수로 실질 총생산량, 실질 총소비량, 일인당 실질생산을 각각 사용하였다.

차분변수를 이용한 식(1)의 OLS 추정결과는 다음 <표 2>에 나타나 있다. 회귀계수 아래 괄호 안의 숫자는 t-통계량이며 F-통계량 옆의 괄호 안의 숫자는 F-통계량의 p값이다. 실질소비량을 실질소득의 대용변수로 사용하는 경우를 제외하고 F-통계량이 유의적이어서 식(1)의 검정결과가 성공적이었다는 것을 보여 주고 있으며, 화폐의 수요와 공급과 물가 간에 장기적 관계가 존재하고 있다는 것을 알 수 있다. R2의 값은 상대적으로 작은데 이는 식(1)에서 독립변수에 포함되지 않은 다른 물가 설명 변수가 있기 때문이다. 특히 물가는 거시 경제의 수요측면인 화폐시장의 교란뿐 아니라 경제의 실질공급교란(자연재해, 전쟁, 생산요소가격 등)에 의해 변화될 수 있다. 식(1)의 OLS 회귀분석에서 다중 공선성(multi-collinearity) 검정은 condition number가 1.00 ~ 1.89 사이로 화폐공급(M)과 실질소득(Y)은 서로 독립

---

12) Box-Jenkins의 방법을 이용하여 추정된 변수들의 시계열은 다음과 같다. 각 회귀계수 옆의 괄호 안 숫자는 표준오차 값이며 Dickey-Fuller(DF) t-통계량 옆의 괄호 안의 숫자는 5% 유의수준에서 결정치(critical values)이다. Q(d)는 Box-Pierce Q-통계량이다. Q-통계량은 자유도 d를 가진 $\chi 2$의 분포를 가지며 Q-통계량 옆의 괄호 안의 숫자는 Q-통계량의 p값이다.

Pt=2.0421(0.6285)+0.6012(0.1224)Pt-1, DF t-통계량=-3.26(-2.93), Q(5)=5.71(0.336)

Mt(화폐주조량)=4.1127(1.4002)+0.7049(0.1035)Mt-1+0.0142(0.0062)T, DF-t통계량=-2.85(-3.50), Q(5)=1.46(0.918)

Mt(동수입량)=7.4655(0.6327)+0.4992(0.0428)Mt-1+0.0092(0.0010)T, DF-t 통계량=-11.70(-3.50), Q(5)=1.12(0.712)

Yt(실질총생산)=1.005(0.0050)Yt-1, DF-t 통계량=0.100(-1.95), Q(5)=1.35(0.738)

Yt(실질총소비)=0.9832(0.2972)+1.9818(0.1207)Yt-1-1.4512(0.2201)Yt-2+0.4086(0.1176)Yt-3, Q(9)=13.06(0.160)

Yt(일인당생산)=0.8887(0.0775)Yt-1, DF-t 통계량=-1.4361(-1.95), Q(5)=1.45(0.724)

적임을 보여 주고, DW-통계량 또한 자기상관오차(autocorrelation error)가 존재하지 않음을 보여주고 있다.

<표 2>에서 화폐 주조량(M1)을 사용한 물가와 화폐공급의 관계(a1)는 이론에서와 같이 정(+)의 관계를 보이고 있으나 통계적으로 유의적이 아니었다. 하지만 동 수입량으로 추정한 화폐공급(M2)과 물가의 관계는 통계적으로 상당히 유의적이었으며, 이론에서와 같이 화폐공급의 증가는 물가를 증가시키는 것으로 나타났다. 또한 화폐공급의 대용변수로 동 수입량을 이용하는 경우 추정식(1)의 적합도(F-통계량)와 설명력(R2)이 화폐 주조량을 이용한 경우에 비해 뚜렷이 향상되고 있다는 것을 알 수 있다.

〈표 2〉 물가, 화폐의 공급과 수요변화

$\Delta P=a_0+a_1\Delta M+a_2\Delta Y$: 화폐 주조량(M1) 기준				
실질소득 (Y)	a_0	a_1	a_2	기타 통계량
실질 생산량	0.1945 (1.464)	0.6860 (1.176)	-0.4637 (-2.058)	R^2=0.1558, DW=2.018, F=3.690(0.0338)
실질 소비량	0.1678 (1.261)	0.9251 (1.603)	-8.0810 (-1.256)	R^2=0.1017, DW=2.111, F=2.322(0.1109)
일인당 실질생산	0.1927 (1.446)	0.7028 (1.203)	-0.4453 (-1.988)	R^2=0.1503, DW=2.003, F=3.537(0.0385)
$\Delta P=a_0+a_1\Delta M+a_2\Delta Y$: 동 수입량(M2) 기준				
실질 생산량	0.0664 (0.518)	5.7063 (3.084)	-0.5230 (-2.630)	R^2=0.2944, DW=2.054, F=8.346(0.0009)
실질 소비량	0.0636 (0.460)	5.4982 (2.550)	-2.2652 (-0.338)	R^2=0.1761, DW=2.042, F=4.382(0.0188)
일인당 실질생산	0.0639 (0.497)	5.7767 (3.117)	-0.5130 (-2.594)	R^2=0.2916, DW=2.040, F=8.232(0.0010)

이 같은 결과는 앞에서 언급하였듯이 화폐 주조량(M1)을 사용하여 물가를 추정할 경우 첫째, 화폐 주조량의 변화 빈도가 적어 화폐량에 대한 정확한 통계적 정보를 얻을 수 없기 때문에 화폐공급과 물가간의 관계가 유의적이지 않을 수 있고

둘째, 기록에 의한 화폐 주조량은 사적으로 주조되는 화폐 공급량이 제외되기 때문에 모든 화폐공급의 변화를 반영하는 물가와 공적 화폐 주조량의 관계가 유의적이지 않을 수 있다.

<표 1>에서 나타난 바와 같이 1692년에는 화폐 주조량(M1)과 동 수입에 의한 화폐추정량(M2)이 각각 51만 냥, 174만 냥으로 큰 차이가 나고 있으며, 1776년 이후부터는 격차가 감소하기 시작하여 1821년에는 화폐 주조량과 동 수입량에 의해 추정된 화폐공급량의 격차가 크게 축소된 것으로 나타났다. 이러한 화폐 주조량(M1)과 동의 수입량에 의한 화폐 추정량(M2)간의 관계는 <그림 1>에 나타나 있으며, 물가와 화폐공급량간의 관계는 <그림 2>에 나타나 있다. <그림 2>에서 전 검정기간에 걸쳐 오직 1692 ~ 1701년, 1731 ~ 1736년, 1754 ~ 1755년 기간에만 화폐 주조량(M1)과 물가 간에 정(+)의 관계가 나타나고 그 외의 기간에는 화폐 주조량(M1)과 물가가 서로 독립적이거나 오히려 부(−)의 관계를 보이고 있다.

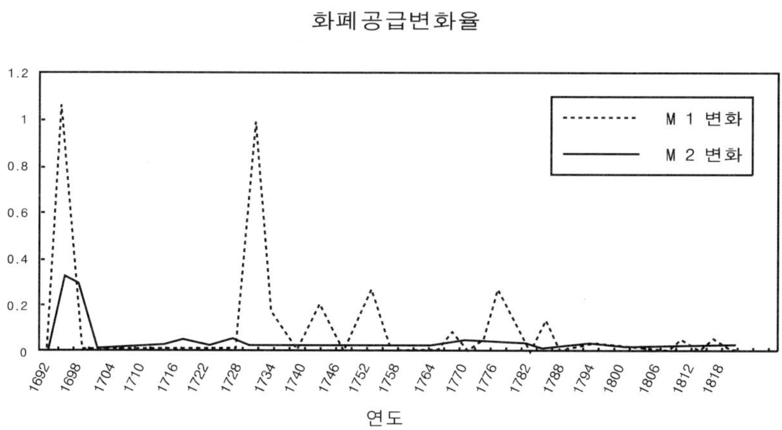

〈그림 1〉 화폐 주조량(M1)과 동 수입량(M2)

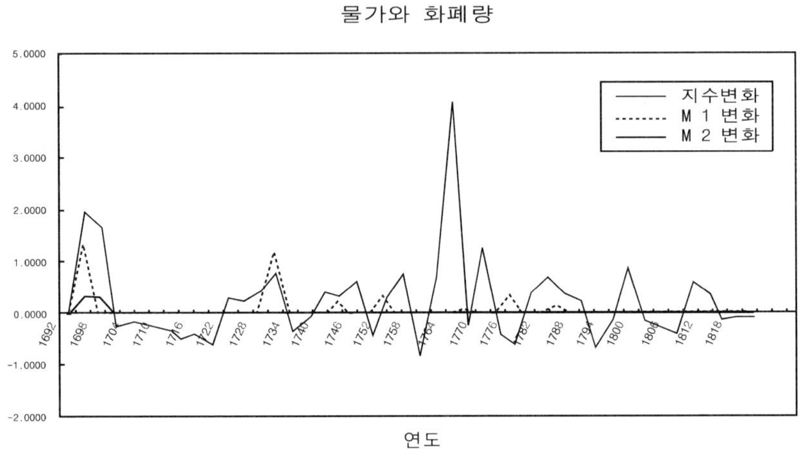

〈그림 2〉 물가지수, 화폐 주조량(M1)과 동 수입량(M2)

실질 화폐수요(실질소득)의 대용변수로 실질소비량, 실질생산량, 일인당 실질생산을 사용하였다. 실질소비를 실질소득의 대용변수로 사용한 경우 실질소득이 물가에 미치는 효과(a2)가 유의적이지 못하였다. 하지만 실질생산과 일인당 실질생산의 경우 실질소득이 물가에 미치는 효과(a2)가 통계적으로 유의적이었으며 예측한 바와 같이 (-)의 관계를 보이고 있다. 즉, 실질소득의 증가는 화폐수요를 증가시키고 주어진 화폐공급량에서 물가를 하락시키게 된다. 이 같은 결과는 물가변화를 분석하는 데 있어서 화폐의 공급측면과 더불어 화폐의 수요적 측면이 동시에 고려되어야 한다는 것을 보여준다.[13] 실질소득 변수 간의 관계는 〈그림 3〉에 나타나

13) 岩橋勝과 山崎隆三은 17세기 이후 일본의 물가 상승의 요인을 '인구증가'로 보아, 人口(수요)는 이전에 비해 2.5배가 증가하였지만 米生産(공급)은 1.5배만 증가하였기에 '人口壓'이 발생함으로써 미가가 상승했다고 보았다(岩橋勝, 『近世日本物價史の硏究』, 大原新生社, 1981; 山崎隆三, 『近世物價史硏究』, 塙書房, 1983). 하지만 宮本又郎은 17세기 인구 증가의 주요인이 평균 수명의 연장과 乳兒 사망률의 저하, 즉 생활수준의 개선으로 인한 것이었다고 볼 때, 생활수준의 저하를 의미하는 '인구압'에 의한 米 소비량의 감소는 논리가 맞지 않으며 오히려 金銀貨와 각종 手形 등 예금 통화적인 화폐량 증가가 미가 상승을 초래했다고 보았다(宮本又郎, 「江戸時代物價史: フアインデイングスと問題點」, 『大阪大學經濟學』32-2・3, 1983).

있다. <그림 3>에서 실질생산과 일인당 실질생산은 유사하게 변화되고 있으나 실질소비는 거의 변화가 없는 것으로 나타나고 있다.

이 연구에서 조선후기의 경제는 농업경제로서 미곡을 대표 생산물로 하는 농업생산물 시장과 화폐 시장, 2부분의 시장만이 존재한다. 농업생산물 시장과 화폐시장의 2부분 경제에서 곡물(재화)의 초과공급과 화폐의 초과수요는 상호 의존적(path-dependent)이다. 2부분 경제에서 그 특성상 화폐나 곡물의 가격 중 하나가 numeraire로서 역할을 하게 되며 곡물의 화폐에 대한 상대가격은 물가로 표시된다. 폐쇄경제하의 재화시장에서 고전적 세이법칙(Say's Law)에 따라 재화공급이 결정되면 재화의 수요와 가격이 결정되며, 외부적인 요인에 의해 재화의 공급이 증가하면 재화수요는 증가하고 재화가격인 물가는 하락하게 된다. 재화의 거래량이 증가함에 따라 화폐수요는 증가하고 주어진 화폐공급에서 화폐의 실질가치는 상승하며 물가는 하락하게 된다. 따라서 재화의 공급변화와 화폐의 수요변화는 물가의 변화에 일의적인 관계를 보이게 된다. 이러한 재화의 초과공급과 화폐의 초과수요간의 대칭적 관계는 재화와 화폐의 공급 제약과 관계없이 성립된다.

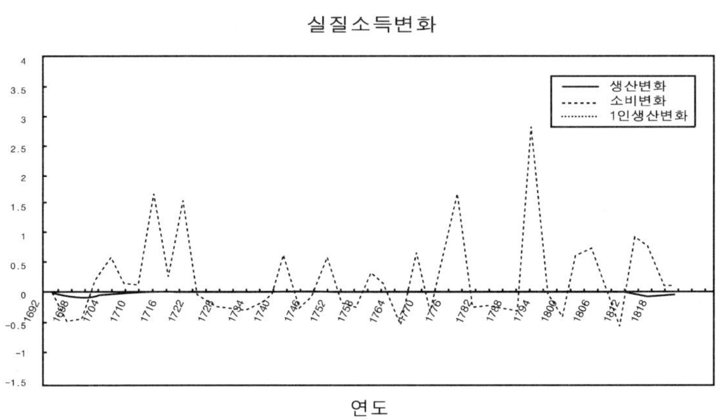

〈그림 3〉 실질소득 변수의 비교

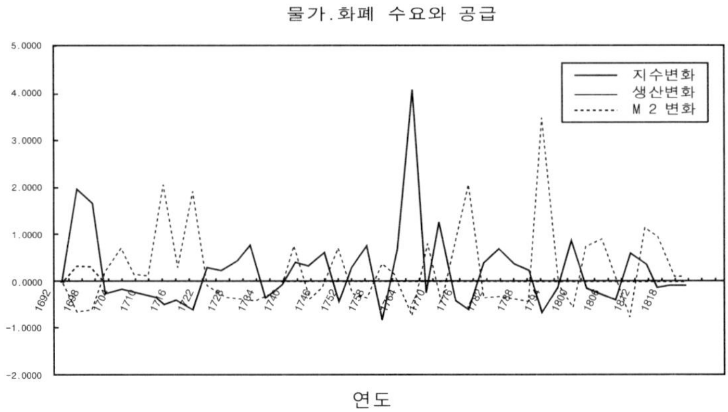

〈그림 4〉 물가지수, 화폐공급량(M2)과 화폐수요(실질생산)

식(1)의 검증 결과는 조선후기의 물가 변화에 대한 기존 연구들에 비해 몇 가지 새로운 사실을 보여주고 있다. 기존 연구에서는 1700년대의 미가 변동을 기간에 따라 구별하고 각 기간별 미가 변동의 원인을 제시하고 있으며, 미가 변동의 중요한 요인으로 화폐량의 변화와 인구의 변화를 들고 있다.[14] 하지만 이들의 연구는 구체적인 통계적 검증 방법을 사용하지 않아 물가와 화폐량의 관계에 대한 해석상의 문제를 안고 있으며 화폐량의 대용변수로 화폐 주조량(M1)을 사용하였다. 이 경우 앞에서 지적하였듯이 물가와 화폐량의 관계는 일반적으로 유의적이지 못하다. 또한 이들 연구는 물가와 화폐의 관계를 분석하는 데 있어서 화폐수요 측면을 제외함으로써 이 시기의 일반적인 경제 상황인 전황현상과 물가하락 압력 현상을 동시에 분석하고 있지 못하는 한계가 있다. 물가와 화폐수요(실질총생산), 화폐량(동의 수입량)의 관계는 <그림 4>에 나타나 있다. 이 그림에서, 화폐가 도입되는 1692 ~ 1736년을 제외하고 화폐수요(실질생산)는 3 ~ 6년의 주기로 물가 변화에 앞서 선행되어 나타나고 있음을 알 수 있다.

물가의 주기적 변화에서 화폐의 초과수요가 미치는 효과를 나타내는 식(2)의

14) 이헌창, 앞의 논문, 1996; 전성호, 앞의 논문, 1996, 1997.

검정결과는 <표 3>에 나타나 있다. 앞에서와 같이 회귀계수 아래 괄호 안의 숫자는 t-통계량이며 F-통계량 옆의 괄호 안의 숫자는 F-통계량의 p값이다. F-통계량이 유의적이어서 식(2)의 검정결과가 성공적이었다는 것을 보여 주고, 화폐의 초과수요와 물가 간에 장기적 관계가 존재하고 있다는 것을 알 수 있다. <표 3>에서 화폐의 초과공급(-초과수요)이 물가에 미치는 효과(b1)는 예측한 것과 같이 정(+)의 관계를 보이고 있으며 통계적으로 유의적이었다. 이 같은 결과는 화폐의 공급과 수요의 대용변수 선정과 관계없이 안정적(robust)이었다. 즉, 검정 기간 동안 물가의 변화는 화폐공급과 화폐수요를 함께 고려한 화폐 초과수요의 변화에 의해 주도되고 있으며, 물가의 변화 주기도 이러한 화폐의 초과수요의 변화 주기와 일치한다. <그림 5>는 물가와 화폐 초과수요(M2-실질총생산)의 관계를 보여 준다. 여기서 화폐량(M2)의 변화와 물가 변화는 일의적이 아닌 반면 화폐 초과수요의 변화와 물가 변화는 정확히 일치되는 주기적 형태(pro-cyclic behavior)를 보이고 있다.

<표 3> 물가와 화폐의 초과수요

$\varDelta P=b_0+b_1*(\varDelta M-\varDelta Y)$: 화폐 주조량(M1) 기준			
실질소득 (Y)	b_0	b_1	기타 통계량
실질생산량	0.2093 (1.696)	0.5048 (2.727)	R^2=0.1525, DW=1.987, F=7.435(0.0094)
실질소비량	0.1551 (1.168)	1.0495 (1.850)	R^2=0.0754, DW=2.044, F=3.424(0.0713)
일인당 실질생산	0.2099 (1.692)	0.4922 (2.660)	R^2=0.1472, DW=1.965, F=7.077(0.0111)
$\varDelta P=b_0+b_1*(\varDelta M-\varDelta Y)$: 동 수입량(M2) 기준			
실질생산량	0.2311 (1.882)	0.5907 (2.774)	R^2=0.1580, DW=1.923, F=7.693(0.0083)
실질소비량	0.0821 (0.634)	4.9438 (2.961)	R^2=0.1727, DW=2.066, F=8.764(0.0050)
일인당 실질생산	0.2312 (1.874)	0.5730 (2.694)	R^2=0.1504, DW=1.898, F=7.258(0.0102)

이러한 결과는 검정기간 동안(1689~1821년)에 물가의 변화를 설명하는 데 있어서 화폐수요의 역할이 상당히 크다는 것을 나타낸다. 이 시기에는 유통산업의 확장, 인구 증가 그리고 화폐의 도입으로 거래량은 증가하는 데 비해, 국내에서 생산되지 않는 은과 동으로 화폐가 주조되어 화폐량이 제약적이다. 따라서 명목화폐 도입 이후 처음 10년간은 물가가 일시적으로 상승하게 되나 곧 거래량이 급증하여 화폐 초과수요(전황)가 나타나고 물가는 다시 하락 압력(화폐의 실질가치 상승)을 받게 된다. 이에 따라 정부가 다시 화폐 주조량을 늘리면 화폐 초과수요 압력이 사라지게 되어 일시적으로 물가가 상승하는 것처럼 보이나 다시 화폐 초과수요가 나타나 물가는 하락된다.

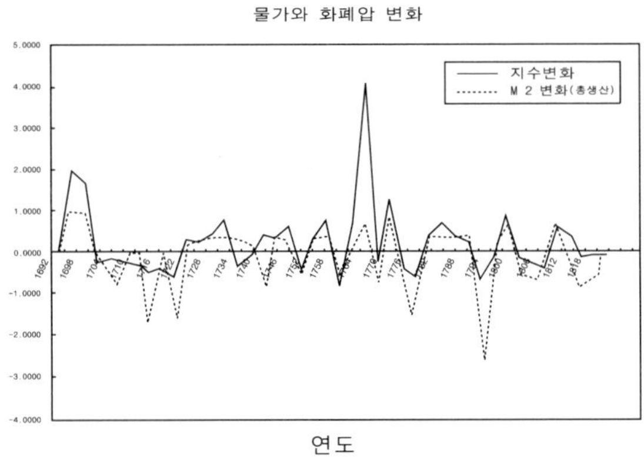

〈그림 5〉 물가지수와 화폐의 초과수요(M2-실질 총생산)

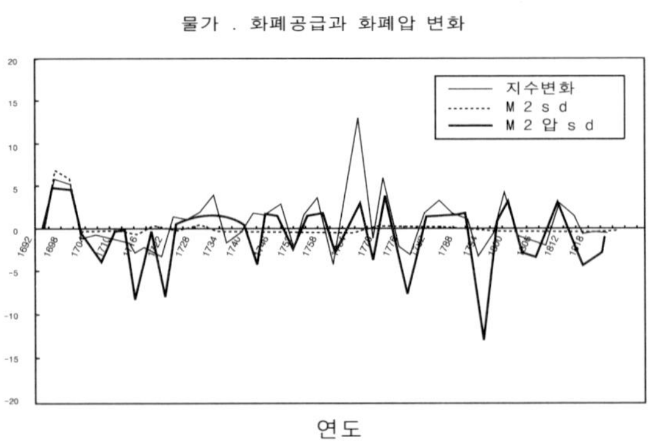

〈그림 6〉 물가지수, 화폐초과수요(M2압)와 화폐공급량(M2)의 표준오차 비교

이 경우 화폐공급량과 물가 변화 간의 관계를 살펴보면 다음과 같다. 화폐공급량이 증가하는 시기에 물가와 화폐량의 관계를 단기적으로 분석하면 물가와 화폐공급량은 정(+)의 관계를 보이게 된다. 하지만 중・장기적으로 화폐공급이 이루어지지 않는 시기(전황 시기)나 화폐공급의 증가가 화폐수요의 증가율보다 적은 시기에 물가와 화폐량의 관계를 분석하면 물가와 화폐량은 서로 관계가 없이 독립적인 것처럼 보이거나 오히려 부(−)의 관계를 보인다. 화폐공급이 증가하는 시기와 공급이 변화하지 않는 시기를 모두 포함하는 중・장기의 물가와 화폐공급량의 관계를 분석하면 화폐공급이 물가에 일정기간 영향을 미치다가 그 관계가 사라지게 되므로 물가와 화폐공급량의 관계는 통계적으로 한계적인 유의도를 보이게 된다. 결국 물가와 화폐공급량의 유의적 관계는 일시적이며 중・장기적인 실증분석에서 이들 간의 관계는 사라지게 된다.

따라서 물가와 화폐의 관계에 대한 정확한 해석을 하기 위해서 화폐공급 측면뿐 아니라 화폐수요 측면(실질거래량)을 동시에 고려해야 하며, 특히 이 시기 화폐제도를 감안한 분석이 필요하다. 물가 변화와 화폐의 초과수요(M2−실질총생산), 화폐량(M2) 간의 변화를 보다 잘 설명하기 위해 표준오차를 이용한 각 변수의 변화를 <그림 6>에서 살펴보았다. 화폐가 도입되는 시기인 1689 ~ 1704년까지 화폐량의 증가는 물가를 상승시키지만 그 외의 기간에서는 화폐량(M2)과 물가 변화가 서로 독립적이거나 오히려 부(−)의 관계를 보인다. 하지만 화폐의 초과수요 변화는 전 기간에 걸쳐 물가 변화와 거의 일치되게 움직이고 있다는 것을 알 수 있다.

물가의 변동성 중에서 화폐량(M2)과 실질 화폐수요(실질총생산)가 차지하는 비중을 Type II 오차(Type II Sum of Suqares)를 이용하여 살펴보면 다음 <표 4>와 같다. 물가 변동성에서 가장 큰 영향을 미치는 것은 화폐공급이며 그 비중이 56%이었다. 하지만 화폐수요(실질총생산)가 물가의 변동성에 미치는 효과는 약 41%로서, 화폐공급이 미치는 효과의 0.73에 달해 물가와 화폐의 관계를 분석하는 데 있어서 화폐 수요적 요인이 중요하다는 것을 보여 준다.

〈표 4〉 물가, 화폐공급과 화폐수요의 변동성

변동성	물가지수	화폐공급량(M2)	화폐수요(실질총생산)	상 수
TypeII 오차변동	9.2954	5.2966	3.8496	0.1492
변동성 비중	1.0000	0.5698	0.4141	0.0161

물론 화폐 수요적 요인은 앞에서 언급하였듯이 재화와 화폐 시장의 2부분 경제모형에서 재화의 거래량에 따라 많은 영향을 받게 되며, 이러한 재화의 수요와 공급은 실질적 요인, 즉 인구변화 등의 수요적 요인과 생산비용의 변화, 전쟁과 질병, 기후조건 등의 공급측면의 요인들에 따라 변화하게 된다. 하지만 이러한 실질적 요인과 물가의 관계에 대한 분석과, 이들과 화폐수요 함수의 측정에 관한 문제는 본 연구의 한계를 벗어난다.

앞의 물가와 화폐에 관한 실증분석을 요약하면 다음과 같다. 조선후기 명목화폐가 도입되는 시기의 화폐공급은 주로 외국의 화폐원료 수입에 의존해야 하므로 제약적인 반면, 화폐수요는 거래량의 급증에 따라 급격히 늘어나게 되었다. 이러한 전황은 이 시기 화폐의 가치를 상승시키고 화폐단위로 표시한 재화의 가격(물가)을 하락시키게 된다. 따라서 이 시기 물가의 주기적 변화는 정확히 화폐 초과수요의 주기적 변화와 일치하게 된다.

3. 연구의 한계와 이자율

이 장에서는 한국에서 법정 명목화폐가 도입되어 전국적으로 통용되기 시작하는 시기인 1689년부터 1821년까지 화폐자료를 이용하여 물가의 주기적 변동을 분석하였다. 이 검정기간은 실물화폐경제에서 명목화폐경제로 이전되는 시기이므로 거시경제학에서 가장 오랜 논쟁 중의 하나인 물가와 화폐의 관계를 분석하는 데 실험적 공간을 제시하고 있다. 특히 이 연구는 지금까지 밝혀지지 않았던 화폐도입 시기의 화폐량과 화폐수요를 추정하였으며 화폐량의 대용변수로 기록에 나타난 정부의 공식 화폐 주조량과 본원통화를 의미하는 동 수입에 의한 화폐량을 모두 사용하였으며 화폐수요의 대용변수로 실질생산과 실질소비를 추정하였다.

연구의 결과는 첫째, 검정기간 동안의 물가변화는 화폐공급과 더불어 화폐수요의 영향을 동시에 받고 있으며, 물가의 주기적 변동은 정확히 화폐 초과수요의 변동과 일치하고 있다. 이 결과는 이 시기 화폐경제의 특징적인 현상으로 나타나는 전황을 잘 설명해 준다. 둘째, 물가와 화폐량의 관계는 단기적으로 시기에 따라 유의적으로 보일 수 있으나 중・장기적인 관계는 유의적이지 못하다. 즉, 화폐량이 화폐수요에 비해 상대적으로 크게 증가하는 시기의 물가와 화폐량은 정(+)의 관계이나 화폐량이 화폐수요에 비해 상대적으로 적게 변화하거나 화폐공급의 변화가 없는 시기에는 이들 관계가 오히려 부(-)의 관계를 가지거나 서로 독립적으로 나타난다. 하지만 화폐의 수요측면을 고려한 중・장기 분석에서는 화폐 초과수요의 증가는 물가의 하락과 정확히 일치하고 있다.

이 연구의 한계는 첫째, 화폐수요의 결정요인에서 이자율의 변화를 고려하지 않아 부의 축적 수단으로서 화폐수요와 그로 인한 화폐의 퇴장효과를 분석에서 제외하였다는 점이다. 하지만 이 시기에 현대적 의미의 화폐시장이 발전되지 못하였고, 투기적이거나 부의 축적 수단으로서 화폐수요는 거래적 수요에 비해 미미하다는 것을 추측할 수 있다.

〈표 5〉 조선후기 이자율

연도	이자율	기간	연도	이자율	기간	연도	이자율	기간	연도	이자율	기간
1770	0.50	봄-가을	1790	0.50	봄-겨울	1800	0.50	봄-겨울	1806	0.50	봄-겨울
1778	0,32, 0.38	5월-겨울	1792	0.11	두달	1802	0.50	봄-겨울	1807	0.50	봄-겨울
1781	0.17, 0.35	한달	1797	0.50	봄-겨울	1803	0.50	봄-겨울			
1784	0.50	봄-겨울	1798	1.00	봄-겨울	1804	0.50	봄-겨울			

* 출처: 金炫榮편, 『大丘月村丹陽禹氏文書』, 한국고문서학회, 1994.

이러한 추측을 뒷받침하는 자료로서 이 시기에 이자율의 변화가 거의 없다는 사실을 들 수 있다. <표 5>에서 보듯이 투기적 화폐수요의 결정적인 변수로서 이자율은 전 검정기간에 걸쳐 거의 일정하게 年利(9 ~ 10개월) 약 50%를 유지하고 있다.[15] 이자율의 변화가 없다는 사실은 이자율의 개념이 화폐나 자본시장이 발달되지 못한 경제에서 시간의 선호(time preference)를 나타내는 長利의 개념이기 때문이다. 즉, 이자율은 오직 대차관계에서 시간에 대한 가격으로 인식되고 있기 때문이며, 이 경우 투기적 화폐수요나 부의 축적 수단으로서의 화폐수요는 많지 않다는 것을 의미한다. 화폐 이자율에 대한 자료는 일정 기간과 일부 지역에서 확인할 수 있었으나 장기시계열 자료를 확보하는 데는 어려움이 많다.

둘째, 재화와 화폐 시장의 2부분 모형에서 화폐와 물가의 관계를 실증 분석하는데 있어서 해석상의 한계를 들 수 있다. 앞에서 언급하였듯이 재화시장과 화폐시장의 2부분 경제에서 재화의 초과공급과 화폐의 초과수요는 상호 의존적이며, 이 경우 화폐의 초과수요는 재화의 초과공급의 변화에 따라 결정되게 된다. 하지만 재화와 화폐의 공급이 비탄력적인 2부분 분석모형에서 재화의 공급애로에 의한 물가상승 압력과 화폐공급의 상대적 부족에 따른 물가하락 압력이 동시에 존재할 수 있으며, 이 경우 물가 변화가 재화공급의 제약에 의해서인지 화폐공급의 부족으로 발생하는 것인지 구분할 수 없다는 한계가 있다. 따라서 화폐방정식 (1)과 (2)의 실증분석에서 물가 변화를 정확히 추정하기 위해서는 경제의 내생변수인 화폐수요를 실질교란(인구증가, 생산성의 변화 등) 함수로서 사전적으로 추정하는 작업과 추가적인 역사자료의 발굴이 필요하며, 이는 향후 연구과제로 남는다.

15) 조선시대 이자율에 대한 연구는 앞의 註 10 참조.

〈부록 표 1〉 1689~1821년의 米價 변동(단위: 米 1石)

年 - 月	米價	地域	作況	出典	備考
1690-01	2.5냥	서울		肅宗 16-01-10(承)	1688:풍년, 1689:평작
1695-08	7.5냥	서울	흉년	숙종 21-08-30(實)	1696년 봄에는 30냥
1698-04	20냥	서울	흉년	숙종 24-04-24(實)	진휼청가 15냥
1698-09	3.75냥	청주	흉년	숙종 24-09-12(承)	대대적인 주전으로 錢賤
1700-10	1.5냥	함경남도	평년	숙종 26-10-24(備)	포 1필=돈 2냥
1702-01	9냥 9전		평년	숙종 28-01-18(備)	공시가
1703-01	15냥	관서	흉년	숙종 29-01-23(備)	관서 대기근
1703-10	7.5냥	경상도	흉년	숙종 29-10-17(備)	대흉작
1708-01	7.5냥		흉년	숙종 34-01-19(備)	
1718-*8	1냥			숙종 44-*8-05(承)	錢貴하여 銀의 시세와 동일
1724-10	1냥	영남		英祖 00-10-24(備)	錢貴米賤
1725-10	2.25냥	양양		영조 01-10-05(備)	
1726-08	6냥	호남	흉년	영조 02-08-08(備)	호남, 고미가
1726-09	8냥	호남	흉년	영조 02-09-05(備)	호남, 계속 흉작
1726-秋	0.75냥	서울	풍년	영조 03-08-13(備)	영조 2년 가을 1냥=仝石
1727-春	4.7냥			영조 03-08-13(備)	영조 3년 봄 1냥=租 8두
1727-05	1.9냥	호남		영조 03-05-10(備)	錢貴(1냥=米 8두)
1727-05	2.4냥	경외		영조 03-05-10(備)	錢貴(租 1석=1냥)
1728-01	6냥	서울		영조 04-01-23(備)	湖南大同의 서울 시세
1728-08	1.8냥	공주		영조 04-08-02(承)	장시 1냥 =8두
1728-09	1.5냥	서울		영조 04-09-19(備)	1냥=10두, 주전요청. 錢貴
1729-04	5냥	서울		영조 05-04-23(備)	
1729-*7	2냥	삼남		영조 05-*7-06(備)	1냥=미 7~8두, 錢木貴
1729-*7	1냥	관서		영조 05-*7-16(承)	錢貴米賤
1729-10	1.67냥	호서	풍년	영조 05-10-01(承)	1貫=9두
1730-08	1.5냥	전국	풍년	영조 06-08-30(實)	주전 요청, 錢貴
1730-08	6냥			영조 06-08-30(實)	貢物價
1730-11	2.7냥	영남	가뭄	영조 06-11-07(承)	주전 논의, 좌도=5두,우도=6두
1730-11	1.7냥	외방	가뭄	영조 06-11-17(備)	錢貴米賤, 1貫=貿米 8~9두
1731-09	5냥이상		흉작	영조 07-09-20(承)	
1731-10	5냥	서울		영조 07-10-08(實)	鑄錢 결정 후 穀價 등귀 조짐
1731-10	7.5냥		흉년	영조 07-10-11(備)	1,2년 1전=5승, 지금 1전=2승
1731-11	6냥			영조 07-11-15(備)	
1731-11	1.5냥	仁川		영조 07-11-18(備)	4월에 1전= 1두, 錢貴
1731-12	5냥	관서		영조 07-12-24(備)	
1733-08	3냥	호서	풍년	영조 09-08-14(備)	풍년의 貿穀價
1734-05	3냥		풍년	영조 10-05-14(備)	보리 대풍, 貢米 불과 3냥
1734-08	1.5냥	南中	평년	영조 10-08-23(備)	錢貴穀賤
1734-09	1.9냥	연해읍	대풍	영조 10-09-18(備)	錢貴穀賤
1734-10	1.5냥			영조 10-10-16(備)	純木令으로 米價 하락
1735-10	1.8~2.3냥			英祖 11-10-12(備)	
1736-05	3냥 미만	경기등		영조 12-05-29(實)	錢荒과 연이은 풍년으로 저미가
1736-06	2냥	서울	풍년	영조 12-06-03(備)	
1741-09	7.5냥			영조 17-09-06(實)	
1741-10	3냥 미만	北道		영조 17-10-20(備)	
1742-01	3.3냥	兩湖		영조 18-01-08(備)	貢米, 米賤木貴
1743-02	6~7냥			영조 19-02-13(實)	
1744년경	7냥 내외	서울	흉년	영조 21-04-09(備)	貸銀錢 折錢
1747-09	5냥		평년	영조 23-09-16(備)	
1747년경	3냥			영조 23-10-23(實)	

〈부록 표 1〉 (계속)

年 - 月	米 價	地 域	作況	出 典	備 考
1747-10	2.6냥	호남		영조 23-10-28(備)	京賑米 발매가
1751-06	3냥	서울		영조 27-06-03(備)	
1751-06	5냥			영조 27-06-02(實)	
1751-10	5.2냥		흉년	영조 27-10-23(勝)	경기 흉작
1751-10	7냥	陰竹	흉년	영조 27-10-30(勝)	
1753-07	3냥	서울		영조 29-07-26(備)	關西稅米 市價發賣
1754-09	15냥	관서	대흉	영조 31-09-14(實)	米 1두=100전
1755-04	15냥	서울		영조 32-04-04(實)	田米
1758-01	1.3냥	북도		영조 34-01-02(實)	저미가(貢物米)
1758-10	5냥	서울		영조 34-10-23(備)	三軍門保米代錢
1760-03	2.2냥			영조 36-03-20(備)	蒜山倉 常平米代
1762-08	15냥			영조 38-08-26(承)	
1762-10	7~8냥	서울	대흉	영조 38-10-14(備)	
1766-09	5.4냥	서울,삼남		영조 42-09-09(頤)	
1767-02	10.3냥	寧越場		영조 43-02-15(頤)	
1768	2.5~3.2냥	서울		영조 44-09-05(備)	羅里舖倉 貿米價
1769-08	18냥		대흉	영조 45-08-22(頤)	
1769-08	15냥 이상	서울		영조 45-08-22(頤)	
1769	3냥	扶安	평년	영조 45-12-28(備)	羅里舖倉 貿米價
1770	3냥			영조 46-08-08(備)	官의 貿米價
1771-05	10여냥		흉년	영조 47-05-13(實)	田米(大米는 갑절일 것)
1774-03	5냥	관서	흉년	영조 50-03-12(備)	
1774-10	3냥			영조 50-10-28(備)	
1777-01	5.75, 5냥		평년	正祖 02-01-05(日)	
1780-04	4.5냥	서울,지방	풍년	정조 04-05-11(實)	穀賤, 錢貴
1780-11	5~6냥			정조 04-11-17(實)	代錢納 1석당 3.5냥
1780-12	7~10냥	京口		정조 04-12-21(實)	米 1석=소금 2석
1782-08	15냥 초과	김해	흉년	정조 06-08-20(備)	米貴, 錢貴
1783-10	36냥	서울	흉년	정조 07-10-20(實)	서울 錢貴
1788-06	2.5~3냥	湖南 山邑	풍년	正祖 12-06-22(實)	
1788	15, 20냥	서울		經濟野言	균역청의 貿米로 米價 등귀
1790-07	3.7~3.8냥	서울	풍년	정조 14-07-24(實)	균역청의 貿米로 米價 등귀
1791-11	6~8냥	강계	흉년	정조 15-11-11(實)	小米, 평년 小米 1석=3냥 이상
1793-02	7냥	畿湖		정조 17-02-20(備)	미가 등귀
1793-03	4냥 이상	廣州		정조 17-04-01(備)	
1793-04	5냥	북한산성		정조 17-04-15(備)	
1793-09	4냥			정조 17-09-28(實)	代錢價
1794-06	3.8~4.5냥	江邊邑鎭		정조 18-06-15(實)	미가 등귀, 新鑄錢
1795	8~9냥			정조 20-06-22(實)	작년 1석=8~9꿰미
1795-02	7.7~7.8냥	서울		정조 19-02-10(實)	貢米價, 富民藏穀
1795-06	9냥	서울	흉년	정조 19-06-04(實)	貢米價, 드물게 高米價
1796-08	2.3냥	南沿	소풍	정조 20-08-27(實)	
1798-04	7.2냥	서울		정조 22-04-27(實)	貢米價, 大錢荒
1800-12	3냥	평안도		純祖 00-12-22(備)	
1802년초	6냥	平薪		순조 02-03-08(備)	代錢價, 충청도
1806-01	3냥			순조 06-01-06(備)	미가 하락
1810-02	7냥여	서울	흉년	순조 10-02-무신(實)	米貴
1821-冬	5냥	호남		순조 22-07-19(日)	

* 범례: 出典의 實은 『朝鮮王朝實錄』, 備는 『備邊司謄錄』, 承은 『承政院日記』, 日은 『日省錄』, 勝은 『勝聰明錄』, 頤는 『頤齋亂藁』를 각각 의미함.

參 考 文 獻

1. 資 料

『高麗史』
『高麗史節要』
『高麗圖經』
『朝鮮王朝實錄』
『備邊司謄錄』
『承政院日記』
『日省錄』
『經國大典』
『續大典』
『大典續錄』
『增補文獻備考』
『萬機要覽』
『大典後續錄』
『磻溪隨錄』
『潛谷遺稿』
『牧民心書』
『經世遺表』
『星湖僿說』
『藿憂錄』
『迂書』
『農圃問答』
『龍湖問錄』
『經濟野言』
「居官大要」
「四政考」
『漆谷廣州李氏古文書』

韓國精神文化硏究院, 『古文書集成 3 -海南尹氏篇』, 1986.

韓國精神文化硏究院, 『古文書集成 2 -扶安 扶安金氏篇』, 1998.

韓國精神文化硏究院, 『古文書集成 38 -求禮文化柳氏篇(Ⅱ)』, 1998.

韓國精神文化硏究院, 『古文書集成 72 -南原・求禮 朔寧崔氏篇(1)』, 2004.

韓國精神文化硏究院, 『頤齋亂藁 1~9冊』(韓國學資料叢書 3), 1994~2003.

韓國精神文化硏究院, 『勝聰明錄』(韓國學資料叢書 7), 1995.

韓國精神文化硏究院, 『松澗日記』(韓國學資料叢書 18), 1998.

國史編纂委員會編, 『瑣尾錄』 上・下(韓國史料叢書 第14), 1962.

國史編纂委員會編, 『默齋日記』 上・下, 韓國史料叢書 41, 1998.

朝鮮史編修會編, 『眉巖日記草』 全5冊(朝鮮史料叢刊 第8), 한국학진흥원, 1982.

朝鮮總督府編, 『通文館志』, 민창문화사, 1991.

朝鮮總督府中樞院,『秋官志』, 동양문화사, 1992.
李樹健編,『慶北地方古文書集成』, 영남대출판부, 1981.
金炫榮편,『大丘月村丹陽禹氏文書』, 한국고문서학회, 1994.
全鎣大・朴敬伸 譯註,『譯註 丙子日記』, 예전사, 1991.
韓國文化公報部文化財管理局,『新安海底遺物(綜合編)』, 1988.
嶺南大 民族文化研究所編,『嶺南古文書集成』 Ⅰ・Ⅱ, 영남대출판부, 1992.

2. 單行本

국내서적

姜萬吉,『朝鮮後期 商業資本의 發達』, 고려대출판부, 1973.
高東煥,『朝鮮後期 서울 商業發達史研究』, 지식산업사, 1998.
金大吉,『朝鮮後期 場市研究』, 국학자료원, 1997.
金東哲,『朝鮮後期 貢人研究』, 한국연구원, 1993.
金柄夏,『李朝前期 對日貿易研究』, 한국연구원, 1969.
金庠基,『高麗時代史』 東國文化史, 1961.
金容燮,『증보판 朝鮮後期農業史研究 Ⅰ』, 지식산업사, 1995.
金容燮,『증보판 朝鮮後期農業史研究 Ⅱ』, 지식산업사, 1990.
김건태,『조선시대 양반가의 농업경영』, 역사비평사, 2004.
김성우,『조선중기 국가와 사족』, 역사비평사, 2001.
柳承宙,『朝鮮時代 鑛業史研究』, 고려대출판부, 1993.
閔成基,『朝鮮農業史研究』, 일조각, 1988.
朴平植,『朝鮮前期商業史研究』, 지식산업사, 1999.
白承哲,『朝鮮後期 商業史研究』, 혜안, 2000.
卞光錫,『朝鮮後期 市廛商人 研究』, 혜안, 2001.
宋贊植,『李朝의 貨幣』, 한국일보사, 1975.
吳斗煥,『韓國貨幣史』, 한국연구원, 1991.
吳 星,『朝鮮後期 商人研究』, 일조각, 1989.
元裕漢,『朝鮮後期 貨幣史研究』, 한국연구원, 1975.

元裕漢,『朝鮮後期貨幣流通史』, 정음사, 1979.
劉元東,『李朝後期商工業史研究』, 한국연구원, 1968.
윤용출, 『조선후기의 요역제와 고용노동』, 서울대출판부, 1998.
李景植,『朝鮮前期土地制度研究』, 일조각, 1986.
李榮薰,『朝鮮後期社會經濟史』, 한길사, 1988.
이영훈 편,『수량경제사로 다시 본 조선후기』, 서울대출판부, 2004.
李在洙,『朝鮮中期 田畓賣買研究』, 집문당, 2003.
李宗峯,『韓國中世度量衡制研究』, 혜안, 2001.
李泰鎭,『朝鮮儒教社會史論』, 지식산업사, 1989.
李泰鎭,『韓國社會史研究』, 지식산업사, 1986.
李鉉淙,『朝鮮前期 對日交涉史研究』, 한국연구원, 1964.
李鎬澈,『朝鮮前期商業經濟史』, 한길사, 1986.
張東杓,『朝鮮後期 地方財政研究』, 국학자료원, 1999.
鄭奭鍾,『朝鮮後期社會變動研究』, 일조각, 1983.
鄭成一,『朝鮮後期對日貿易』, 신서원, 2000.
池斗煥,『朝鮮前期 儀禮研究』, 서울대출판부, 1994.
崔完基,『朝鮮後期 船運業史研究』, 일조각, 1989.
崔虎鎭,『韓國貨幣小史』, 서문당, 1974.
허종호,『조선봉건말기의 소작제 연구』, 사회과학원출판사, 1965.
홍희유,『조선상업사』, 과학백과사전종합출판사, 1989.
홍희유,『조선수공업사』, 공업종합출판사, 1991.
近代史研究會編,『韓國中世社會 解體期의 諸問題 (下)』, 한울, 1987.
歷史學會編,『노비・농노・노예 -隸屬民의 比較史-』, 일조각, 1998.
피에르 빌라르 / 김현일 옮김,『금과 화폐의 역사, 1450-1920』, 까치, 2000.

국외서적

加藤繁,『中國貨幣史研究』東洋文庫, 1991.
宮本又郎・速水融 編著,『經濟社會の成立 17~18世紀』, 岩波書店, 1988.
東野治之,『貨幣の日本史 -朝日選書 574』, 朝日新聞社, 1997.
瀧澤武雄,『續荘園制と武家社會』吉川弘文館, 1978.

瀧澤武雄,『日本の貨幣の歷史』, 吉川弘文館, 1996.

網野善彦,『日本の歷史を讀みなおす』, 筑摩書房, 1991.

梅村又次・速水融 編著,『日本經濟の發展 -近世から近代へ』, 日本經濟新聞社, 1976.

山崎隆三,『近世物價史研究』, 塙書房, 1983.

森克己,『新訂 日宋貿易の研究』, 國書刊行會, 1975.

三上隆三,『渡來錢の社會史』(中公新書 862), 中央公論社, 1987.

小野晃嗣,『日本産業發達史の研究』, 至文堂, 1941.

小葉田淳,『改訂增補日本貨幣流通史』, 刀江書院, 1941.

小葉田淳,『金銀貿易史の研究』, 法政大出版局, 1969.

小葉田淳,『貨幣と鑛山』, 思文閣出版, 1999.

新保博,『近世の物價と經濟發展』, 東洋經濟新報社, 1978.

岩橋勝,『近世日本物價史の研究』, 大原新生社, 1981.

鈴木公雄,『出土錢貨の研究』, 東京大學出版會, 1999.

永井久美男編,『中世の出土錢-出土錢の調査と分類-』, 兵庫埋藏錢調査會, 1994.

永井久美男編,『中世の出土錢 補遺Ⅰ』, 兵庫埋藏錢調査會, 1996.

原田敏丸・宮本又郎 編著,『歷史のなかの物價』, 同文館, 1985.

田代和生,『近世日朝通交貿易史の研究』, 創文社, 1981.

田村洋幸,『中世日朝貿易の研究』, 三和書房, 1967.

澤村東平,『近代朝鮮の棉作・綿業』, 未來社, 1985.

日本考古學協會編,『日本考古學辭典』, 角川書店, 1996.

日本國立歷史民俗博物館編,『お金の玉手箱 -錢貨の列島2000年史-』, 1997.

日本國立歷史民俗博物館編,『お金の不思議 -貨幣の歷史學-』, 山川出版社, 1998.

歷史學研究會編,『越境する貨幣』, 青木書店, 1999.

出土錢貨研究會,『出土錢貨』第5~14號, 1996~2000년.

3. 論 文

박사학위논문

金建泰,『16~18世紀 兩班地主層의 農業經營과 農民層의 動向』, 성균관대 박사학위논문,

1996.
安承俊, 『朝鮮前期 私奴婢의 社會經濟的 性格』, 韓國精神文化研究院 박사학위논문, 1999.
오인택, 『17 · 18세기 量田事業 研究』, 부산대 박사학위논문, 1996.
李正守, 『16세기의 米價變動과 民의 動向』, 부산대 박사학위논문, 1997.
全成昊, 『朝鮮後期 米價史 研究(1725~1875)』, 성균관대 박사학위논문, 1998.

국내논문

具山祐, 「高麗 成宗代 對外關係의 展開와 그 政治的 性格」, 『韓國史研究』 78, 1992.
權仁赫, 「15세기 화폐유통 시도와 그 배경」, 『國史館論叢』 30, 1991.
權仁赫, 「16세기 화폐유통의 실상과 그 성격 -악포의 유통과 금단책 운영-」, 『濟州大論文集(人文 · 社會)』 37, 1993.
權仁赫, 「16세기의 저화 유통론과 그 배경」, 『建大史學』 8, 1993.
權泰煥 · 愼鏞廈, 「朝鮮王朝時代 人口推定에 관한 一試論」, 『東亞文化』 14, 1977.
金東珍, 「16世紀 星州와 林川地域의 官屯畓 經營 -李文楗家와 吳希文家를 중심으로-」, 한국교원대 석사학위논문, 2001.
金柄夏, 「李朝前期의 貨幣流通 -布貨 流通을 中心으로-」, 『慶熙史學』 2, 1970.
金盛祐, 「조선사회의 사회 · 경제적 변화와 시기구분」, 『역사와 현실』 18, 1995.
金素銀, 「16세기 兩班 士族의 수입과 경제생활 -『默齋日記』를 중심으로-」, 『崇實史學』 15, 2002.
金素銀, 「李文楗家의 경제 운영과 지출 -槐山入鄕을 관련하여-」, 『고문서연구』 21, 2002.
金炫榮, 「16세기 한 양반의 일상과 재지사족」, 『朝鮮時代史學報』 18, 2001.
金炫榮, 「『默齋日記』 解題」, 國史編纂委員會(韓國史料叢書 41), 1998.
김건태, 「16세기 양반가의 '작개제'」, 『역사와 현실』 9, 1993.
김경숙, 「16세기 사대부 집안의 제사설행과 그 성격 -李文楗의 『默齋日記』를 중심으로-」, 『韓國學報』 98, 2000.
김재호 · 박기주, 「농촌 이자율의 장기변동, 1742~1953 -靈巖 지방 契 利子率을 중심으로-」, 『수량경제사로 다시 본 조선후기』, 서울대출판부, 2004.
南美惠, 「朝鮮前期 綿業政策과 綿布의 生産」, 『國史館論叢』 104, 1998.
文叔子, 「解題 -古文書를 통해 본 龍仁 海州吳氏 가문의 사회적 基盤-」, 『古文書集成』 36(韓國精神文化研究院), 1998.

박근필, 「『丙子日記』 시기 남이웅가의 경제생활」, 『동아시아 농업의 전통과 변화』, 한국농촌경제연구원(한국농업사학회 연구총서 특집1), 2003.

박근필 · 이호철, 「『丙子日記』의 기후와 농업」, 『조선시대 농업사연구』, 한국농업사학회 연구총서 1, 국학자료원, 2003.

박기주, 「재화가격의 추이, 1701~1909 -慶州 지방을 중심으로」, 『수량경제사로 다시 본 조선후기』, 서울대출판부, 2004.

방기중, 「17 · 18세기 前半 金納租稅의 成立과 展開」, 『東方學志』 45, 1984.

방기중, 「19세기 前半 租稅收奪構造의 特質과 基盤」, 『국사관논총』 17, 1990.

백승철, 「16세기 富商大賈의 성장과 상업활동」, 『역사와 현실』 13, 1994.

백승철, 「17세기 銅錢流通論과 貨幣政策의 分化」, 『韓國史의 構造와 展開 -河炫綱敎授定年紀念論叢』, 河炫綱敎授定年紀念論叢刊行委員會, 2000.

徐吉洙, 「朝鮮前期의 貸借關係 및 利子에 관한 硏究」, 『國際大學論文集』 10, 1982.

徐吉洙, 「朝鮮後期 貸借關係 및 利子에 관한 硏究(1) -法定利子率의 變遷과 行錢의 影響을 중심으로-」, 『경제학연구』 31, 1983.

成伯鏞, 「17~18세기 전반 동전유통구조의 성립과 錢荒」, 부산대 석사학위논문, 1996.

孫承喆, 「조선전기 중화적 교린체제」, 『朝鮮時代 韓日關係史硏究』, 지성의 샘, 1994.

宋在璇, 「16세기 綿布의 貨幣機能」, 『邊太燮博士華甲紀念史學論叢』, 1985.

안승준, 「16세기 李文楗家의 奴婢使喚과 身貢收取 -『黙齋日記』를 중심으로-」, 『古文書硏究』 16 · 17, 2000.

우정임, 「『黙齋日記』에 나타난 明宗代 지방의 書籍流通 실태」, 『지역과 역사』 17, 2005.

元裕漢, 「18世紀에 있어서의 貨幣政策 -銅錢의 鑄造事業 중심-」, 『史學硏究』 19, 1967.

元裕漢, 「李朝後期 淸錢의 輸入 · 流通에 대하여」, 『史學硏究』 21, 1969.

元裕漢, 「朝鮮後期 貨幣政策에 대한 一考察 -高額錢의 鑄用論議를 中心으로-」, 『韓國史硏究』 6, 1971.

元裕漢, 「朝鮮後期 貨幣流通에 대한 一考察 -錢荒問題를 중심으로-」, 『韓國史硏究』 7, 1972.

元裕漢, 「朝鮮前期 貨幣流通政策의 歷史的 意義」, 『東國歷史敎育』 7 · 8, 1999.

위은숙, 「직물수공업의 발전과 소농민경영의 성장」, 『高麗後期 農業經濟硏究』, 혜안, 1998.

李景植, 「16世紀 場市의 成立과 그 基盤」, 『韓國史硏究』 57, 1987.

李能植, 「麗末鮮初의 貨幣制度(1)」, 『震檀學報』 16, 1949.

李成妊, 「16世紀 朝鮮 兩班官僚의 仕宦과 그에 따른 收入 -柳希春의 『眉巖日記』를 중심으로-」,

『歷史學報』 145, 1995.
李成妊,「朝鮮中期 어느 兩班家門의 農地經營과 奴婢使喚 -柳希春의『眉巖日記』를 중심으로-」, 『震檀學報』 80, 1995.
李成妊,「朝鮮中期 柳希春家의 物品購買와 그 性格」,『한국학연구』 9(인하대 한국학연구소), 1998.
李成妊,「조선중기 吳希文家의 商行爲와 그 성격」,『朝鮮時代史學報』 8, 1999.
이순구,「조선후기 양반가 여성의 일상생활 일례 -『丙子日記』를 중심으로-」,『조선시대의 사회와 사상』, 조선사회연구회, 1998.
이재윤,「18世紀 貨幣經濟의 發展과 錢荒」,『學林』 18, 1997.
李正守,「朝鮮前期의 米價變動」,『釜大史學』 17, 1993.
李正守,「朝鮮前期 常平倉의 展開와 機能 -物價變動과 관련하여」,『釜山史學』 27, 1994.
李正守,「16세기 土地價格의 變動-경북지방 田畓賣買 明文을 중심으로」,『古文書硏究』 12, 1997.
李正守,「15・16세기의 對日貿易과 經濟變動」『釜大史學』 22, 1998.
李正守,「18세기~19세기 土地價格의 變動-경북과 전남 지방의 田畓賣買 明文을 중심으로-」, 『釜大史學』 23, 1999.
李正守,「中世 日本에서의 朝鮮通寶 流通 -日本의 出土備蓄錢을 중심으로-」『釜山史學』 39, 2000.
李正守,「中世 日本에서의 高麗銅錢 流通 -日本의 出土備蓄錢을 중심으로-」『한국중세사연구』 12, 2002.
李正守,「16세기 綿布流通의 이중화와 貨幣流通 논의」,『朝鮮時代史學報』 25, 2003.
李正守,「16세기 중반~18세기 초의 貨幣流通 실태 -生活日記類와 田畓賣買明文을 중심으로-」, 『朝鮮時代史學報』 32, 2005.
李正守,「『默齋日記』를 통해 본 지방 匠人들의 삶」,『지역과 역사』 18, 2006.
이정수・김희호,「1689~1821년 지가와 물가변화의 비대칭성」,『釜山史學』 37, 1999.
김희호・이정수,「물가의 주기적 변동과 화폐의 초과수요: 1689~1821년 한국의 경우」,『금융학회지』 3권 2호, 1998.
李鍾英,「朝鮮初 貨幣制의 變遷」,『人文科學』(연세대) 7, 1962.
이지원,「16・17세기 전반 貢物 防納의 構造와 流通經濟的 性格」,『李載龒博士還曆紀念 韓國史學論叢』, 1990.

李泰鎭, 「16세기 국제교역의 발달과 서울 상업의 성쇠」, 『서울상업사연구』, 서울학연구소, 1998.

李泰鎭, 「16세기 東아시아 경제변동과 정치・사회적 동향」, 『朝鮮儒教社會史論』, 1989.

李憲昶, 「1678~1865년간 貨幣量과 貨幣價値의 推移」, 『經濟史學』 27, 1999.

李憲昶, 「肅宗-正祖朝(1678-1800년간) 米價의 變動」, 『經濟史學』 21, 1996.

장국종, 「18세기 동화주조와 전황문제」, 『력사과학』 1, 1963.

전경목, 「日記에 나타나는 朝鮮時代 士大夫의 일상생활」, 『정신문화연구』 19-4(통권 65), 1996.

全成昊, 「18-19세기 物價趨勢(1744-1862) -全羅道 靈巖 場巖里 南平文氏 古文書 分析」, 『朝鮮時代史學報』 2, 1997.

全成昊, 「18세기 米價推移와 米穀政策에 관한 연구」, 『史學研究』 52, 1996.

全成昊, 『朝鮮後期 米價史 研究(1725~1875)』, 성균관대 박사학위논문, 1998.

田壽炳, 「朝鮮 太宗代의 貨幣政策 -楮貨流通을 中心으로-」, 『韓國史研究』 40, 1983.

鄭萬祚, 「朝鮮時代 龍仁地域 士族의 動向」, 『韓國學論叢』 19(국민대 한국학연구소), 1996.

丁淳佑, 「『松澗日記』 解題 -松澗日記의 資料的 性格과 意味-」, 韓國精神文化研究院(韓國學資料叢書 18), 1998.

정용범, 「高麗時代 中國錢 流通과 鑄錢策 -성종・숙종 연간을 중심으로-」, 『지역과 역사』 4, 부경역사연구소, 1997.

蔡雄錫, 「高麗前期 貨幣流通의 基盤」, 『韓國文化』 9, 1988.

崔孟植, 「高麗銅錢의 效用性에 대하여 -遺蹟 출토유물을 中心으로-」, 『中齋張忠植博士華甲紀念論叢』, 1992.

崔承熙, 「朝鮮後期의 古文書를 통해 본 高利貸의 實態」, 『韓國文化』 19, 1997.

韓明基, 「17세기초 銀의 유통과 그 영향」, 『규장각』 15, 1992.

韓相權, 「16世紀 對中國 私貿易의 전개 -銀貿易을 중심으로-」, 『金哲俊博士華甲紀念史學論叢』, 1983.

국외논문

橋口定志, 「"埋納錢"の呪力」, 『新視點 日本の歷史』 4(中世編), 新人物往來社, 1993.

橋口定志, 「錢を埋めること -埋納錢をめぐる諸問題-」, 『歷史學研究』, 711號, 1998.

宮本又郎, 「江戶時代物價史: フアインデイソグスと問題點」, 『大阪大學經濟學』 32-2・3, 1983.

宮原兎一,「朝鮮初期の銅錢について」,『朝鮮學報』2, 1951.

宮原兎一,「朝鮮初期の楮貨について」,『東洋史論叢』3, 1954.

藤木久志,「撰錢令と在地の動向」『戰國社會論』, 東京大學出版會, 1974.

藤木久志,「村の隱物・預物」,『ことばの文化史 -中世 1-』, 平凡社, 1988.

藤川誠,「石見國周布氏の朝鮮通交と僞使問題」,『史學研究』226, 廣島史學研究會, 1999.

尾上實,「新安海底引き揚げ錢」,『出土錢貨』第14號, 2000.

尾形禮正,「歷史資料としての發掘錢」,『歷史公論』66號, 1981.

森克己,「日宋麗連鎖關係の展開」,『史淵』41輯, 1949.

森克己,「日本高麗來降の宋商人」,『朝鮮學報』9輯, 1956.

森克己,「日・宋と高麗との私獻貿易」,『朝鮮學報』14輯, 1959.

森克己,「日麗交涉と刀伊賊の來寇」,『續日宋貿易の研究』第2巻, 1975.

森田知忠,「志苔館の四○万枚の古錢」,『よみがえる中世4』(菊池徹夫・福田豊彦編), 平凡社, 1989.

三宅毎之,「經塚の遺物」『新版佛教考古學講座』第6巻, 1977.

小野晃嗣,「本邦木綿機業成立の過程」,『日本産業發達史の研究』, 至文堂, 1941.

小畑弘己,「九州・沖縄における出土錢貨研究の現状と課題 -九州・沖繩錢貨出土遺跡地名表-」,『先史學・考古學論究Ⅱ,熊本大學文學部考古學研究室創設25周年記念論文集』, 1997.

松延隆康,「錢と貨幣の觀念 -鎌倉期における貨幣機能の變化について」,『列島の文化史』6, 1989.

松下彰,「和歌山縣出土の埋錢」,『攝河泉文化資料』第42・43號, 1993.

水藤眞,「撰錢令について」,『お金の玉手箱』, 國立歷史民俗博物館, 1997.

須川英德,「高麗から李朝初期における諸貨幣」,『歷史評論』516, 1993.

安達義博,「朝鮮後期の物價變動」,『朝鮮學報』132, 1989.

櫻木晋一,「九州地域における中・近世の錢貨流通-出土備蓄錢・六道錢からの考察-」,『九州文化史研究所紀要』第36號, 1991.

櫻木晋一,「九州地域における中・近世の錢貨流通-出土備蓄錢・六道錢からの考察-」,『九州文化史研究所紀要』第36號, 1991.

櫻木晋一,「九州地域における中・近世の錢貨流通-出土備蓄錢・六道錢からの考察-」,『九州文化史研究所紀要』第36號, 1991.

鈴木公雄,「中世出土錢貨一覽」,『新版日本史辭典』, 角川書店, 1996.

鈴木公雄,「出土備蓄錢と中世後期の錢貨流通」,『史學』61-3・4, 1992.

鈴木公雄,「出土錢貨からみた中世後期の錢貨流通」『帝京大學山梨文化財研究所シンポジウム報告集』 名著出版, 1996.
奥村周司, 「醫師要請事件にみる高麗文宗朝の對日姿勢」, 『朝鮮學報』 117輯, 1985.
原三正, 「古代の渡來錢」, 『考古學ジャーナル』 249號, 1985.
入田整三, 「發掘錢に關する考察」, 『考古學雜誌』 20-12, 1930.
田代和生, 「對馬藩の朝鮮輸出銅調達 -幕府の銅統制と日鮮銅貿易の衰退」, 『朝鮮學報』 66, 1973.
田中健夫, 「倭寇の變質と日鮮貿易の展開」, 『中世海外交涉史の硏究』, 東京大出版會, 1959.
井上正夫, 「高麗の貨幣 -中世東アヅア通貨圈を背景にして-」, 『靑丘學術論叢』 2, 1992.
足立啓二, 「東アジアにおける錢貨の流通」, 『アジアのなかの日本史』 3, 東京大出版會, 1992.
佐佐木四十臣, 「葬送儀禮と六道思想」, 『藤の尾垣添遺跡Ⅱ』, 瀨高町敎育委員會, 1989.
中島圭一, 「中世後期における土倉債權の安定性」, 『中世人の生活世界』(勝俣鎭夫編), 山川出版社, 1996.
中川近禮, 「足利時代に流通せし錢貨の種類」, 『考古學會雜誌』 (1), (2), 1-1, 1-3, 1897.
中村榮孝, 「三浦における倭人の爭亂」, 『日鮮關係史の硏究』 上, 吉川弘文館, 1964.
池田亨, 「中世の渡來錢」, 『考古學ジャーナル』 249號, 1985.
淸水克行, 「大乘院尋尊の錢貨一覽表について」, 『出土錢貨』 第8號, 1997.
ニユ-サ インス, 「特輯・出土渡來錢 硏究の現況」, 『月刊 考古學ジャーナル』 249號, 1985.
ニユ-サ インス, 「特輯・出土渡來錢の再檢討」, 『月刊 考古學ジャーナル』 187號, 1981.

De Boor, C., “Practical Guide to Splines” N.Y, Springer-Verlag, 1981.
Box, G.E. and M. Jenkins., “Time Series Analysis: Forecasting and Control”, revised ed, San Francisco: Holden-Day, 1976.

찾아보기

【ㄱ】

가주(加鑄) 171
감승포(減升布) 80
감축포 104
갑산동광(甲山銅鑛) 157
개원통보(開元通寶) 13
거래적 수요 193
건원대보(乾元大寶) 13, 15
건원중보(乾元重寶) 1
결제수단 72, 116
고려도경 23
고려동전(高麗銅錢) 25, 39
고려사 23
고전적 세이법칙 187
고주법(鼓鑄法) 4
공무역(公貿易) 64
공물대납(貢物代納) 59, 104
공장세(工匠稅) 9
관평대보(寬平大寶) 13
관영통보(寬永通寶) 15, 19, 33
광산(鑛山) 64
광은(鑛銀) 68
교역품(交易品) 64, 65
교환비율 160
교환수단 152
군수물자(軍需物資) 118
금속화폐 4
기유약조(己酉約條) 154

【ㄴ】

나두(螺頭) 24
나전(螺鈿) 24
노역과 서비스 112
농업경제 171
농업생산양식 152

【ㄷ】

단포(短布) 77, 79
대릉(大綾) 24
대마도(對馬島) 28, 72
도래전(渡來錢) 14
동 본위제 151
동국중보 39
동국중보(東國重寶) 2
동국통보(東國通寶) 2, 39
동의 수입량 161
동전(銅錢) 유통정책 29, 154
등가물(等價物) 59

【ㄹ】

려일교류(麗日交流) 44
련은술(鍊銀術) 64
료족명(料足名) 42

【ㅁ】

만년통보(萬年通寶) 13
매납전론(埋納錢論) 18
면주(綿紬) 12
면직물(綿織物) 104
면포(綿布) 12, 59, 60, 124
면포 유통의 이중구조 74
명목화폐 190
명전(明錢) 14
모주전(模鑄錢) 15
묵재일기(默齋日記) 106
물가의 주기적 변화 188
물가표시(物價表示) 98
미(米) 122
미곡(米穀) 60
미곡가(米穀價) 170, 178
미암일기(眉巖日記) 105, 106

【ㅂ】

방납(防納) 59
법정화폐 151
병자일기(丙子日記) 106
복수 화폐본위제(bimetalizm) 151
본원통화 151, 175
본원통화량 161
봉건신분제 158
부상(富商) 75
부세(賦稅) 체계 105
부세(賦稅)의 포납화(布納化) 104
부수신보(富壽神寶) 13
부의 축적 수단 193
북송전(北宋錢) 25
비축고전(備蓄古錢) 18
비축전 34
비축전론(備蓄錢論) 18

【ㅅ】

사라능단(紗羅綾緞) 64
사무역(私貿易) 64
사섬서(司贍署) 8, 10
사제(麝臍) 24
사주・협주 158
사향(麝香) 24
상인단(商人団) 63
삼포왜란(三浦倭亂) 69
삼한중보 39
삼한통보 39
상오승포(常五升布) 9
상평통보 98
상평창곡(常平倉穀) 75
상평통보(常平通寶) 103
상포(常布) 122
서총대포(瑞葱臺布) 82
석론소초(釋論疏鈔) 24
세포(稅布) 9
소액화폐 104
속전(贖錢) 11
송간일기(松澗日記) 106
쇄미록 105, 106
쇄훼(鎖毁) 30
수취체계(收取體系) 9
순목령(純木令) 171
승척 감축 77
승척 감축포(升尺 減縮布) 74, 77
승화창보(承和昌寶) 13
시간의 선호 194
시용철전(始用鐵錢) 2

시전(市廛) 1
신공개보(神功開寶) 13
실물교환 151
실물교환경제 164
실질 총소비량 163
실질 화폐수요 169
실질공급교란 183
실질교란 194
실질생산 164
실질소비 163

【ㅇ】

안변동광(安邊銅鑛) 157
악포(惡布) 금단법 87
악포(惡布)의 유통 87
양포 76
연희통보(延喜通寶) 13
역사인구학 163
연척포 89
영락통보(永樂通寶) 14, 48
오수전(五銖錢) 13
왜상(倭商) 71
왜은(倭銀) 64, 69, 154
왜은(倭銀)의 수입량 154
왜동(倭銅) 154
왜동(倭銅)의 수입 155
요익신보(饒益神寶) 13
유동성 170
유통시장 151
육도전 19
융평영보 13
은가(銀價) 71
은결제권(銀決濟圈) 64
은병(銀瓶) 3
은의 蓄藏 152
은화(銀貨) 7
2부분 경제 187
2부분 모형 194
이자율 180, 194
인삼(人蔘) 24

【ㅈ】

장년대보(長年大寶) 13
재화공급의 제약 194
재화의 공급애로 194
저・전겸행(楮・錢兼行) 83
저・포겸행안(楮・布兼行案) 96
저・포겸행론(楮・布兼行論) 83
저화 유통 97
저화(楮貨) 7, 8, 10
저화행용절목(楮貨行用節目) 85
전답가(田畓價) 121
전매수출(轉賣輸出) 24
전종(錢種) 37
전축장자(錢蓄藏者) 30
전포겸용책(錢布兼用策) 2
전화(錢貨) 2
전화일람표(錢貨一覽表) 42
전화정책(錢貨政策) 27
전황(錢荒) 현상 152
정관영보(貞觀永寶) 13
정포(模鑄錢) 11, 122
제서유위률(制書有違律) 83
조공품(朝貢品) 64
조선통보(朝鮮通寶) 10, 19, 48
조세수취(租稅收取) 9
조・일무역(朝・日貿易) 26
좌고세(坐賈稅) 9
주기적 형태 189
주전도감(鑄錢都監) 3
중국 제전(中國 諸錢) 19
중국사주전(中國私鑄錢) 15
중릉(中綾) 24
지가(地價) 179

지가 자료 179
지원보초(至元寶鈔) 7
지정은제(地丁銀制) 62
지진전(地鎭錢) 19
지폐(紙幣) 7
진휼곡 163, 178

【ㅊ】

찬전령(撰錢令) 15
찬전행위(撰錢行爲) 15
척단포(尺短布) 78
최소 소비량 163
추악(麤惡) 77
추포(麤布) 59, 104
추포 유통 61
축전서위법(蓄錢敍位法) 13
출토전화(出土錢貨) 17

【ㅌ】

토지생산량 179

【ㅍ】

폐전(廢錢) 171
포의호전(胞衣壺錢) 19
포화(布貨) 2, 59
포화유통(布貨流通) 59, 105

【ㅎ】

향촌지배 107
해금령(海禁令) 71
해동통보(海東通寶) 4
해동중보 39
해동통보 39
행상세(行商稅) 9
현물납(現物納) 98
홍무통보(洪武通寶) 14
홍화(紅花) 24
화금(華錦) 24
화동(和銅) 13
화동개진(和同開珎) 13
화매소(和賣所) 9
화폐 부족현상 157
화폐 주조량 151, 161, 175
화폐 추정량 162
화폐가치 165
화폐경제 164
화폐경제가 확대 165
화폐공급량 152
화폐단위 153
화폐도입 151
화폐량 151
화폐량의 대용변수 188
화폐량의 장기시계열 153
화폐사용 실태 110
화폐유통 60
화폐의 실질가치 157
화폐의 초과수요 169
화폐의 퇴장효과 193
화폐제도 151
황조십이전(皇朝十二錢) 13
회봉목(回俸木) 59